第二语言习得名著译丛

Form-Meaning Connections in
Second Language Acquisition

第二语言习得中的
形式-意义联结

[美]比尔·范帕腾（Bill VanPatten）
[美]杰西卡·威廉姆斯（Jessica Williams） / 主编
[美]苏珊娜·罗特（Susanne Rott）
[美]马克·奥弗斯特里特（Mark Overstreet）

杨燕锋　张晓帅　欧阳敏姿　/ 译

世界图书出版公司
广州·上海·西安·北京

图书在版编目（CIP）数据

第二语言习得中的形式-意义联结 /（美）比尔·范帕腾（Bill VanPatten）等主编；杨燕锋，张晓帅，欧阳敏姿译. -- 广州：世界图书出版广东有限公司，2022.12
ISBN 978-7-5232-0066-7

Ⅰ.①第… Ⅱ.①比…②杨…③张…④欧… Ⅲ.①第二语言－语言学习－教学研究 Ⅳ.①H003

中国版本图书馆 CIP 数据核字（2022）第 255538 号

Form-Meaning Connections in Second Language Acquisition 1st Edition / by Bill VanPatten, Jessica Williams, Susanne Rott, Mark Overstreet/ ISBN: 978-1-138-83995-3

Copyright © 2004 by Lawrence Erlbaum Associates, Inc.

Authorized translation from English language edition published by Routledge, part of Taylor & Francis Group LLC; All Rights Reserved.

本书原版由 Taylor & Francis 出版集团旗下 Routledge 出版公司出版，并经其授权翻译出版。版权所有，侵权必究。

World Publishing Guangdong Corporation Limited is authorized to publish and distribute exclusively the Chinese (Simplified Characters) language edition. This edition is authorized for sale throughout Mainland of China. No part of the publication may be reproduced or distributed by any means, or stored in a database or retrieval system, without the prior written permission of the publisher.

本书中文简体翻译版授权由世界图书出版广东有限公司独家出版并仅限在中国大陆地区销售，未经出版者书面许可，不得以任何方式复制或发行本书的任何部分。

Copies of this book sold without a Taylor & Francis sticker on the cover are unauthorized and illegal.

本书贴有 Taylor & Francis 公司防伪标签，无标签者不得销售。

书　　名	第二语言习得中的形式-意义联结 DI-ER YUYAN XIDE ZHONG DE XINGSHI-YIYI LIANJIE
主　　编	［美］比尔·范帕腾（Bill VanPatten）等
译　　者	杨燕锋　张晓帅　欧阳敏姿
责任编辑	程　静
装帧设计	书艺歆
责任技编	刘上锦
出版发行	世界图书出版有限公司　世界图书出版广东有限公司
地　　址	广州市海珠区新港西路大江冲 25 号
邮　　编	510300
发行电话	020-84453623　84184026
网　　址	http://www.gdst.com.cn
邮　　箱	wpc_gdst@163.com
经　　销	新华书店
印　　刷	广州市迪桦彩印有限公司
开　　本	787 mm × 1092 mm　1/16
印　　张	18.75
字　　数	365 千字
版　　次	2022 年 12 月第 1 版　2022 年 12 月第 1 次印刷
国际书号	ISBN 978-7-5232-0066-7
定　　价	45.00 元

版权所有　侵权必究
咨询、投稿：020-84451258　gdstchj@126.com
（如有印装错误，请与出版社联系）

总策划：田根胜

《第二语言习得名著译丛》专家委员会

主　任：宫　齐

委　员：（按姓氏音序排列）

　　　　蔡金亭（上海财经大学）

　　　　丁建新（中山大学）

　　　　柯传仁（美国爱荷华大学）

　　　　李　兰（香港中文大学）

　　　　马秋武（北京语言大学）

　　　　冉永平（广东外语外贸大学）

　　　　王茂林（暨南大学）

　　　　温宾利（广东外语外贸大学）

　　　　吴东英（香港理工大学）

　　　　肖坤学（广州大学）

　　　　徐赳赳（中国社会科学院语言研究所）

　　　　张素敏（浙江工商大学）

　　　　赵　雯（暨南大学）

　　　　周　蓉（华南师范大学）

总 序

一

第二语言习得（Second Language Acquisition，简称 SLA）研究起源于上世纪中叶。当时，由于居主导地位行为主义"刺激 – 反应论"的影响，人们一向都把语言学习视为模仿和重复的过程。然而，N. Chomsky "天赋论"的提出对前者的理论提出了巨大挑战。天赋论认为，语言能力是人类与生俱来的天赋，第二语言与第一语言在习得上并无本质的差异。这种语言能力说得到了儿童语言习得研究的进一步证实。后来，D. Hymes 在 Chomsky "语言能力说"的基础上又提出了交际能力的概念，为 SLA 研究提供了新的视角。

进入 20 世纪 70 年代末，伴随 S. Krashen 输入假说的提出，研究者将注意力转移至输入和语言接触在习得中的作用方面。于是，语言输入及其对语言习得的影响、学习动机、年龄、社会语境和认知能力等话题便成了 SLA 的研究热点。此后，又有学者提出将心理学家 L. S. Vygotsky 的社会文化论引入 SLA 研究。这些学者认为，语言习得不仅仅是认知过程，更是学习者通过与语言环境互动和交流获得语言的过程。社会文化论强调社会互动和文化语境对 SLA 的重要影响，这就打破了当时认知论主导 SLA 研究的旧有格局，为二语习得提供了新的理论框架和研究方向。

90 年代后（特别是新世纪以来），SLA 研究取得了长足的发展，其研究方法亦呈多样化发展态势，形成了科学而系统的研究范域。同时，许多新兴研究领域如信息辅助语言学习、数字化读写能力研究、个体差异研究和在线虚拟环境研究等逐渐形成。网络数字技术和 SLA 理论的不断发展促进了数字技术在语言学习中的应用。研究者通过实地语境观测、语言学习过程的系统描写、精准的实验分析、实验室计算机模拟，以及教育技术在语言习得中的应用等取得了许多令人振奋的研究成果。可以说，近 30 年是 SLA 研究发展的繁盛时期。继 90

年代 William Ritchie 和 Tej Bhatia 合作主编的《第二语言习得综览》（*Handbook of Second Language Acquisition*，1996）和《儿童语言习得综览》（*Handbook of Child Language Acquisition*，1999）两本大部头专集的出版，进入新世纪后又相继有十余部重量级的综论性专集面世，如 Catherine J. Doughty 和 Michael H. Long 主编的《第二语言习得综览》（*The Handbook of Second Language Acquisition*，2003）、Alison Mackey 和 Susan M. Gass 主编的《第二语言习得中的研究方法》（*Research Methods in Second Language Acquisition*，2012）、Julia Herschensohn 和 Martha Young-Scholten 主编的《剑桥第二语言习得综览》（*The Cambridge Handbook of Second Language Acquisition*，2013）等。此后，国际著名出版社 Routledge 又推出了"Routledge 第二语言习得综览"文库系列，其中包括 Naoko Taguchi 主编的《第二语言习得与语用学综览》（2019）、Paula Winke 和 Tineke Brunfaut 主编的《第二语言习得与语言测试综览》（2020）、Nicole Tracy-Ventura 和 Magali Paquot 主编的《第二语言习得与语料库综览》（2020）、Aline Godfroid 和 Holger Hopp 主编的《第二语言习得与心理语言学综览》（2022）、Kimberly Geeslin 主编的《第二语言习得与社会语言学综览》（2022）；Shaofeng Li、Phil Hiver 和 Mostafa Papi 主编的《第二语言习得与个体差异研究综览》（2022）、Nicole Ziegler 和 Marta González-Lloret 主编的《第二语言习得与技术综览》（2022）、Rosa M. Manchón 和 Charlene Polio 主编的《第二语言习得与写作综览》（2022），以及 Tracey M. Derwing、Murray Munro 和 Ron I. Thomson 主编的《第二语言习得与交际综览》（2022）等。

  这些成书于不同时期的概览性专集，分别从各自不同的角度对 SLA 研究的发展历程进行了全面的梳理，并通过历时和共时的考察，清晰地再现了特定历史时期的热点问题和理论演进，详实地总结了前人的主要观点和研究成果。在这些专集中，早期的综览多以综述 SLA 的不同理论和方法、研究问题、研究趋向和成果为主，论题甚为广泛，一般不聚焦于某具体专题；而后期的专集则更多以专题的形式呈现，对 SLA 学科内部的划分更趋深入、系统，更注重跨学科研究方法和成果的介绍。这些《综览》的面世不仅可以使学习者对 SLA 研究的发展历程有一个全方位的了解，还能帮助他们准确把握这一研究领域的最新动态和发展趋向。专集中的所有文章均出自特定分支领域的名家之手，每章或书末都附有完整的参考文献，而这些文献资源恰恰是 SLA 学习者和研究者最为宝贵的资料来源，具有极其重要的学术参考价值。如今，SLA 研究已全面覆盖了儿童和成人对第二（或第三）语言或方言的习得与应用，其中广泛吸纳了心理学、教育学、人类学、传播学等相关学科的研究方法。对第二语言习得的过程、特点、规律及其复杂性的深入发掘，使人们能够更好地预测和阐释学习的过程，并从中获得更加行之有效的学习策略和教学方法。

二

　　本系列译丛第一辑的 5 部英文原著由世界图书出版广东有限公司从泰勒弗朗西斯出版集团（Taylor & Francis Group）购入汉译版权，它们分别是：《第二语言习得与关键期假说》（*Second Language Acquisition and the Critical Period Hypothesis*，1999）、《第二语言习得中的普遍语法》（*Universal Grammar in Second-Language Acquisition*，2004）、《第二语言习得中的形式－意义联结》（*Form-Meaning Connections in Second Language Acquisition*，2004）、《言语产出与第二语言习得》（*Speech Production and Second Language Acquisition*，2006），以及《社会语言学与第二语言习得》（*Sociolinguistics and Second Language Acquisition*，2014）。以下是这 5 部专著的简要介绍：

　　《第二语言习得与关键期假说》的主编是美国德克萨斯大学奥斯丁分校语言学教授 David Birdsong，其研究以第二语言习得、双语现象、心理语言学和法语语言学见长。该书共 7 章，详细讨论并分析了第二语言习得中影响人们最终语言输出的各种神经认知和经验的影响因素，探究了关键期假说作为阐释机制的充分性和适度性，旨在对成人第二语言习得关键期假说给予公允的学术评价。该书涵盖了第二语言习得关键期假说的系统阐释和诸多热点问题，其中包括语言规模与关键期的协同进化，第二语言习得关键期年龄与语言表现之间的关系，第二语言学习者发音的最终习得输出，以及第二语言习得年龄差异的语言和认知因素等。这部专著的出版为二语习得机制和认知发展研究开辟了一条崭新的路径。

　　《第二语言习得中的普遍语法》的著者为美国波士顿学院的语言学教授 Margaret Thomas，其研究领域主要为语言学史、理论语言学、语言学方法论、应用语言学和第二语言习得。她的这部专著共分 8 章，按历史发展进程叙述了人类语言发展及其重要的共性与特性，深入挖掘了第二语言及外语学习的本质和演变进程，特别是语言特性对 17 世纪普遍语言现象的贡献。该书集中讨论了希腊语研究对普遍语法史前研究的贡献、罗马语的双语现象、中世纪早期外语语法的出现，以及中世纪语法学家对人类语言本质特征的界定等。此外，作者还回顾了后索绪尔时代的欧洲语言学、美国结构主义、现代生成语法，及其各自从不同的角度对语言普遍性和语言学习的论述。全书史料丰富，具有重要的理论和学术价值，是一部不可多得的语言学史参考书。

《第二语言习得中的形式－意义联结》一书共有 4 位编者，他们是 Bill Van-Patten、Jessica Williams、Susanne Rott 和 Mark Overstreet。其中 VanPatten 是美国密歇根州立大学的语言学教授，二语习得的著名学者，其研究领域主要为应用语言学、第二语言习得，以及把心理语言学和认知心理学应用于 SLA 研究等。Williams 是伊利诺伊大学芝加哥分校语言学荣誉教授，专长于第二语言习得研究。Rott 是 Williams 的同事，现任伊利诺伊大学语言学系日耳曼语研究中心主任。这部文集共收录形式－意义联结相关论文 12 篇，均为该领域具有重要影响的经典之作。自 20 世纪 60 年代语素研究开展以来，对形式－意义联结这一话题的讨论备受语言学家的关注，并取得了丰硕的成果。这部文集为读者展示了不同理论取向的二语习得研究者对形式－意义联结所持的不同观点和研究成果，对促进相关研究产生了重要的影响，这在一定程度上反映了当今二语习得主流研究的一个侧面，具有重要的学术价值。

《言语产出与第二语言习得》是英国兰卡斯特大学语言学系教授 Judit Kormos 的重要著作，其研究成果以第二语言学习与习得、第二语言写作和诵读障碍著称。该书共分 9 章。作者首先讨论了认知科学与言语产出的一些基本概念，总结了认知科学与二语习得／产出这一领域的相关研究发现和成果（其中包括词汇、句法和音系编码背后的认知过程和学习者自我监控与交际策略等），最后提出了双语言语产出的融合模式。作者还指出了未来的潜在研究方向和存在问题。总体而言，这是一部极具创新特色的研究著作，对促进认知科学与言语产出的跨学科研究具有重要的指导意义。

《社会语言学与第二语言习得》的作者为 Kimberly L. Geeslin 和 Avizia Yim Long。前者是美国印第安纳大学语言学教授，在第二语言习得和语言学习研究方面建树丰硕，主编有《西班牙语第二语言习得概览》等；后者为美国加州圣何塞州立大学语言学助理教授、SLA 研究专家。这部专著共 10 章，分 3 大主题：（1）社会语言学变异与第二语言习得的若干原则；（2）社会语言学与第二语言习得的研究方法；（3）第二语言中社会语言学能力习得研究的诸多启示。该书在回顾社会语言学基本原则的基础上，概述了用于解释第二语言中社会因素的多种理论路径，详析了社会语言学和第二语言习得跨领域研究的若干问题，探索了社会语境影响第二语言习得的不同范式，对 SLA 的社会因素做出了多元的理论阐释。

作者使用社会语言学的研究方法对传统的认知教学法进行了补充，为 SLA 开辟了一个全新的研究领域。

三

在过去的半个多世纪里，SLA 研究一直是语言学家和语言教育工作者最关注的热点之一。根据笔者近年来对国际著名大学专业排行榜位列前 30 的语言学科（系）设课情况的考察，我们发现，在这些历史悠久的名牌语言学专业，语言学的课程设置从本科直至博士具有很强的连贯性、层级性和系统性，它们大多都将"语言习得"课程列为除语言学专业基础课外最重要的必修课之一。然而，相对而言，我国大陆在 SLA 的研究方面仍显薄弱，亟待加快发展。为了弥补这一不足，我们编辑了此套"第二语言习得名著译丛"，旨在为国内对第二语言习得感兴趣的研究者、语言教师和大学学生提供必要的帮助和理论补充。此套译丛的第一辑共选编了 5 部 SLA 研究领域的经典名著。这些著作不仅有深入的理论探索和详实的案例分析，同时也提供了极其丰富的文献资源。我们希望，这些译著的出版能够引发国内更多语言学者和教师对第二语言习得理论和研究方法的广泛关注和积极探索，进一步促进我国 SLA 研究的深入开展，不断提升第二语言学习和教学的质量，以取得更丰硕的研究成果。

在本系列译丛（第一辑）即将付梓之际，我们首先要感谢东莞理工学院校长马宏伟教授，丛书总策划、东莞理工学院图书馆馆长、文传学院院长田根胜教授的鼎力支持，以及学校学科建设经费的资助。在本丛书的编译过程中，我们还得到了世界图书出版广东有限公司程静编辑的大力支持，以及泰勒弗朗西斯出版集团任晴女士在版权购买方面所提供的帮助与指导，在此一并表示感谢。最后，我们还要衷心感谢暨南大学中文系邵敬敏教授和广东外语外贸大学王初明教授所给出的宝贵意见和建议，感谢各位编委对本丛书的汉译出版给予的大力支持和指导。由于编译者的能力和学识所限，丛书的翻译难免会出现漏译或误译现象，承蒙读者给我们提出宝贵的批评和建议。

宫齐

2022 年 12 月

目　录

前　言 ·· i

第一章　二语习得中的形式-意义联结 ·· 1
　　　　Bill VanPatten，Jessica Williams 和 Susanne Rott
　　　　伊利诺伊大学芝加哥分校

第一部分　因素和过程

第二章　在建立形式-意义联结中的输入和输出 ···················· 34
　　　　Bill VanPatten
　　　　伊利诺伊大学芝加哥分校

第三章　第二语言习得的过程 ·· 57
　　　　Nick C. Ellis
　　　　威尔士大学班戈分校

第四章　语境与二语习得 ·· 90
　　　　Susan M. Gass
　　　　密歇根州立大学

第五章　时体形态习得中形式-意义联结的多因素解释 ········ 106
　　　　Yasuhiro Shirai
　　　　康奈尔大学

第二部分　证据和影响

第六章　纵向产出数据中语法化将来表达的出现 ················ 132
　　　　Kathleen Bardovi-Harlig
　　　　印第安纳大学

第七章　认知语言学与第二语言习得：类型学框架中的运动事件 ················ 157
Teresa Cadierno
南丹麦大学
Karen Lund
丹麦教育大学

第八章　超越语法：L2 行为中的行为因素 ················ 175
Elaine C. Klein
纽约城市大学皇后学院和研究生中心

第三部分　研究和课堂

第九章　教学对第二语言学习的影响：课堂二语习得研究述评 ················ 202
Catherine J. Doughty
夏威夷大学

第十章　形式-意义联结的隐性学习 ················ 225
John N. Williams
剑桥大学

第十一章　词汇习得中语义和结构细化研究的理论和方法问题 ················ 242
Joe Barcroft
华盛顿大学

第四部分　评论

第十二章　关于二语习得研究中形式-意义联结的思考 ················ 260
Diane Larsen-Freeman
密歇根大学

作者索引 ················ 269
主题索引 ················ 281

前　言

本文集是在第二语言习得的形式-意义联结（Form-Meaning Connections in Second Language Acquisition）会议上展示[①]的一组经过挑选和实质性修改的论文（2002年2月21—24日，伊利诺伊州芝加哥[②]）。发表了大约50篇论文，全体发言人包括Catfierine Doughty、Nick Ellis、Susan Gass、Jan Hulstijn、Elaine Klein和Bill VanPatten。自20世纪60年代现代第一语言和第二语言研究开始以来，形式-意义联结的概念就以这样或那样的形式出现，会议主题吸引了来自世界各地的研究者和学者，并在会议期间和会议之后引发了热烈的讨论，这表明，在语素研究的早期，人们对这一领域的浓厚兴趣并没有消失。参与者和与会者的积极响应强调了这一主题的重要性，并强调了将其作为主流二语习得研究的一部分的必要性。有机会在本文集中提供这样一个热点，我们深表感激。

如读者所知，没有足够人员和机构的协助和支持，会议是不可能举行的。首先，感谢芝加哥伊利诺伊大学文理学院院长 Stanley Fish 为会议做出的巨大财政贡献，以及他在会议第一晚发表的鼓舞人心的开幕词。我们还感谢 Christopher Maurer 和西班牙语、法语、意大利语和葡萄牙语系提供的额外的大量资金支持，感谢他们对整个会议和本文集出版的支持。我们还感谢英语系、日耳曼语系、拉丁美洲和拉美裔研究系、心理学系以及塞万提斯研究所（芝加哥分校）提供的额外资金和支持。最后，当然也同样重要的是，我们感谢所有的研究生志愿者，他们在会议的细节以及登记和信息表工作上给予了帮助，我们也感谢西班牙语、法语、意大利语和葡萄牙语系的 Nancy Velez。至于本文集，我们要感谢

---

① 例外的是 VanPatten, Williams 和 Rott 的第一章，以及 Larsen-Freeman 在最后一章的评论，她欣然同意花超长的时间来阅读其他投稿人的章节并分享她的看法。本文集中 Bardovi-Harlig 和 Shirai 的章节由于日程安排冲突，没有在会议上展示。

② 会议原定于2001年9月19日举行。一周前发生的世贸中心和五角大楼的袭击事件以及联合航空93号航班的悲剧，诚然给许多从其他城市和国家飞来的与会者造成了巨大的痛苦。我们觉得有必要相应延迟。

Cathleen Petree，她审阅本文集并签字同意出版，感谢 Bonita D'Amil 将本文集移交至下一个阶段，感谢 Lawrence Erlbaum Associates, Inc.的 Sara Scudder 及其团队所做的工作。

我们还感谢我们的朋友和家人，他们有时不得不忍受我们在会议前最后几天以及在会议期间的忙碌。在我们编写本文集的过程中，你们持续的耐心，提醒我们为什么你们会出现在我们的生活中。

第一章　二语习得中的形式-意义联结

Bill VanPatten，Jessica Williams 和 Susanne Rott

伊利诺伊大学芝加哥分校

形式-意义联结（form-meaning connections，FMCs）一直是二语习得（SLA）研究者关注的热点。从早期对习得顺序的研究到今天对句法和词法界面最简方案（minimalist）的讨论，FMC 已经成为二语习得不可或缺的组成部分。学习者在努力创建与 L2 相接近的语言系统时，必须着力解决动词的屈折变化、名词的屈折变化、小品词、限定词和其他的 FMC。FMC 的创建都涉及了哪些内容？例如，这些过程是否与涉及句法的过程有所不同？它们的创建在多大程度上涉及多个过程？学习者内在因素和输入本身的各个方面的相对（或相关）贡献是什么？

本文集将从诸多不同学科的视角来透视 FMC 研究。作为导言，本章试图通过讨论加工问题，把这些研究视角联系起来，综合讨论。从词汇或语法形式及其意义之间的初始关联到 L2 学习者对形式的使用，有关 FMC 的研究从实证和理论层面对行为和认知下的子过程进行了广泛探索。本章聚焦学习者和输入因素，因为这两个因素影响输入加工的不同阶段。相关讨论涉及语言学习的以下几方面：FMC 的建立、后续加工和使用。本章提出的许多问题均基于教学效果这一更为实际的问题：在教学中，需要在多大程度上注意 L1 和 L2 的对比？普遍的加工机制是否掩盖了任何可能做出的教学努力？语言的不同方面需要不同的教学策略吗？如何才能更有效地控制 L2 环境中的因素。深入了解 FMC 是如何产生和维持的，可能有助于回答其中的一些问题。本章讨论从一些基本的概念开始，即 FMC 本身的基本特征。

什么是形式-意义联结？

什么是形式？

我们用形式指语言的表层特征或底层表征的表层体现。表层特征可包括以下内容：

- 词素：*eat*（英语），*com-*（西班牙语），*mang-*（法语）
- 动词的屈折变化：*-ed*（英语），*-ó/-é*（西班牙语），*-it/-u*（法语）
- 名词的屈折变化：*he/him*（英语），*él/le/lo*（西班牙语），*il/lui/le*（法语）
- 名词派生词形的变化：*dis-advantage, thought-less*
- 形容词的屈折变化：*abierto/abierta*（西班牙语），*overt/overte*（法语）①
- 功能词包括补语标记、分类词（classifiers）、限定词和小品词（如日语的 *wa* 和 *ga*）

可以肯定的是，并非所有语言都具有相同的表层特征（surface feature），也不是所有语言都以相同的程度使用这些特征。同样的意义，黏着性语言（agglutinative language），例如奎丘亚语，更多地使用名词和动词的屈折变化来表达，而印欧语系的语言则通过介词、副词或其他一些独立的词汇或语素来表达（Langacker，1972；Spencer 和 Zwicky，1998）。

列出的所有形式均对应目标语的特征和类别。本文集中的章节使用前面列表中建议的术语形式，即形式被视为词汇、屈折变化、小品词等。②然而，这些并不是语言习得的唯一单位。比单个单词更大单位的惯用语（formulaic expressions and routines）（例如，Bardovi-Harlig，2000；Ellis，1996；Krashen，1981；Myles，Hooper 和 Mitchell，1998；Myles，Mitchell 和 Hooper，1999；Peters，1985；Skehan，1998；Weinert，1995；Wong Fillmore，1976）可以被认为是形式，因为学习者可以从输入中提取这些形式并赋予其意义或功能。

什么是意义？

意义有多种理解方式。在语言学领域，词汇语义学（lexical semantics）一直

---

① 有些形式不常见，因为它们不指向意义。因此，本章不再进一步讨论此类形式。

② 一个例外是 Klein，他在第八章中主张探讨 L2 语法解析在 SLA 中的作用，这意味着除了一些单独的表层特征之外，还需顾及整个句子。

第一章　二语习得中的形式-意义联结

占据主导地位，对词汇-语义-句法界面的广泛研究凸显了动词在投射句子句法中的重要性。例如，动词 *dry* 包含与其含义相关的信息：<施事者（agent），受动者（patient）> 和[[X 行为]导致[Y 变干]]。该信息表明，施事者和受动者都参与了变干这一活动的发生，并且该活动涉及由某事引起的状态变化（Levin 和 Hovav，1998）。

从应用于语言表层特征的意义来看，意义至少可以指以下几点内容：

- 具体的语义指称意义：在英语中，[kaet]指四条腿的猫
- 替代的或抽象的语义指称意义：*-aba-* 在西班牙语的意思是非瞬时（nonpunctual）的，因此当说话者叙述某个过去的事件时，表示某个正在进行的事件或状态
- 社会语言学意义：当法语中使用 *vous* 而不是 *tu* 时，说话者表示礼貌、尊重和/或社交距离
- 语用意义：当某人说"你为什么不休息一下？"这个话语的意图是可以理解的，也就是说，它是一个建议，而非一个需要用"因为……"来回答的真正的 *Wh* 问题

在本文集中，很明显，不同的作者试图用语义内容来定义现实世界中的指称意义。在本讨论中，意义也仅限于狭义的意义。因此，本文集涉及具体的、替代的或抽象的指称意义，如数字、时间指称、施事者、体和词汇指称。

什么是形式-意义联结？

很明显，形式-意义联结是一种形式表达某种指称意义。然而，实际情况要复杂一些，呈现出三种不同的可能性：

1. 一种形式表达一种意义
2. 一种形式表达多种意义
   a. 在不同的语境下
   b. 在单一语境下
3. 多种形式表达相同的意义

与意义一一对应的形式确实存在，尽管这不是形式-意义关系的唯一类型。在日语中，*ga* 只有一个意思：在非被动句中表示"施事者或受动者"。在土耳其语中，*lar* 的意思是"不止一个"。在西班牙语中，*-mos* 专指第一人称复数。包

含多个意义的形式更为复杂。在西班牙语中，代词 se 既可以指现实世界中的反身意义，如 *Juan se ve*（John 看见他自己），也可以指未指定的主题，如 *Aquí se vive bien*（一个住在这里的人）。当直接宾语代词按顺序出现时，它也可以指与格（dative）（即与格代词），如 *Juan se lo dio a María*（John 把它给了 Mary）。至于词汇形式，同音异义词（homonym）是一种形式具有多种意义的例子。单词 [*plen*]（拼写为"plain"或"plane"）至少可以指代以下内容：简单；不漂亮；平坦广阔的地形；一种航空运输工具；一种用来刮去少量木头的工具；削掉少量木头的行为；轮胎在潮湿路面上擦过的行为。因此，同一形式可能根据语境表达不同的意义，也有可能同一形式同时表达多个意义。例如，德语冠词 *dem* 包含多重意义：确定性、与格、单数以及阳性（masculine gender）或中性（neuter gender）。形式的任何部分都不能唯一地指代所含意义中的某个特定成分。

最后，有些形式具有相同的意义。这在词汇和黏着词素（bound morpheme）中并不少见。例如，过去这个时间概念可以由时间词汇（'yesterday'（昨天），'before'（之前））以及黏着语素和非黏着语素（'was'，'ed'）表示。复数可以通过量化修饰语（'many'（许多），'two'（二））以及黏着语素和非黏着语素（'teeth'（牙齿），'s''s'）来表示。不同的黏着语素可能表达同一个意义：在西班牙语中，-*aba*-和-*ía*-均表示过去和非瞬时性。两者的不同之处在于，它们必须与不具有语义区别的特定类别的动词一起使用，-*aba*-只能与主题元音（theme vowel）为 *a* 的动词（例如 *hablar*）一起使用，而-*ía*-只能与主题元音为 *e/i* 的动词（例如 *decir, beber*）一起使用。另一个不同形式表达同一意义的例子是英语中的派生词屈折变化 *dis-, non* 和 *unin*（例如，*dishonest*（不诚实），*nonnative*（非本地），*uneven*（不均匀））。这些语素的意思都是"相反的"或"不"，其分布是基于它们所依附的词的非语义特征（例如，通常 *non-* 依附于名词；*dis-*依附于名词、形容词和动词；*un-* 依附于形容词）。黏着语素在意义上也可以重叠。如前所述，在西班牙语中，-*aba* 表示过去、第一／第三人称单数和非瞬时性；相反，-*ió* 表示过去、第三人称单数和瞬时性。因此，这两个动词的屈折变化在表示过去的意义上有重叠，但他们表示的意义又不完全相同。

本讨论已将 FMC 确定为 *L2* 形式与其 *L2* 意义之间的联系。然而，L2 形式也可以与非 L2 的意义联系起来。例如，Jarvis 和 Odlin（2000）的研究表明，瑞典英语学习者将 L2 介词与 L1 的空间概念联系起来。类似地，指称意义可以与非 L2 的形式联系起来（或仅部分如此）。根据 *ne* 在否定陈述中的分布偏差

（Andersen，1990）（例如，*Le chien ne mange pas*（狗没有吃）），法语学习者可能会错误地将 *ne* 与否定的含义联系在一起。实际上，*ne* 在某些表达式中仅表示纯粹的语法功能（例如，*Je n'ai que deux class*（我只有两门课））。其他示例包括未分析的语块（chunk），例如 *comment t'appelles*、*lookit* 或 *dunno*，学习者将这些语块和特定的指称意义联系起来（Myles 等，1999；Wong-Fillmore，1976）。

为什么要关注形式-意义联结？

FMC 的建立是第一语言和第二语言习得的一个基本方面。除了少数 L2 学习者之外，所有学习者都首先追求意义，努力与人交流，了解周围的世界。各种背景下的研究证明了意义的推动力（例如，W. Klein 和 Perdue，1997；Krashen，1982；Perdue，2002；VanPatten，1996）。这通常（尽管并非总是如此）意味着词汇习得优先于语言语法特征的习得。事实上，有人认为习得单词的语义和形式构成所涉及的过程是不同的（N. Ellis，1994）。

然而，建立 FMC 不仅仅局限于词汇学习。中介语语法中重要子系统的习得几乎均涉及形式、意义之间的关系以及如何建立二者之间的联系。其中研究最多的是时体系统（tense-aspect system）。在本文集中，这一富有活力的研究领域以 Bardovi-Harlig 关于未来时间系统（future system）习得的研究和 Shirai 关于一般时体发展的概述和讨论为代表。在一个较大的语法系统中，这些复杂的系统会随着时间的推移而演变，就像学习者语法的其他部分一样。它们如何演变以及为什么演变，这些问题对于理解中介语的整体发展是至关重要的。

尽管 FMC 的重要性显而易见，但它并不是二语习得研究的焦点。自 20 世纪 80 年代中期以来，从乔姆斯基角度进行的研究方兴未艾，句法仍然是理论研究的中心（概述见 Hawkins，2001）。然而，这一系列研究与 FMC 的关联可能比研究初期更为紧密，并且那些探索第二语言句法的人有充分的理由关注 FMC。当前的极简主义观点从所谓的"特征检查"或词法和句法之间的界面两个方面明确地将语法和词法（即词形变化和变体，FMC 的一个方面）联系起来（例如，Beck，1998；Radford，1997；White，2003）。

如此看来，继续研究第二语言习得过程中 FMC 是什么，为什么和如何建立 FMC 等问题是有益的。其研究价值体现在理论（例如，FMC 在句法发展中可能扮演的角色）和应用（例如，教学的效果）两个层面。我们现转向 FMC 习得所涉及的过程。

习得与形式-意义联结

根据一些研究者的观点（例如，Carroll，2001；Harrington，2003；VanPatten，1996，2003），我们采用以下习得观：习得须由多个不同但相关的过程组成，这些过程共同构成了通常所说的习得过程。鉴于我们关注的是 FMC，因此将讨论与习得相关的三个过程。这些过程可被视为阶段，因为 FMC 必须经历每个过程才能完全习得。我们将这些过程/阶段称为（1）建立初始联结，（2）联结的后续加工，以及（3）获取联结以供使用。

建立初始联结

当学习者以某种方式在认知上注意到一种形式、一种意义以及该形式以某种方式表达该意义的事实时，最初的 FMC 就会产生。学习者要么从现有知识中获取语义、概念或功能意义来处理新的形式，要么从周围的语言或社会语境中注意到需要习得新的意义或概念，以及特定的形式表达了该意义。与第一种情形相关的一个例子大家都很熟悉：L2 学习者根据先前（L1）的经验（例如 Jiang，2002）将"飞机"的概念与新形式 *avión* 联系起来。与第二种情形相关的一个例子可能源于 L2 日语学习者初次接触敬语（honorifics）的情况（例如，Cook，2001）。学习者须创造一个新的含义，并将其与输入中遇到的形式联系起来（另见 Bogaards，2001；R. Ellis，1995）。这个过程不同于 Schmidt 的注意（noticing）观，体现在两方面。首先，Schmidt 的注意仅限于某种形式在工作记忆中被关注，但不一定同时与意义或功能相关联（例如参见 Schmidt，1990，1995，2001，以及 Carroll，2003；Williams，本文集第十章）。其次，没有说明所涉及的意识（awareness）层级。虽然学习者可能意识到遇到了一种新的词汇形式（"我想知道这个词是什么意思？"），但是我们不能认为他们对各种语法形式具有相同或完全不同的意识水平。在本讨论中，不必考虑 FMC 是否在有意识的情况下进行。有必要探索的是为什么一些 FMC 被建立而非其他 FMC。

考虑到学习者必须习得的特定形式或意义的各个方面，很可能许多 FMC 不是一次完成的。例如，学习者在第一次遇到词汇形式 *Vogel* 时可能就与该形式所指的"bird"（鸟）建立明确的关联，并且可以立即检索，但也可能存在其他情况。初始 FMC 可以出现在各种连续体的任意点上：从部分到完全、从弱到强、从非目标（nontargetlike）语言到目标（targetlike）语言。

FMC 的完整性（completeness）。学习者可能只将新形式的一部分与它的意义联系起来，或者将一个新形式与它的一部分意义联系起来。如果学习者在听力上遇到 Vogel 这个词，他们可能只记得一个模糊的读音，或者知道"它以[f]音开头，有两个音节"。如果学习者遇到它的书面语形式，他们可能只记得前几个字母。不完整的 FMC 的另一种可能性可能发生在更复杂的形式上，与 Vogel 不同，这些形式在概念上更复杂或与多个含义相关。回到德语定冠词 dem 的例子，学习者可以在形式和这个形式表达的其中一个意义之间建立 FMC。他们可能只是简单地将形式与其最显著的意义（可以说是限定性（definiteness））联系起来，而忽略意义中的格、性别和数字成分（Andersen，1983）。对于时体形态的习得也有类似的论据，学习者首先为意义的原型成分建立 FMC，如进行体为"进行中的动作"（Shirai 和 Andersen，1995）。随着学习者将复杂的意义和用法逐层添加到他们所建立的联结中，FMC 可能会随着联结程度的增加而进一步完善。词汇形式确实如此；在一个单词和它的意义之间建立了基本的联结之后，学习者会遇到其他可能与基本意义不同的意义、分布限制和搭配规则（Bahns 和 Eldaw，1993；Schmitt，1998）。

FMC 的稳定性（robustness）。完整性不是衡量 FMC 的唯一指标。一个学习者可能会建立一个完整的 FMC，但它最初可能很弱，也就是说，如果不通过后续的输入来加强，这种联结可能会很快消失。N. Ellis（2002，本文集第三章）强有力地论证了频率在语言加工和习得中的重要性，这一观点与 FMC 不断增强的稳定性这一概念相一致，并通过后续输入得到证实。学习者第一次接触 Vogel 时，可能会在记忆中留下整个单词的痕迹，轻轻地"写入"（参见 VanPatten，本文集第二章），这样一来，学习者下次在输入中接触 Vogel 时，将产生更强的联结（见下一节）。当注意资源不能加工新形式时，加工过程中受到的任何干扰可能会导致最初的记忆痕迹缺乏完整性或稳定性（Baddeley，1990）。然而，这不一定意味着默认情况是学习者从一开始就倾向于建立完整而稳定的联结，并且加工过程中的干扰会干扰联结。在早期和中期阶段，学习者更有可能倾向于不完整的初始联结和不那么稳固的联结。

FMC 的目标语特征（Target-like Nature）。我们不能保证 FMC 会是目标语，也不能保证 FMC 反映的是目标语范畴。学习者可能会将 Vogel 与"chicken"

（鸡）联系起来，或将 *comía* 与条件性而非目标语的非完成意义联系起来，或将 *comió* 过度概括到其他过去的语境中。尽管形式和意义在 L2 的分布并不总是反映一种联系，但有大量证据表明，完成标记和终结意义之间存在着初始的 FMC（Bardovi-Harlig，2000；Collins，2002；Lee，2001；Shirai，本文集第五章）。最后，意义也有可能与未经分析的 L2 形式相关联，换句话说，意义有可能以独立于其组成部分的语块融入到发展中的 IL 中。英语的 *dunno* 是其中一个例子（Bybee，2002）。

后续加工（processing）

建立初始的 FMC 后，接下来会发生什么？我们认为，无论最初的 FMC 多么脆弱或不完整，它都会产生心理语言学影响。根据 N. Ellis（本文集第三章），"任何事件，任何经验都会在认知系统的许多部分产生一种分布的活动模式。"反复接触这些初始 FMC 中的形式会在稳定性、完整性和接近目标语等方面产生几种可能性：最初不完整的 FMC（其中仅建立了一个或一些可能的联系）会加入，形成更加完整的联结。最初较弱的 FMC 可能会得到加强。如果后续输入的加工结果与现有的 FMC（可能是类似于非目标语的 FMC）发生冲突，那么学习者的语言系统也可能被迫对该 FMC 或其他 FMC 进行调整。

加入（filling in）。如果最初的 FMC 不完整，随后的接触可能会加入形式或意义的成分，对于词汇 *Vogel*，如果初始联结引起部分加入（"以[f]音开头，有两个音节"），那么进一步的接触可以让学习者建立一个更完整的语音表征。意义和概念可以以类似的增量方式加入。在多次接触之后，一个词的语义范围可能会扩大（Schmitt，1998），概念特征会被提炼。L2 学习者可能会在特定的语境中发现词语具有特定的语用功能，属于某一语域，或者与其他重新定义的词语搭配（Bahns 和 Eldaw，1993）。关于语法形式，上文指出，许多形式（如德语的定冠词 *dem*）比具体的名词更复杂。初始的 FMC 可将形式与限定性特征联系起来；后续的 FMC 可将同一形式和与格联系起来，抑或将另一形式和单数联系起来，如此等等。

强化（strengthening）

在输入中，如果最初接触的某个形式与其含义产生弱联结，那么随后的接触可能会增加该 FMC 的稳定性，尽管不能保证可供使用，但可以增加长期记忆的可能性。相反，缺少后续输入可能产生相反的效果：FMC 可能会逐渐减弱并最终从记忆中消失。罗曼语系虚拟语气中的动词就是这种情况，这些形式通常在早期就被教授。在教学时，学习者可能会接触到包含虚拟形式的适当输入，并且可能会启动联结。但根据对西班牙语的频率统计，例如，学习者在交际输入里遇到的动词形式中，虚拟语气大约占 3%（Bull, 1947）。因此，FMC 可能会逐渐消失，在某些情况下，不会出现恢复迹象。更重要的是，研究表明，在表达意义上，一种形式和另一种形式会在频率上"竞争"（in competition），可能会导致不太频繁的形式消失。众所周知的不规则过去时的"U"形习得就是一个例证，这种不规则过去时暂时被更为频繁的过去时形式"挤出"（pushed out）。这将引起下一个过程。

重构（restructuring）。到目前为止，所描述的 FMC 过程相对简单：一个新的 FMC 产生，被加强，变得更复杂（如果 FMC 本身是复杂的话），或者如果随后没有接触这一形式的话，FMC 会最终消失。然而，如前所述，输入通常包含可能相互竞争的形式，这种情况可能需要对 FMC 进行重构，更广泛地说，需要对学习者发展中的 IL 进行重构。

Bardovi-Harlig（2000）和 Shirai（本文集第五章）描述了几个系统，在表达过去事件时有几种形式选择。根据 Andersen（1984）的一对一原则（One-to-One Principle），学习者最初倾向于将一种形式映射到一种意义上。在诸如西班牙语这样的语言中，它有一个复杂的标记过去的系统，建立类似目标语的 FMC 可能需要大量接触和输入加工（参见 VanPatten，本文集第二章）。一个学习者如果一开始就把以 -ía 结尾的形式和过去联系起来，而不是和过去及非瞬时性联系起来的话，那么可能会产生不正确的形式，比如 *tuvía 'was having'，其中不规则的过去时词尾（可能在写入的过程中）与"新的"过去时词尾混淆。简言之，学习者从表示过去的两个不同的动词中选取两个不同的片段，并将它们融合在一起。然而，继续接触 tuve 和 tenía 可能会迫使学习者修改他们原来的非目标语 FMC。这种重构过程有助于从 IL 中删除非目标语形式。第二种重构会影响初始的 FMC，但也会影响 IL 词汇成分中的其他 FMC。继续以西班牙语的时态为例，一个过去时用于标记瞬时并且完成的事件，另一个用于标记非瞬时事件和活动。如果学习者系统仅包含诸如 llamó 'called' 等形式来标记过去的任何事件或动作，那么他们也会把 llamaba 'was calling' 识别为表示过去的意义，这样会促使新的 FMC 产生。与第一个例子中的 *tuvía 不同，第二个例子中没有类似于非目标语的形式，而是错误地使用了 L2 形式。在这种情况下，不仅需要重构 FMC，还需要重构这一 FMC 与 IL 中其他 FMC 的关系。适应这一新的 FMC 可能会迫使部分 IL 重构，如时体系统。

重构的影响也可能超出发展中的 IL 的词汇部分。在当前的句法理论中，既有词汇范畴，也有功能范畴，语言似乎因功能特征而异（例如，Radford，1997）。许多功能特征的表层表征正是这里讨论的语法形式类型：屈折变化、小品词、限定词、补语等等。与这些特征相关的属性被认为是推动句法移位（syntactic movement）的主要因素。如果 L1 和 L2 在移位规则方面存在差异，那么学习者必须以某种方式开始写入屈折特征（以及它们的属性），以便语法能够朝着正确的 L2 规则系统发展。例如，学习一种特定的形式-意义联结，可能是这种进化的催化剂或触发器。VanPatten（本文集第二章）讨论了英语学习者如何认识到英语不允许动词移位。他认为 do 中所含的 FMC 可能是其中的催化剂。这些例子实际上描述了基于在词典中加入新的 FMC 的句法重构。（关于 FMC 与句法发展之间关系的争辩将在后面讨论。）

在另一个案例中，Hawkins（2001）描述了英语 L2 学习者可能还没有投射出 IP（句法树的屈折短语）的情景。这一论述过于复杂，无法在此处回顾，他认为，当学习者"理解"系动词 be 时，他们将投射 IP，句法将开始自我重构，这反过来又允许其他语法形态的加入。因此，仅仅加入一个新的 FMC 就可以引起语法中句法成分的重大重构。

使用权限

使用权限适用于理解和产出过程。一旦 FMC 加入到 IL 中，它就有可能用于理解和产出。每次访问和使用这一形式时，无论它是否接近目标语，FMC 都会得到加强。当访问和理解一种形式时，还涉及在语境中对该形式的另一次接触，这一过程进一步加强或细化 FMC。这里重要的一点是，尽管访问不能**启动**（initiate）FMC——毕竟人们无法访问尚不存在的内容——但它可以加强已创建的内容。关于产出中的访问，De Bot（1996：549）指出，"输出本身在习得全新的陈述性知识中不起作用，因为学习者只能通过使用外部输入习得这类知识"。然而，他继续论证道，反复访问这种联系比简单地从输入中感知它更有效。因此，访问在 FMC 过程中也具有重要作用。

本章前面指出，创建和加工 FMC 的过程不是一个统一的过程。为什么创建一些 FMC 而非其他 FMC？为什么有些联系会变得牢固，而另一些联系会消失？这些问题具有明确的教学意义。而语言习得的全局观导致了关于教学的非常普遍的问题（例如，输出是否加速学习？聚焦形式是否有效？输入是否有效？），前面对 FMC 的概述表明，这些问题在一般的第二语言学习中是无法回答的，似乎这是一个统一的过程。在讨论教学的有效性时，Williams（出版中）指出："在不同的发展阶段，学习者与语言数据的交互会发生变化，而教学可能会在这些不同的时间点上对习得过程产生不同的影响。因此，教学应根据学习者在这一过程中所处的时间点进行有针对性的思考。然而，事实上，鲜有研究明确指出区分 IL 发展中具体时间节点的（教学）效果的必要性。"显然，课堂二语习得（instructed SLA）研究需要找出更为集中的问题，考虑哪种教学会影响哪种形式的哪种习得过程。

SLA 涉及的诸多因素很可能会影响各个不同的阶段和过程。下一节将回顾当前的研究及其对本文集的贡献，由此获得潜在调节因素（mediating factors）及其影响的证据。

影响 FMC 习得的因素

我们将影响 FMC 习得的因素分为两大类：**学习者因素**（learner factors）和**输入因素**（input factors）。学习者因素包括学习者或学习者群体共享的知识来源（如 L1、共性（universals）和普遍语法（universal grammar））和个人的具体情况（如 L2 的熟练程度）。输入因素包括形式的各个方面及其含义（例如频率、L2 形式的基本特征）。本讨论主要集中在 FMC 的初始创建上，并非因为这个过程最重要，而是因为这一直是研究的重点。在可能的情况下，本讨论将把先前概述的与 FMC 相关的过程和学习者及输入因素可能对这些过程产生的影响区分开来。

学习者因素

L1／其他语言知识。关于 L1 知识最普遍的问题是 L1 特征如何影响 L2 学习。例如，L1 是否限制或加强了 L2 输入的感知和加工方式？是否所有的 L1 特征都以同样的方式影响 L2 学习？L1 特征对 L2 词汇和语法方面的加工是否存在不同的影响？半个世纪以来，这些问题一直是第二语言习得研究的热点之一（例如，Andersen，1983；Cadierno 和 Lund，本文集第七章；Gass 和 Selinker，

1992；Jarvis，2000a，2000b；Jarvis 和 Odlin，2000；Jiang，2002；Kellerman，1995；Odlin，1989，2002；Pavlenko 和 Jarvis，2002；Ringbom，1987；VanPatten，本文集第二章）。

关于 FMC，其完整性、稳定性和与目标语的近似性可能通过 L1 来调节。有学者认为，语言加工机制在学习者有意识的控制之外自动运行（Carroll，2001；VanPatten，本文集第二章），这些学者提出，初学的学习者在处理 L2 时会自动应用 L1 解析程序。如果 L1 和 L2 中的成分不遵循相同的线性顺序，那么 L1 解析过程可能会导致不清晰的记忆痕迹，甚至阻止特定 L2 形式的加工（例如，参见 Rounds 和 Kanagy，1998；VanPatten，本文集第二章）。受 L1 影响的不仅仅是解析过程。Cadierno 和 Lund（本文集第七章）展示了 L1 中事件语义成分的编码如何影响其在 L2 中的编码。如果 L2 没有相同的系统来编码单个动词中两个独立的语义成分（例如，丹麦语中量的变化和方式），那么只能在 L2 形式和 L1 存在的意义之间建立联系。换言之，将只建立部分 FMC，一个更类似于 L1 而不是 L2 的 FMC。

同样，对于词汇发展而言，L1 的概念特征可能会干扰 L2 习得，因为 L2 学习者通过 L1 对 L2 词汇进行概念化，直到达到较高水平为止（N. Ellis 和 Beaton，1993；Jiang，2002；Kroll 和 Tokowicz，2001）。也就是说，一个 L2 单词最初与一个 L1 概念产生联结，这一 L1 概念可能与 L2 的概念特征不完全相同。与具体物理现实的概念密切相关的词语，在 L1 和 L2 中很有可能共享概念特征；但是更为抽象的词语不一定具有相同的语义范围，并且可能在不同语言中具有不同的属性（例如，民主、内疚或忏悔等词语）。L1 对词汇发展的影响可能有多种形式并且不一定都可以预测。当 L2 形式与其对应的 L1 概念之间存在很大的差异时，学习者可能无法创建 FMC，Laufer 和 Eliasson（1993）对希伯来英语学习者习得英语短语动词的研究发现就是其中一个例子。同源词（cognates）通常会促进近似目标语的 FMC（Ard 和 Homburg，1983；Holmes 和 Ramos，1993；Lotto 和 de Groot，1998；Vidal，2003），但错误的同源词，如英语的 *actual* 和德语的 *aktuel*，可能会导致非目标语意义与目标形式联结起来。此外，尽管通常 L1 和 L2 的相似性确实促进了 FMC，但如果学习者认为接触到的形式不寻常，他们可能会忽略这种相似性并且抵制这种联结，Hulstijn 和 Marchena（1989）对荷兰英语学习者习得英语短语动词的研究发现就是其中一个例子。

共性（universals）。第二语言习得的一个基本问题不是语言学习环境的差异,而是语言学习的共性。第二语言学习的某些方面是否在不同的环境和学习者之间没有差异,或者差异很小?这个问题已经被一些人研究过,他们认为这样的共性是与生俱来的,在一些人看来,是语言所独有的;这个问题也被另一些人研究过,他们相信语言共性的出现并认为这些语言共性是语言学习与其他认知过程相似的证据(例如,N. Ellis,1998;Gregg,1996;MacWhinney,1997;O'Grady,1999;Schwartz,1999;White,2003)。一种观点认为,共性是具有语言性质的,由约束所有人类语法(包括第二语言语法)基本特征的原则组成。另一种观点认为,共性与感知和加工来自环境的信息有关,并且对信息的基本特征(在本例中为输入)敏感。这些反过来又与大脑的神经结构相互作用(或更可能受其制约)。

普遍加工机制(universal processing mechanism)可以支持、不支持或常常阻碍 FMC 的初始建立。VanPatten(1996,2003)提出了一种加工机制,解释了学习者是如何从输入中获得语言数据的,以及为什么建立某些联系,而不是其他联系。他解释道,L2 学习者首先为更多有意义的形式(特别是实词)建立 FMC,因为这些形式对信息理解最为重要。初级学习者没有工作记忆能力,不能将注意集中到信息的所有部分。以语法形式编码的信息可能是多余的,因此可能不会引起他们的注意。例如,当句子以表示过去时的时间副词开头时,*Yesterday it snowed*(昨天下雪了)。以 *-ed* 结尾作为过去时的标记不太可能吸引学习者的注意,相反,它可能会被跳过,因为 *-ed* 不会给句子增加额外的意义。只有当学习者不需要注意资源来处理信息内容时,他们才会处理这些形式。E. Klein(本文集第八章)总结了 VanPatten 研究范围之外的研究,探讨了句子加工中的行为因素(performance factors)。这项研究表明,许多输入特征可能会影响加工,但加工本身涉及学习者的普遍倾向。

有些共性可能与形式本身有关。形式的凸显度(formal salience)也可能影响 FMC 的初始建立和后续加工。关于这方面的大多数研究似乎都认同这样的假设,即 FMC 更可能用于凸显的形式而不是非凸显的形式(Bardovi-Harlig,1987;Goldschneider 和 DeKeyser,2001)。形式可能因其内在特征(见下文输入形式的性质)、频率或位置而凸显。关于位置,一个被验证的加工普遍性是,话语的初始和最终位置比中间位置更加凸显(Barcroft 和 VanPatten,1997;Clahsen,1984;W. Klein,1986;Rosa 和 O'Neill,1998;Slobin,1985)。因此,处于中间位置的形式可能无法获得足够的注意资源来启动 FMC。

另一种可以产生最初非目标语 FMC 的普遍加工机制是一对一原则（Andersen，1984，1990）。这一原则指出，一种形式至少在最初被映射到一个单一的意义上。①因此，给定形式和附加含义之间的初始联结可能会被延迟或完全抑制。一个概念在 L1 中可以用一种形式表示，但在 L2 中可以用两种形式表示。德语的冠词 *dem* 的例子也与此相关。如果形式最初被映射到限定性这一单一意义上的话，那么遵循一对一原则可能会抑制或延迟目标语言形式固有的附加联结（additional connections）。词汇方面的例子也比比皆是。英语动词 *to know* 用来表示知道事实和认识某人；然而，在德语和法语中，知道事实通常用动词 *wissen/savoir* 来表达，知道某人用动词 *kennen/connaître* 来表达。德国或法国英语学习者可以选择一种 L2 形式，并将其映射到两种 L2 意义上。

至于形成性共性，目前尚不清楚普遍语法（UG）在多大程度上影响 FMC 的发展，尤其是形态的屈折变化。例如，White（2003）总结了关于这一作用的争辩。一方面，有人认为，某些 FMC 的习得会触发特定句法特征的发展，或者使这些特征强化（例如，Eubank，1996；Vainikka 和 Young-Scholten，1996）。在这种情况下，罗曼语系中的强一致性（作为 INFL 的一个特征）只有在其表层特征到位（例如，习得所有人称-数动词的结尾）之后，这种强一致性才能"到位（in place）"。因此，形态的习得驱动着句法某些方面的习得。与这种"先形态后句法"的观点相反，White 也阐述了"先句法后形态"的观点。White 认为，抽象的形态句法特征可以在习得相应的语言显性（表层）特征之前表现出来（如 Lardiere，2000）。在这种情况下，虽然并非必然如此，但习得抽象的句法特征可能会驱动与之对应的 FMC 习得。

还有一种可能，尽管存在"先形态后句法"和"先句法后形态"之争，但 FMC 是独立习得的，并未涉及与 UG 相关的问题。也就是说，因为 FMC "驻留"在词汇中，所以它们像其他词汇一样被学习，并且可能受到影响词汇习得的因素的影响。这是 Hyams（1994）对儿童第一语言习得的观点，Herschensohn（2000）也采用了这一观点。因此，学习者输出中某些 FMC 的缺失或存在可能是由于言语产出过程中句法和词汇之间的映射过程出现了问题（例如，Lardiere，2000）。

---

① 这一原则显然起源于儿童语言习得中提出的唯一性原则（Wexler 和 Cullicover，1980）。

L2 熟练程度。这一因素通常可以理解为初级学习者与高级学习者的对比，或者狭义地理解为特定结构的发展。已有研究指出，在习得的早期阶段，学习者倾向于关注形式和对交流至关重要的部分形式，因此与词汇形式相比，他们不太可能加工语法形式的 FMC。词汇学习本身也可能随着熟练程度的不同而不同（Meara，1997；Vidal，2003）。更高级的学习者能够更好地利用语境来发现 FMC。例如，具有高级熟练程度的 L2 读者可以利用当前周围语境中其他 L2 形式的知识（初学者不太可能拥有的知识）为输入中的新知识创建初始的 FMC。听觉短期记忆也可能受到熟练程度的影响，这限制了低熟练程度学习者能够处理的输入量（Call，1985）。

除了这些普遍的观点之外，很明显，学习者一步一步地处理语言学习的过程，尽管这些步骤的基本特征并不总是很清晰。二语习得在多大程度上受到发展先决条件的制约？该领域的许多研究都基于 Pienemann（1984，1985）的早期研究（例如，Mackey，1999；Spada 和 Lightbown，1999），并侧重于特定语言子系统中的发展准备问题（如疑问句和相关从句）。[①] 然而，该问题超出了这些子系统，有证据表明，学习者必须先达到特定的学习里程碑，或完成发展阶段，才能创建新的 FMC（例如，Bardovi-Harlig，1995，2000；Kasper 和 Schmidt，1996；Towell，Hawkins 和 Bazergui，1996）。Bardovi-Harlig（1995）的研究表明，尽管接受有针对性的指导，学习者在习得英语过去完成体时，除非他们稳定使用过去的概念和根据交际需要选择过去的形式，否则仍然无法将形式和意义联结起来。Bardovi-Harlig（2000）指出，学习者在习得时体系统的过程中大致经历了几个阶段：首先使用对话者支架和其他语境，然后使用状语，之后才开始习得该系统的形态标记。因此，在早期习得阶段，学习者不太可能将时间/体的意义与标记它们的语法形式联系起来。这种阶段性发展也体现在其他表层形式的习得上，例如代词系统中的形式，在代词系统中，FMC 由冠词组成（Huebner，1983；Liu 和 Gleason，2002），并且根据人、格和数等顺序创建（Broeder，1995；Felix 和 Hahn，1985）。因此，一般熟练程度和特定发展阶段都可能影响

---

① Pienemann 早期的研究与学习限制有关，解释了自 20 世纪 80 年代后期以来，发展准备如何成为 FMC 习得的一个因素。然而，自 20 世纪 80 年代后期以来，Pienemann（1998）放弃了学习策略，在 Leveltian 的言语加工模型和词汇功能语法的框架指导下，通过输出过程的习得来解释习得的各个阶段。

FMC 的创建、强化以及完成的程度。事实上，熟练程度可能会覆盖下一节中描述的一些输入特征，例如频率和感知凸显度（Gass 和 Mackey，2002）。尚未清楚的是，如果发展系统尚未准备好，是否可以存储输入数据。有人认为，接触含有后期结构的输入可能会产生积极影响（Lightbown，1998；Spada 和 Lightbown，1999），对未来的 FMC 有帮助。虽然这个问题很难通过实证研究找到答案，但是对教学有重要的意义。

输入特征

当学习者与输入发生互动时，就会产生 FMC。学习者因素是互动中的重要因素，但输入的基本特征也是一个关键因素。当然，在语言环境中还有许多其他因素，比如在接触过程中输入是怎样的：是否有协商、重复、反馈等等？（例如，Gass，本文集第四章）。然而，本章仅讨论输入的内在特征以及这些特征有可能如何影响 FMC 的形成。

频率。最近的实证研究（例如，N. Ellis，2002，本文集第三章）广泛讨论了输入频率对 SLA 的影响。尽管影响似乎很明显，但尚不清楚频率是否以相同的方式影响语言的所有方面：词汇意义 vs 语法意义的形式，更多 vs 更少意义的形式。频率对词汇学习的影响（N. Ellis，2002；Horst，Cobb 和 Meara，1998；Hulstijn，Holander 和 Greidanus，1996；Rott，1999；Vidal，2003）以及频率对词形和多词单元的影响（N. Ellis，1996，2001；Myles 等，1998）已经得到了强有力的证明。例如，与 FMC 相关的问题可能是，频率是否可能对这些联结的初始建立、加强或整合产生影响。虽然从直觉上看，L2 学习者遇到一个形式的频率越高，就越有可能建立初始的 FMC，但情况并非总是如此。如果学习者没有准备好（Gass 和 Mackey，2002），如果形式不凸显、需要以不同的方式处理，或者由于其复杂性而需要显性学习（N. Ellis，本文集第三章），那么频率法则（frequency law）的影响可能会失效。典型的例子是英语的冠词和第三人称单数 -s，两者的输入量很大，但都给学习者带来了困难。

即使是词汇方面的初始 FMC 也不受频率增加的影响（de Groot 和 Keijzer，2000）。然而，词频效应的相关研究表明，这一因素非常重要。学习者可能需要接触一个单词 8 到 12 次之后才表现出显著的接受性或产出性词汇知识（Horst 等，1998；Nation，2001），但在这些知识之上增加的知识，学习者接触三次之后就可以测量得到（Hulstijn 等，1996）。这些差异可能可以通过频率对 FMC 不同阶段的不同影响来解释，例如，频率对词汇初始映射的影响没有其对 FMC 后续加工的影响显著。

对于语法 FMC 的初始映射和后续加工，频率也可能与加工资源的可用性和形式对内容理解的重要性相互作用。为词汇习得提出的计算机制可能对诸如屈折形态学等没有那么有效。Hulstijn（1995）认为频率越高的形式越适合词汇学习，也就是说，学习依赖于实例的积累而非规则。事实上，研究频率增加对语法发展的影响（以大量输入（input floods）的方式），结果有些不一致（例如，Bardovi-Harlig 和 Reynolds，1995；Jourdenais，Ota，Stauffer，Boyson 和 Doughty，1995；Lee，2002；Leeman，Arteagoitia，Friedman 和 Doughty，1995；Trahey 和 White，1993；White，1998；Williams 和 Evans，1998）。可能的原因如下：与词汇形式（学习者可以计算其频率）相反，语法形式通常代表底层形式的抽象化，学习者既注意不到也无法计算。同样重要的是要注意大量输入研究中的两点。第一，大量输入常常与其他处理方法混合在一起使用。第二，学习者通常不熟悉输入的内容，初始联结的影响比后续加工的影响更大，因此考虑前者的影响更合适。

L2 形式的性质。频率是一个重要的输入特征，但形式本身固有的其他因素可能会影响 FMC。首先，如前多次指出，语言的不同方面很可能是以不同的方式进行加工的（N. Ellis，1994；Schwartz，1993；VanPatten，1994）。比起语法形式，FMC 可能更适用于词汇方面（Gass，本文集第四章；VanPatten，1990）。输入中的两个普遍特征被认为是创建和加工 FMC 的重要因素：形式复杂性和形式凸显度。

一般认为，复杂结构比简单结构更难习得（DeKeyser，1998；Hulstijn，1995；Hulstijn 和 de Graaff，1994）。FMC 的复杂性可能取决于（a）形式与意义的关系（一对一 vs.一对多）（Bensoussan 和 Laufer，1984，DeKeyser，1995；Goldschneider 和 DeKeyser，2001；Toth，2000），（b）形式的透明度（DeKeyser，1995；N. Ellis 和 Beaton，1993；Laufer，1997），（c）形式的规则性（遵守预期规则）（DeKeyser，1998；N. Ellis 和 Beaton，1993；Goldschneider 和 DeKeyser，2001；Hulstijn，1995；Hulstijn 和 de Graaff，1994）（d）形式在多大程度上可能与其他类似形式混淆（Laufer，1991；Ryan 和 Meara，1991），（e）形式在发音或拼写上的容易程度（N. Ellis 和 Beaton，1993；Laufer，1997）。尽管所有这些因素都会影响 FMC，但不清楚哪些因素最重要，以及这些因素是如

何相互作用的（Vidal，2003）。以上问题仍需进一步研究以确定这些因素可能对形式-意义映射各个阶段产生的影响（例如，Shirai，本文集第五章）。

凸显度也是一个复杂的因素，如果没有循环论证，有时很难定义①：凸显的形式是最显著的形式；学习者往往注意到凸显的形式。这可能与频率有关，也可能被视为主要的声学特性。如果形式对信息理解至关重要，那么它也可以在给定信息的语境中获得显著性，不受其固有特征的影响。形式的重要性在产出和习得过程中得到了证实（例如 Pienemann，1998）。Goldschneider 和 DeKeyser（2001）试图对屈折语素的声学凸显度进行更清晰的定义。他们的定义包含三个组成部分：音素的数量、音节和响亮程度。他们的假设是，功能词的音素越多，声音越响亮，其凸显度就越大，吸引学习者注意的可能性就越大。例如，在表层形式中含有元音的功能词比不含元音的功能词更凸显。Goldschneider 和 DeKeyser 的研究仅限于屈折语素，但同样的原则可能应用得更广泛一些。持续吸引学习者注意的形式更有可能产生完整且强大的 FMC。

确定这些因素对 FMCs 的交互作用是非常重要的。例如，由于受排序的语音单元数量的影响，将来时标记 be going to 的 FMC 比 will 更复杂（N. Ellis，1996）。然而，前者的长度也可能使其更加凸显，因此更有可能吸引学习者的注意。类似地，Bardovi-Harlig（1987）认为，尽管介词后吊（preposition stranding）在结构上可能比介词随伴（pied piping）更复杂，但介词后吊在输入中的相对频率及其新颖性使它比类型上更常见和简单的介词随伴更凸显。出于教学的目的，可以控制某些因素，例如凸显度；其他因素可能不受控制，例如复杂性。然而，即使是 L1 影响这样看似超出教师控制的因素，也可能被处理，甚至被控制，以此来促进 FMC 的建立（VanPatten，2003）。深入了解这些因素如何影响学习者的学习过程，将是推进课堂语言学习研究的重要一步（Doughty，本文集第九章；Skehan，2002）。长期以来，无论是教师还是研究者都把注意放在教学产出上，即教授一种特定的形式或结构。如果充分利用或控制 FMC 习得的过程，则教学可能更有效。

---

① Carroll（2001）认为，凸显度不是输入的属性，而是感知系统与某些类型的刺激相互作用的结果。

本文集的章节

本文集提及的因素和子过程强调了建立 FMC 的复杂性,并指出有多种方法理解 FMC 习得的过程,研究方法的多样性最终必须整合到 FMC 如何加工、内化和使用的更大视域或模型中。本文集的章节体现了这种多样性。第一部分概述了 FMC 创建过程中涉及的重要因素和过程。在第二章中,VanPatten 回顾了输入和输出在创建 FMC 中的作用,反驳所谓的"输入与输出之争"。他对能力和技能发展进行了区分,认为输入在创建 FMC 中起主要作用,尽管输出与输入相结合是有利的,但输出不是必需的。在第三章中,Ellis 通过讨论功能通道(functional approaches)、联想(associations)和大脑的构造,从认知的角度审视了形式-意义映射过程的本质。他认为大多数语言的发展是一个隐性的频率驱动的过程。在他的讨论中,他还解释了在什么情况下频率不能驱动学习。

Gass 在第四章阐述了语境在第二语言习得中所起的作用,重点讨论注意(attention)在联结内部语言/心理语言过程与学习环境之间的作用。她回顾了两项研究,结果表明,注意集中在目标结构上的学习者比注意力不集中的学习者学得更多。鉴于互动任务是她研究中的聚焦方法之一,Gass 得出结论,互动作为一种注意聚焦方法,促进了 FMC 的建立。她的研究结果也支持这一观点,即并非所有的投入都是天生平等的,形态和句法形式不可能都以相同的方式加工。

Shirai 在第五章中回顾了支持体假设(Aspect Hypothesis)的实证研究,展示了 FMC 受多种因素影响的证据,包括输入频率、学习环境、L1 影响和学习者特征。这些因素以复杂的方式相互作用,由此确定学习者建立什么样的联结以及何时建立联结。他讨论了中介语时体系统的发展,并展示了一个领域的变化如何引起另一个领域的变化,体现了前面提及的重构。时体系统的习得也是 Bardovi-Harlig 这一章的主题。这一章开启了本文集的第二部分,该部分通过相关的实证研究,介绍了具体的 FMC 的发展过程及其对发展系统的影响。在第六章中,Bardovi-Harlig 追溯了 L2 学习者发展语法中一个功能的重构问题。她的研究考察了两种形式-意义对子:作为未来标志的 *will* 和 *going to*。一开始,学习者尽可能使用最简单的形式-意义映射,例如,*will* 仅用于时间参照(例如,利用这一形式来区分未来和过去或现在的语境);随后对情态意义和体态意义进行映射,增加了 *going to*,迫使系统在竞争中处理两种形式。

L1 的影响无疑是影响 FMC 的最重要因素之一。Cadierno 和 Lund 在第七章中重新审视了 L1 的影响，认为在研究来自不同 L1 背景学习者的 FMC 时，类型学方法可以作为理论基础和可测试假设的基础。他们通过运动事件（motion events），证明尽管学习者可能已经建立了属于句子一部分的所有 FMC（即学习者知道 IL 中的所有单词和所有形式），但 L1 对 L2 句法成分的影响可能会导致他们误解句子。事实上，他们可能无法感知运动事件是如何在 L2 中构建的。因此，只要学习者使用类似 L1 的结构来理解句子，句法就会继续包含这种类似 L1 的结构。

在第八章中，Klein 探讨了新的 FMC 对学习者发展语法的影响。她回顾了大量的研究，试图解释 L2 知识的发展超越了 UG 的抽象原则和参数设置；也就是说，她试图解释特定语言的输入是如何被加工和融入到 L2 语法中的，以及影响句法重构过程的特定因素。具体而言，Klein 调查了行为因素是如何影响加工的，以及句法中看似能力差距引起的错误是否是由行为因素造成的。

最后一部分侧重于 FMC 研究的教学意义。在第九章，Doughty 对具有教学效果的实证研究做了综述。她对这项研究的总体结果进行了评估和评论，认为第二语言教学确实产生了影响，并指出了最有效的教学类型。她提出了改进课堂二语习得研究设计的建议，特别是关于二语教学治疗的概念化以及将其与效果测量相匹配。

最后两章报告了具有教学意义的实证研究。Williams 在第十章中对限定词习得的研究侧重于初始 FMC 可以通过隐性学习的可能性。两个实验的结果表明，当学习者的注意没有明确地指向形式和意义之间的关系时，他们就不能建立正确的联结。他的研究结果还表明，L1 可能在学习者如何建立这些联结中发挥作用。尽管他没有根据研究结果提出直接的教学建议，但他们认为可能需要某种干预才能成功习得这些 FMC。

在第十一章中，Barcroft 介绍了词汇习得中的 FMC 研究。他的研究考察了语义细化（semantic elaboration）和结构细化（structural elaboration）对第二语言生词记忆的影响。研究结果表明，语义细化对学习行为没有显著影响，说明语义细化并不是促进生词习得的有效干预措施。仅仅接触单词的学习者和那些通过参与任务提高词汇习得的学习者一样，也能学好单词。此外，即使在课堂教学的环境下，相当大比例的学习者避免执行语义细化和结构细化任务，他们默认使用自己喜欢的策略。与 Williams 的研究相比，以上结果表明，L2 学习的不同方面可能对干预有不同的反应。

Larsen-Freeman 在第十二章回顾了 FMC 研究的范围，并提出了未来 FMC 研究必须面对的几个重要挑战，特别是心理能力在 SLA 模型中的地位以及理解和产出在习得过程中的作用。

结　论

本文集仅对尚需研究的领域给出了建议。尽管如此，从这一导言章节中可以看出，对 FMC 习得的研究必须

- 最终与学习者接触到的输入相关联，
- 考虑相关形式的属性，
- 将过程和加工与形式的性质联系起来，
- 考虑 L1 在加工和重构中的作用，
- 将教学干预与学习过程联系起来

尽管对 SLA 中句法和句子结构的研究由来已久，但随着研究者对 SLA 复杂性的深入研究，FMC 的习得仍然是一个重要的研究领域。现在应该都清楚的是，SLA 永远不会只有"一个"理论。相反，很可能会有多种理论和模型来解释 SLA 的不同方面。关于 FMC，本文集展示了各种研究，这些研究最终与一个或一组理论相关，这些理论将成为 FMC 习得如何被概念化的基础，与其他习得的理论基础不同，如句法习得、语音习得、社会语用能力习得，也许还有技能的习得，特别是产出技能的习得。

参考文献

Andersen, R. (1983). Transfer to somewhere. In S. Gass & L. Selinker (Eds.), *Language transfer in language learning* (pp. 177-201). Rowley, MA: Newbury House.

Andersen, R. (1984). The one-to-one principle of interlanguage construction. *Language Learning, 34*, 77-95.

Andersen, R. (1990). Models, process, principles, and strategies: Second language acquisition inside and outside the classroom. In B. VanPatten & J. Lee (Eds.), *Second language acquisition-foreign language acquisition* (pp. 45-71). Clevedon,

England: Multilingual Matters.

Ard, J., & Homburg, T. (1983). Verification of transfer. In S. Gass & L. Seiinker (Eds.), *Language transfer in language learning* (pp. 157-176). Rowley, MA: Newbury House.

Baddely, A. (1990). *Human memory: Theory and practice.* Needham Heights, MA: Allyn & Bacon.

Bahns, J., & Eldaw, M. (1993). Should we teach EFL students collocations? *System, 21*, 101-114.

Bardovi-Harlig, K. (1987). Markedness and salience in second-language acquisition. *Language Learning, 37*, 385-407.

Bardovi-Harlig, K. (1995). The interaction of pedagogy and natural sequences in the acquisition of tense and aspect. In F. Eckman, D. Highland, P. Lee, J. Mtleham, & R. Weber (Eds.), *Second language acquisition theory and pedagogy* (pp. 151-168). Mahwah, NJ: Lawrence Erlbaum Associates.

Bardovi-Harlig, K. (2000). Tense and aspect in second language acquisition: Form, meaning and use. *Language Learning, 50* (Supplement 1).

Bardovi-Harlig, K., & Reynolds, D. (1995). The role of lexical aspect in the acquisition of tense and aspect. *TESOL Quarterly, 29*, 107-131.

Barcroft, J., & VanPatten, B. (1997). Acoustic salience: Testing location, stress and the boundedness of grammatical form in second language acquisition input perception. In W. R. Glass & A. T. Perez-Leroux (Eds.), *Contemporary perspectives on the acquisition of Spanish: Production, processing, and comprehension* (pp. 109-121). Somerville, MA: Cascadilla Press.

Beck, M. L. (1998). Morphology and its interfaces in second-language knowledge: Introduction. In M. L. Beck (Ed.), *Morphology and its interfaces in second language knowledge* (pp. 1-39). Philadelphia: Benjamins.

Bensoussan, M., & Laufer, B. (1984). Lexical guessing in context in EFL reading comprehension. *Journal of Research in Reading, 7*, 15-32.

Bogaards, P. (2001). Lexical units and the learning of foreign language vocabulary. *Studies in Second Language Acquisition, 23*, 321-343.

Broeder, P. (1995). Acquisition of pronominal reference: A longitudinal perspective.

Second Language Research, 11, 178-191.

Bull, W. (1947). Modern Spanish verb frequencies. *Hispania, 30*, 451-466.

Bybee, J. (2002). Phonological evidence for exemplar storage of multiword sequences. *Studies in Second Language Acquisition, 24*, 215-221.

Call, M. (1985). Auditory short-term memory, listening comprehension and the input hypothesis. *TESOL Quarterly, 19*, 767-81.

Carroll, S. (2001). *Input and evidence.* Amsterdam: Benjamins.

Carroll, S. (2003). Commentary: Some general and specific comments on input processing and processing instruction. In B. VanPatten (Ed.), *Processing instruction: Theory, research, and commentary.* Mahwah, NJ: Lawrence Erlbaum Associates.

Clahsen, H. (1984). The acquisition of German word order: A test case for cognitive approaches to L2 development. In R. Andersen (Ed.), *Second languages: A cross-linguistic perspective.* Rowley, MA: Newbury House.

Collins, L. (2002). The roles of L1 influence and lexical aspect in the acquisition of temporal morphology. *Language Learning, 52*, 43-94.

Cook, H. (2001). Why can't learners of JFL distinguish polite from impolite speech styles? In K. Rose & G. Kasper (Eds.), *Pragmatics in language teaching* (pp. 80-102). Cambridge, England: Cambridge University Press.

De Bot, K. (1996). The psycholinguistics of the output hypothesis. *Language Learning, 46*, 529-555.

De Groot, A., & Keijzer, R. (2000). What is hard to learn is easy to forget: The role of word concreteness, cognate status and word frequency in foreign-language learning and forgetting. *Language Learning, 50*, 1-56.

DeKeyser, R. (1995). Learning second language grammar rules: An experiment with a miniature linguistic system. *Studies in Second Language Acquisition, 17*, 379-410.

DeKeyser, R. (1998). Beyond focus on form: Cognitive perspectives on learning and practicing second language grammar. In C. Doughty & J. Williams (Eds.), *Focus on form in classroom second language acquisition* (pp. 42-63). Cambridge, England: Cambridge University Press.

Ellis, N. (1994). Consciousness in second language learning: Psychological perspectives on the role of conscious processes in vocabulary acquisition. In J. Hulstijn & R. Schmidt (Eds.), *Consciousness in second language learning (AILA Review 11)* (pp. 37-56).

Ellis, N. (1996). Sequencing in SLA: Phonological memory, chunking, and points of order. *Studies in Second Language Acquisition, 18*, 91-126.

Ellis, N. (1998). Emergentism, connectionism and language learning. *Language Learning, 48*, 631-644.

Ellis, N. (2001). Memory for language In P. Robinson (Ed.), *Cognition and second language instruction* (pp. 33-68). Cambridge, England: Cambridge University Press.

Ellis, N. (Ed.). (2002). Frequency effects in language processing. *Studies in Second Language Acquisition, 24* (2).

Ellis, N., & Beaton, A. (1993). Psycholinguistic determinants of foreign language vocabulary learning. *Language Learning, 43*, 559-617.

Ellis, R. (1995). Modified oral input and the acquisition of word meanings. *Applied Linguistics, 16*, 409-441.

Eubank, L. (1996). Negation in early German-English interlanguage: More valueless features in the L2 initial state. *Second Language Research, 12*, 73-106.

Felix, S., & Hahn, A. (1985). Natural processes in classroom second language learning. *Applied Linguistics, 6*, 223-238.

Gass, S., & Mackey, A. (2002). Frequency effects and second language acquisition: A complex picture? *Studies in Second Language Acquisition, 24*, 249-260.

Gass. S., & Seiinker, L. (Eds.). (1992). *Language transfer in language learning* (Rev. ed.). Amsterdam: Benjamins.

Goldschneider, J., & DeKeyser, R. (2001). Exploring the "natural order of L2 morpheme acquisition" in English: A meta-analysis of multiple determinants. *Language Learning, 51*, 1-50.

Gregg, K. (1996). The logical and developmental problems of second language acquisition. In T. Bhatia & W. Ritchie (Eds.), *Handbook of second language acquisition* (pp. 49-81). New York: Academic Press.

Harrington, M. (2003). Input processing as a theory of processing input. In B.

VanPatten (Ed.), *Processing instruction: theory, research, and commentary.* Mahwah, NJ: Lawrence Erlbaum Associates.

Hawkins, R. (2001). *Second language syntax.* Oxford: Blackwell.

Herschensohn, J. (2000). *The second time around: Minimalism and L2 acquisition.* Philadelphia: Benjamins.

Holmes, J., & Ramos, R. (1993). False friends and reckless guessers: Observing cognate recognition strategies. In T. Huckin, M. Haynes, & J. Coady (Eds.), *Second language reading and vocabulary learning* (pp. 86-108). Norwood, NJ: Ablex.

Horst, M., Cobb, T., & Meara, P. (1998). Beyond *A Clockwork Orange:* Acquiring second language vocabulary through reading. *Reading in a Foreign Language, 11*, 207-223.

Huebner, T. (1983). *A longitudinal analysis of the acquisition of English.* Ann Arbor, MI: Karoma.

Hulstijn, J. (1995). Not all grammar rules are equal: Giving grammar instruction its proper place in foreign language teaching. In R. Schmidt (Ed.), *Attention and awareness in foreign language learning* (pp. 359-386). Honolulu: University of Hawaii Press.

Hulstijn, J., & De Graaff R. (1994). Under what conditions does explicit knowledge of a second language facilitate the acquisition of implicit knowledge? In J. Hulstijn & R. Schmidt (Eds.), *Consciousness in second language learning (AILA Review 11)* (pp. 97-112).

Hulstijn, J., Holander, M., & Griedanus, T. (1996). Incidental vocabulary learning by advanced foreign language students: The influence of marginal glosses, dictionary use, and reoccurrence of unknown words. *Modern Language Journal, 80*, 327-339.

Hulstijn, J., & Marchena, E. (1989). Avoidance: Grammatical or semantic causes? *Studies in Second Language Acquisition, 11*, 241-255.

Hyams, N. (1996). The underspecification of functional categories in early grammar. In H. Clahsen (Ed.), *Generative perspectives on language acquisition: Empirical findings, theoretical considerations, crosslinguistic comparisons* (pp. 91-127). Philadelphia: Benjamins.

Jarvis, S. (2000a). Methodological rigor in the study of transfer: Identifying L1 influence in the interlanguage lexicon. *Language Learning, 50*, 245-309.

Jarvis, S. (2000b). Semantic and conceptual transfer. *Bilingualism, Language and Cognition, 3*, 19-21.

Jarvis, S., & Odlin, T. (2000). Morphological type, spatial reference and language transfer. *Studies in Second Language Acquisition, 22*, 535-556.

Jiang, N. (2002). Form-meaning mapping in vocabulary acquisition in a second language. *Studies in Second Language Acquisition, 18*, 149-169.

Jourdenais, R., Ota, M., Stauffer, S., Boyson, B., & Doughty, C. (1995). Does textual enhancement promote noticing? A think-aloud protocol analysis. In R. Schmidt (Ed.), *Attention and awareness in foreign language learning* (pp. 183-216). Honolulu: University of Hawaii Press.

Kasper, G., & Schmidt, R. (1996). Developmental issues in interlanguage pragmatics. *Studies in Second Language Acquisition, 22*, 535-556.

Kellerman, E. (1995). Cross-linguistic influence: Transfer to nowhere? In W. Grabe (Ed.), *Annual Review of Applied Linguistics, 15*, 125-150.

Klein, W. (1986). *Second language acquisition.* Cambridge, England: Cambridge University Press.

Klein, W., & Perdue, C. (1997). The basic variety. *Second Language Research, 13*, 301-347.

Krashen, S. (1981). *Second language acquisition and second language learning.* Oxford, England: Pergammon.

Krashen, S. (1982). *Principles and practice in second language acquisition.* New York: Pergammon.

Kroll, J. F., & Tokowicz, N. (2001). The development of conceptual representation for words in a second language. In J. L. Nicol (Ed.), *One mind two languages: Bilingual language processing* (pp. 49-71). Cambridge, England: Blackwell.

Langacker, R. W. (1972). *Fundamentals of linguistic analysis.* New York: Harcourt, Brace & Jovanovich.

Lardiere, D. (2000). Mapping features to forms in second language acquisition. In J. Archibald (Ed.), *Second language acquisition and linguistic theory* (pp. 102-129). Oxford, England: Blackwell.

Laufer, B. (1991). The development of L2 lexis in the expression of the advanced language learner. *Modern Language Journal, 75*, 440-448.

Laufer, B. (1997). What's in a word that makes it hard or easy: Some extralinguistic factors that affect the learning of words. In N. Schmitt & M. McCarthy (Eds.), *Vocabulary description acquisition and pedagogy* (pp. 140-155). Cambridge, England: Cambridge University Press.

Laufer, B., & Eliasson, S. (1993). What causes avoidance in L2 learning, L1-L2 difference, L1-L2 similarity or L2 complexity? *Studies in Second Language Acquisition, 15*, 33-48.

Lee, E. J. (2001). Interlanguage development by two Korean speakers of English with a focus on temporality. *Language Learning, 51*, 591-633.

Lee, J. (2002). The incidental acquisition of Spanish: Future tense morphology through reading in a second language. *Studies in Second Language Acquisition, 24*, 55-80.

Leeman, J., Arteagoitia, I., Friedman, B., & Doughty, C. (1995). Integrating attention to form with meaning: Focus on form in content-based Spanish instruction. In R. Schmidt (Ed.), *Attention and awareness in foreign language learning* (pp. 217-258). Honolulu: University of Hawaii Press.

Levin, B., & Hovav, M. R. (1998). Morphology and lexical semantics. In A. Spencer & A. M. Zwicky (Eds.), *The handbook of morphology* (pp. 248-271). Oxford, England: Blackwell.

Lightbown, P. (1998). The importance of timing in focus on form. In C. Doughty & J. Williams (Eds.), *Focus on form in classroom second language acquisition* (pp. 177-196). Cambridge, England: Cambridge University Press.

Liu, D., & Gleason, J. (2002). Acquisition of the article THE by nonnative speakers of English: An analysis of four nongeneric uses. *Studies in Second Language Acquisition, 24*, 1-26.

Lotto, L., & de Groot, A. (1998). The effects of learning method and word type on acquiring vocabulary in an unfamiliar language. *Language Learning, 48*, 31-69.

Mackey, A. (1999). Input, interaction and second language development: An empirical study of question formation in ESL. *Studies in Second Language Acquisition, 21*, 557-587.

MacWhinney, B. (1997). Second language acquisition and the competition model. In A. deGroot & J. Kroll (Eds.), *Tutorials in bilingualism* (pp. 113-142). Mahwah, NJ: Lawrence Erlbaum Associates.

Meara, P. (1997). Towards a new approach to modeling vocabulary acquisition. In N. Schmitt & M. McCarthy (Eds.), *Vocabulary description acquisition and pedagogy* (pp. 109-121). Cambridge, England: Cambridge University Press.

Myles, F., Hooper, J., & Mitchell, R. (1998). Rote or rule? Exploring the role of formulaic language in the foreign language classroom. *Language Learning, 48*, 323-364.

Myles, F., Mitchell, R. & Hooper, J. (1999). Interrogative chunks in French L2: A basis for creative construction? *Studies in Second Language Acquisition, 21*, 49-80.

Nation, I. S. P. (2001). *Learning vocabulary in another language*. Cambridge, England: Cambridge University Press.

O'Grady, W. (1999). Toward a new nativism. *Studies in Second Language Acquisition, 21*, 621-633.

Odlin, T. (1989). *Language transfer*. Cambridge, England: Cambridge University Press.

Odlin, T. (2002). Language transfer and cross-linguistic studies: Relativism, universalism, and the native language. In R. Kaplan (Ed.), *The Oxford handbook of applied linguistics*. Oxford: Oxford University Press.

Pavlenko, A., & Jarvis, S. (2002). Bidirectional transfer. *Applied Linguistics, 23*, 190-214.

Perdue, C. (2002). The development of L2 functional use. In V. Cook (Ed.), *Portraits of the L2 user* (pp. 121-144). Clevedon, England: Multilingual Matters.

Peters, A. M. (1985). Language segmentation: Operating principles for the perception and analysis of language. In D. I. Slobin (Ed.), *The cross-linguistic study of language acquisition, Vol. 2: Theoretical issues* (pp. 1029-1067). Hillsdale, NJ: Lawrence Erlbaum Associates.

Pienemann, M. (1984). Psychological constraints on the teachability of languages. *Studies in Second Language Acquisition, 6*, 186-214.

Pienemann, M. (1985). Learnability and syllabus construction. In K. Hyltenstam & M. Pienemann (Eds.), *Modeling and assessing second language acquisition* (pp. 23-

75). Clevedon, England: Multilingual Matters.

Pienemann, M. (1998). *Sentence processing and second language development.* Philadelphia: Benjamins.

Radford, A. (1997). *Syntax: A minimalist introduction.* Cambridge, England: Cambridge University Press.

Ringbom, H. (1987). *The role of first language in foreign language learning.* Clevedon, England: Multilingual Matters.

Rosa, E., & O'Neill, M. (1998). Effects of stress and location on acoustic salience at the initial stages of Spanish L2 input processing. *Spanish Applied Linguistics, 2*, 24-52.

Rott, S. (1999). The effect of exposure frequency on intermediate language learners' incidental vocabulary acquisition and retention through reading. *Studies in Second Language Acquisition, 21*, 589-619.

Rounds, P., & Kanagy, R. (1998). Acquiring linguistic cues to identify AGENT: Evidence for children learning Japanese as a second language. *Studies in Second Language Acquisition, 20*, 509-542.

Ryan, A., & Meara, P. (1991). The case of invisible vowels. *Reading in a Foreign Language, 7*, 531-540.

Schmidt, R. (1990). The role of consciousness in second language learning. *Applied Linguistics, 11*, 17-46.

Schmidt, R. (1995). Consciousness and foreign language learning: A tutorial on the role of attention and awareness in learning. In R. Schmidt (Ed.), *Attention and awareness in foreign language learning* (pp. 1-65). Honolulu: University of Hawaii Press.

Schmidt, R. (2001). Attention. In P. Robinson (Ed.), *Cognition and second language instruction* (pp. 3-32). Cambridge, England: Cambridge University Press.

Schmitt, N. (1998). Tracking the incremental acquisition of second language vocabulary: A longitudinal study. *Language Learning, 48*, 281-317.

Schwartz, B. (1993). On explicit and negative data effecting and affecting competence and linguistic behavior. *Studies in Second Language Acquisition, 15*, 147-163.

Schwartz, B. (1999). Let's make up your mind, "Special nativist" perspectives on language acquisition, modularity of mind and nonnative language acquisition. *Studies in Second Language Acquisition, 21*, 635-654.

Shirai, Y., & Andersen, R. (1995). The acquisition of tense-aspect morphology. *Language, 71*, 743-762.

Skehan, P. (1998). *A cognitive approach to language learning.* Oxford, England: Oxford University Press.

Skehan, P. (2002). Theorising and updating aptitude. In P. Robinson (Ed.), *Individual differences and instructed language learning* (pp. 69-93). Amsterdam: Benjamins.

Slobin, D. (Ed.). (1985). *The cross-linguistic study of language acquisition.* Hillsdale, NJ: Lawrence Erlbaum Associates.

Spada, N., & Lightbown, P. (1999). Instruction, first language influence and developmental readiness in second language acquisition. *Modern Language Journal, 83*, 1-22.

Spencer, A., & Zwicky, A. M. (1998). Introduction. In A. Spencer & A. M. Zwicky (Eds.), *The handbook of morphology* (pp. 1-43). Oxford, England: Blackwell.

Toth, P. (2000). The interaction of instruction and learner internal factors in the acquisition of L2 morphosyntax. *Studies in Second Language Acquisition, 22*, 169-208.

Towell, R., Hawkins, R., & Bazergui, N. (1996). The development of fluency in advanced learners of French. *Applied Linguistics, 17*, 84-119.

Trahey, M., & White, L. (1993). Positive evidence and preemption in the second language classroom. *Studies in Second Language Acquisition, 15*, 181-204.

Vainikka, A., & Young-Scholten, M. (1996). Gradual development of L2 phrase structure. *Second Language Research, 12*, 7-39.

VanPatten, B. (2003). Input processing in SLA. In B. VanPatten (Ed.), *Processing instruction: theory, research, and commentary.* Mahwah, NJ: Lawrence Erlbaum Associates.

VanPatten, B. (1996). *Input processing and grammar instruction.* Norwood, NJ: Ablex.

VanPatten, B. (1994). Evaluating the role of consciousness in second language acquisition: Terms, linguistic features and research methodology. *AILA Review, 11*, 27-36.

VanPatten, B. (1990). Attending to form and content in the input: An experiment in consciousness. *Studies in Second Language Acquisition, 12*, 287-301.

Vidal, K. (2003). Academic listening: A source of vocabulary acquisition. *Applied Linguistics, 24*, 56-89.

Weinert, R. (1995). The role of formulaic language in second language acquisition. *Applied Linguistics, 16*, 180-205.

Wexler, K., & Cullicover, P. (1980). *Formal principles of language acquisition.* Cambridge, MA: MIT Press.

White, J. (1998). Getting the learners' attention: A typographical input enhancement study. In C. Doughty & J. Williams (Eds.), *Focus on form in second language classroom acquisition* (pp. 91-128). Cambridge, MA: Cambridge University Press.

White, L. (2003). *Second language acquisition and universal grammar.* Cambridge, England: Cambridge University Press.

Williams, J. (in press). Form-focused instruction. In E. Hinkel (Ed.), *Handbook of second language learning and teaching.* Mahwah, NJ: Lawrence Erlbaum Associates.

Williams, J., & Evans, J. (1998). What kind of focus on which forms? In C. Doughty & J. Williams (Eds.), *Focus on form in classroom second language acquisition* (139-155). Cambridge, England: Cambridge University Press.

Wong Fillmore, L. (1976). *The second time around: Cognitive and social strategies in second language acquisition.* Unpublished Ph.D. dissertation, Stanford University.

第一部分　因素和过程

第二章　在建立形式-意义联结中的
输入和输出

Bill VanPatten

伊利诺伊大学芝加哥分校

　　随着对输出（output）在二语习得中的作用研究的兴起，人们有时会在论文标题中看到"输入与输出"或"输入与输出之争"，甚至"理解（comprehension）与产出（production）的作用"这样的短语[1]。在大多数人看来，输出在二语习得中的作用是显而易见的。对于所有的研究者来说，不清楚的是这种作用的程度、必要性，或者它所影响或相互作用的过程。可以肯定的是，很少有人不认同输入的作用，在任何理论中，习得均被描述为以某种方式依赖于输入（例如，参见Gass，1997中的讨论）。事实上，本文集各个章节都假设了习得的输入依赖性。那么问题就变成了习得在多大程度上可以被描述为依赖于输出。由于二语习得研究领域已经开始探索输入和输出的作用，当看到使用诸如"输入 vs. 输出"之类的短语来描述一些学者所采取的各种立场，我感到很费解。

　　本章将综述输入和输出在建立形式-意义联结中的作用，回答以下问题：什么是习得？为什么我们认为习得依赖于输入？我们能否说习得也依赖于输出？最后得出结论，任何成功的 SLA 均需要输出的作用这一强势说目前是站不住脚的。

什么是习得？

　　我把习得理解为某种潜在能力的发展，在语言使用中，技能依赖于这种能力。从这个意义上说，我遵循的是生成传统（generative tradition）（例如，Hawkins，2001；Pinker，1994；Radford，1997），用它来区分知识来源和利用该

---

[1] 感谢我的同事 Susanne Rott、Jessica Williams、Wynne Wong 和 James F. Lee 对本章早期版本的评论。如有不足，与他们无关。

知识来源进行理解和产出的任何机制（例如，Levelt，1989；Pienemann，1998）。这种能力也被称为潜在的心理表征（underlying mental representation）、发展系统、中介语和 SLA 文献中使用的其他术语。这种能力由不同的成分组成，这些成分在不同层面的理解和言语产出（speech production）上相互作用，并由词汇、语音成分、句法成分、语义成分和社会语用成分组成（关于语言学理论中应用于 SLA 的各个组成部分的讨论，请参阅 Archibald，2000 的多篇论文）。然而，我将重点讨论形式-意义联结，我认为它们存在于词汇（lexicon）中或源自词汇条目（lexical entries）（例如，Bybee，1991；Jensen 和 Strong-Jensen，1984；但请参阅 Aronoff 和 Anshen，1998 的一些讨论）。

应该注意的是，在使用诸如能力（competence）或潜在的心理表征之类的术语时，我们不应将习得的知识理解为一定是本族语或类似本族语的能力或心理表征。如果接受普遍语法（UG）作为句法习得的制约机制（constraint mechanism），那么学习者不需要达到类似本族语的能力以使 UG 运作。UG 一直在运作（例如，Hawkins，2001；Lardiere，2000；Schwartz，1998；Schwartz 和 Sprouse，2000；White，2003）。如果不接受 UG 作为一种制约机制，那么学习者仍然不必在任何维度上达到类似本族语水平以使习得的潜在认知机制运作（例如，Ellis，2002a，2002b；MacWhinney，1997）。那么，这些机制是什么？习得涉及什么？习得由至少三组过程组成，每组过程可能包含自己的子过程和机制。我将这些过程组称为输入加工（input processing）、适应（accommodation）和重构（restructuring）（VanPatten，2003 和其他文献）。并非所有人都使用这些术语，但这些术语便于对各种知识源和过程所起作用的领域进行分组，正如下文所示。

输入加工

输入加工由两个子过程组成。一是初始形式-意义联结的形成。二是语法分析（parsing）。初始形式-意义联结发生在学习者第一次在形式和它可能代表的意义（以及可能的功能）之间建立联结。这种联结可能是整体的或部分的，正确的或不正确的；关键是启动了某种联结。完整联结的一个例子是，学习者加工西班牙语现在时动词末尾的-s 时，将其与第二人称单数联结起来。部分形式-意义联结的一个例子是，学习者初始加工西班牙语的动词屈折变化-aba 和过去之间的关系但没有为其附加某种进行体或未完成体。在这种情况下，可能还要讨论后续的形式-意义联结，即那些填充最初不完整的形式-意义联结。在-aba 这个例子中，初始联结可能是过去时，这是正确的但不完整，后续的联结会将其联结到它的体意义。输入加工也决定了词的类别，即某物是否是名词、动词、形容词等。因此，当学习者遇到一个生词（例如 erase）时，不仅在加工过程中赋予其意义，还赋予其词汇范畴（或者限定词、补语成分等功能范畴）。输入加工产生了保存在工作记忆（working memory）中的某种语言数据，工作记忆被定义为在理解过程中进行在线实时语言计算的处理和存储空间（Gathercole 和 Baddeley，1993；Just 和 Carpenter，1992）。输入加工不涉及这些数据的内化（internalization）。

在输入加工中，语法分析指的是学习者如何将句法范畴分配给他们理解的单词，以及分配给学习者在理解过程中构建的何种句法表征（syntactic representation）（例如，Clifton，Frazier 和 Rayner，1994；Harrington，2001；Pritchett，1992）。在理解一个话语（utterance）时，学习者语法分析器（parser）的一个主要功能是投射与词项相关的句法短语。结果可能是准确的，也可能是错误的。思考两个例子。在西班牙语中，众所周知，英语学习者依赖第一名词策略（first-noun strategy）来加工句子（参见 VanPatten，1996，2003）。遵循规范顺序（canonical order）的二语（L2）句子没有问题，因为第一语言（L1）为英语的语法分析器可以解释主谓宾（SVO）甚至谓宾（VO）结构的句子。但西班牙语中的规范句子（canonical sentence）只占人们可能听到的句子的 60% 左右。其他句子可以是主宾谓（SOV）或宾谓主（OVS）甚至宾谓（OV）结构。因此，学习者经常将宾谓主（OVS）结构的句子错误解读为主谓宾（SVO）结构的句子。也就是说，语法分析器提取第一个名词或代词并将其投射到一个句法短语中，该句法短语位于句子中通常主语所在的位置（即在屈折短语（IP）内但在动词短语（VP）之上）。因此，只要不影响意义阐释，预设主谓宾（SVO）结构字符串的语法分析器就可以在句子上强加一个不准确的结构，其结果是错误的形式-意义联结和不准确的习得数据。（进一步讨论见 VanPatten，2000 和 Carroll，2001）[1]。

---

[1] 语法分析还包括在理解的过程中利用语法的抽象属性和语言的偏好。例如，当存在歧义时，某些语言会在语法分析偏好上表现出差异（Cuetos，Mitchell 和 Corley，1996；Fernández，1999）。在句子 Andrew had dinner with the niece of the teacher who

建立形式-意义联结和语法分析不一定是相互排斥的。它可以是（也很可能是）一方影响另一方。例如，在使用第一名词策略进行语法分析时，学习者会在一开始就使用一个句子结构。因此，当他们听到 *Juan no conoce a María bien*（'John does not know Mary well'（John 不太了解 Mary））时，他们首先听到 *Juan* 并检索其词汇信息（例如，名词、专有名称、阳性），然后投射一个名词短语（NP），将其投射到句子中作为主语。当听到 *no* 时，没有驳斥他们对 *Juan* 的结构分配（structural assignment），并且语法分析器预设下一个词是动词。当听到 *conoce* 时，他们检索其词汇信息，即具有特定含义的动词，需要两个论元（argument），然后他们投射动词短语（VP），语法分析器预设接下来会遇到一个充当宾语的名词短语（NP）。至此仍然没有证据证明 *Juan* 不是主语。当听到 *María* 时，他们检索到该词的词汇信息后将这个名词标记为宾语。同样的过程也发生在作为副词的 *bien* 上，并且句子得到了成功的演算，满足了语法分析的所有方面。

但是，请注意我们没有提到功能词 *a*，当词汇语义允许时，它在西班牙语中用于标记可以解释为可能主语的对象。在这种情况下，*María* 是用 *a* 标记的格，因为动词 *conoce* 不排除她可能是主语；她或约翰都可以知道。这与 *la materia*（"主题"）形成鲜明对比，*la materia* 不能作为 *conocer* 等动词的主语，因此不需要格标记：*Juan no conoce la materia bien.*在进行二语语法分析时，因为学习者一开始就使用一个句子结构并且预设在此过程中得到满足，因此可能不会对格标记 *a* 进行初始加工。它传达的信息是多余的，语法分析器无法将其投射到句子中，因此只是简单地忽略它，并将其从工作记忆中转存。这是一种形式可能会被注意到（即，它以某种方式在工作记忆中被意识到）但不会被加工（与其意义或功能无关）的情况。在这种情况下，语法分析阻断了形式和意义的可能联结。

---

belongs to the communist party 中，被问到："谁属于共和党？"说英语的人倾向于回答"老师"，这称为低依附（low attachment）。在西班牙语中，对应的句子是 Andrés cenó con la sobrina del maestro que está en el partido comunista，当被问及谁是共和党时，讲西班牙语的人倾向于回答侄女者，表现出对高依附（high attachment）的偏好。（有关这些和其他示例，请参见 Fernández, 1999。）但是，请注意，在这些示例中，我们不是在讨论正确的形式-意义映射，而是在讨论两种解释都有可能时的解释偏好。在这样的研究中，我们的兴趣不在于形式-意义联结，而在于语法分析器如何利用其含有的东西来影响理解。因此，这项研究超出了输入加工本身的范围。

另一个例子来自英语。众所周知，学习者在 *do* 的习得上存在问题。正如我在其他地方指出的（VanPatten，1996），学习者起初可能将 *do* 处理为一个简单的疑问标示（question marker），这是语言中可能的表层特征（surface feature）。日语有 *wa*，法语可以使用 *est-ce-que*，这两者都允许该语言保持元素成分的规范排序。在带 *do* 的英语一般疑问句中，动词的规范顺序保持不变，例如，*Do you like chocolate?*（你喜欢巧克力吗？）这里 *you like chocolate* 是规范的陈述性主谓宾（SVO）词序。如果学习者将 *do* 处理为一个小品词，那么他们在语法分析的一开始就使用一个不是句子实际结构的句子结构，*do* 作为屈折变化（Infl）（或它所属的任何功能范畴）的一个部分的微妙抽象属性就不会进入语法系统。其结果是错误的习得，可能会在学习者的言语中得到证实，比如 *Do you can say this?*（你可以这样说吗？）（另见 Hawkins，2001）。在这个特定的场景中，学习者最初如何将形式与其意义（和功能）联结起来影响了句子的语法分析。直到学习者注意到 *do* 可以包含人称-数信息和时态时，语法才会重新分析句子结构，语法分析器才会被迫使用不同的句法结构（即遇到 *do* 时，它会投射一个屈折短语）。也就是说，只有当学习者在 *do* 上建立了涉及限定屈折的形式-意义联结时，语法分析才能被改变。

到目前为止，输入加工由两个子过程组成：建立形式-意义联结的过程和语法分析。两者都与学习者最初如何在局部和句子层面匹配意义和形式有关。输入加工并不等同于习得，它只是创建潜在心理表征所涉及的一组过程。输入加工的结果是保存在工作记忆中的语言数据，可供进一步加工（详见 VanPatten，2004）。进一步加工是什么？

适应和重构

与输入加工分开的是适应和重构。**适应**（accommodation）是从图式理论（schema theory）领域借用的一个术语，学习者调整（即内化、整合）新图式以适应概念系统（例如，参见 Rumelhart，1980）。在目前的讨论中，适应是指将语言的表层特征（形式-意义联结）部分写入或完全整合到发展系统（developing system）中。例如，过去时标记（past tense marker）开始渗透到发展系统中，因为在输入加工的过程中已经在形式及其意义之间建立了初始和后续的联结。然而，在输入加工中形式被加工并不一定意味着它可以被适应。出于多种原因（例如，参见 Ellis，2002b 和本文集第三章，以及 Hawkins，2001），在理解的过程中，形式及其意义可能会被关联在一起，但发展系统可能还未准备好，或者这种联结可能会在工作记忆中逐渐消失。

重构（restructuring）是从认知心理学借用的另一个术语（McLaughlin，1990），指的是在一种形式被适应后，发展系统中可能发生的情况，重构对语言的句法或其他微妙的语义-形态句法方面产生影响（例如，体系统（aspectual system），参见例如 Bardovi-Harlig，本文集第六章；Shirai，本文集第五章），据说涉及能力或语言行为的定性而非定量变化（Gass 和 Selinker，2001）。在原则与参数框架内，认为参数的初始触发（我认为这是重构的一个方面）发生的原因是输入字符串的某些形式方面已被加工（例如，Hawkins，2001；White，1989，2003）或是语法分析出于某种原因失败（例如，Carroll，2001；Fodor，1999）。一个例子是讲英语的人将西班牙语作为第二语言学习时，他们从非动词移位（non-verb-movement）语言转向动词移位（verb-movement）语言。一个可能触发底层系统重构的因素是一个实义动词（lexical verb）加上疑问句、一些陈述句和一些嵌入从句的语法分析组合在一起的形式-意义联结。例如，西班牙语经常将主语和限定性实义动词倒装，而且在某些语境中，倒装是强制性的，如 *¿Que comió Juan?/*¿Que Juan comió?*（'What did John eat?'（John 吃了什么？）），*¿Ya comió Juan?/*¿Ya Juan comió, Ya comió Juan/Juan ya comió*（'Did John already eat?/John already ate.'（John 已经吃了吗？/John 已经吃了））and *Maria dice que ya comió Juan*（'Mary says that John already ate.'（Mary 说 John 已经吃了））。语法分析器注意到动词不在预设的位置，并且动词后面的名词不能是宾语或受动者（patient），而必须是主语或施事者（agent）。这些信息在输入中很容易获得，可能会催化重构；在这种情况下，是动词移位的参数设置或重置。传给发展系统的动主（宾）（VS（O））词序证明动词已经移出其在动词短语（VP）的位置。

从西班牙语到英语，问题就不一样了。英语在主语、实义动词和宾语上几乎总是保持规范的词序。John-eat-breakfast 序列几乎总是按以下顺序出现：*John eats breakfast*（John 吃早餐）/ *Does John eat breakfast?*（John 吃早餐吗？）/*Eats John breakfast?*（*John 吃早餐吗？），*Has John eaten breakfast?*（John 吃早餐了吗？），*When did John eat breakfast?*（John 什么时候吃的早餐？）等等。如此一来，问题变成了"当英语中可能的句子均是西班牙语中可能的句子（含助词 *have* 的句子除外）时，不保持动词移位的触发因素或可能触发因素是什么？"

如果学习者将 do 处理为疑问标示（如前所述），则不会传送有关屈折短语潜在性质的合适语言数据，并且可能不会发生重构。形式已适应，但方式是错误的，并对句法产生影响。学习者不会重新加工 do，除非他们不得不这样做，比如当他们不得不依靠 do 来检索有关时态的信息时。（人称-数的信息可以很容易地从主语名词或代词中找回）。目前尚不清楚在输入加工过程中会在什么情况下发生这种情况，因此语法可能会带着错误分析的形式和没有围绕参数的重构而存在一段时间。这个例子是假设性的，但是当我们考察关于英语作为第二语言中的疑问句和否定句习得的研究时，很明显将 do 作为虚拟助词来分析有点费时（参见 Lightbown 和 Spada, 1999; Mackey, 1999）[1]。然而，这样的分析与关于二语为英语的学习者在习得否定句时如何在语法中建立屈折变化（Infl[2]）的争论是一致的。系动词 be 的习得可能会迫使学习者重新分析语法，从而建立屈折变化（Infl）（功能短语），进而影响否定在句法中的投射。相关讨论，请参见 Hawkins（2001：96—103）。

与输入加工的情况一样，仅适应和重构并不等同于习得；它们是所涉及的两个过程。简而言之，虽然我们通常倾向于将习得理解为一件事，但实际涉及的内容比一般公认的要复杂，涉及多个过程、多个知识领域以及两者的多重交互。我在这里概述得虽然简短，但暗示了习得的多元性质（例如参见 Canoll, 2001 和 Klein, 本文集第八章）。总结一下本节内容，习得被视为由不同的过程组成。一些负责初始的形式-意义联结（输入加工），另一些负责在学习者发展的语言系统中建立联结（适应）。根据所建立的联结的性质，联结的建立可能导致系统的一部分在特定方向上移位（重组）。

为什么我们认为习得依赖于输入？

我在本节中的论点是：不管人们如何理解能力，在某种程度上输入是能力发

---

[1] 另见 Lightfoot（1991）关于从古英语向现代英语迁移的讨论，其中涉及将动词移位参数重置为"无移位"。将英语重置为［-动词移位］涉及 do 的出现，表明这个虚拟动词不移位的表面特征（至少在英语中是这样）。

[2] 我使用 Infl 而不是 IP 来表示屈折短语，以避免可能将 IP 理解为"输入加工"而造成混淆。

展的主要初始成分。鉴于输入的作用在二语习得中几乎被普遍接受,这似乎是一个微不足道或幼稚的观点。但考虑到最近强调输出在习得中的作用,我认为我们不应该想当然地认为每个人都清楚输入的中心地位。

在本节开始之前,让我们来考察一下输入在两种截然不同的理论中的假定作用:UG 和联结主义(connectism)。在 UG 框架内,制约可能的人类语法形式的先天知识系统被认为"指导"语言习得(Schwartz,1998;White,2003)。驱动 UG 习得方法的问题是"学习者的语法允许和不允许什么?"以及"学习者如何通过接触到的数据获知他们对语言的了解情况?"在原则与参数框架内,基于 UG 的研究者可以考察 L2 学习者在多大程度上遵守基于 UG 的制约,以及他们在多大程度上能够(重新)设置参数。(有关这方面的一些批评性评论,可以参考 Gregg,2001;Carroll,2001 以及 Lardiere,2000。)

在联结主义框架中,不存在指导语言习得的先天知识结构或心智的特殊成分。如果存在一个特定语言的系统,那么它会随着时间的推移而出现;因此它从一开始就不存在(Ellis,1998;Elman 等,1996)。在这个框架中,学习者构建了一个由信息节点组成的神经网络,这些信息节点之间存在着联系。通过激活和不激活,这些联系要么被加强,要么被削弱。例如,一旦在一个特定的形式及其意义之间建立了联系,则每次建立形式和意义之间的联结时,这种联系就会越来越被加强。因此,输入频率会影响联结的强度,心智/大脑倾向于寻找输入中的规律性并在关联之间建立联系(Ellis,2002b,本文集第三章)。

诚然,先前基于 UG 的习得解释和联结主义解释的叙述是有限且不完整的。尽管如此,它们可以用来说明即使是像 UG 和联结主义这样两种截然分歧的理论也依赖或暗示输入在语言系统创建中的基本作用。对于 UG 而言,语法构建所需的一些数据可以在加工后的输入中找到(当然,其他数据在 UG 本身的原则中可以找到)。对于联结主义,用于创建节点和它们之间的关联的数据可以在输入中找到。两种理论都假设了输入的作用,但它们假定了完全不同的利用输入的心智-大脑机制。[①]

[①] 有时有人说,在 UG 中,输入的作用被低估了。如果学习者知道的比他们接触到的更多,那是因为 UG 中包含的原则,而不是因为输入。然而,我在本节中的讨论旨在表明,在 UG 框架内的习得全过程中,输入是必要的。根据 White(2003:131)的说法,"习得是在输入与 UG 的原则和参数相互作用的基础上进行的……"。

即使是不遵循特定理论的习得观点也将输入置于习得的中心位置。Schmidt（1995）提出过这样一个问题："如果学习者对所学内容没有某种有意识的认识，语言是否可以被学习？"尽管可以通过多种方式研究这个问题，但需要注意的是，Schmidt 指的是输入加工过程中的意识。他为语言学习者列出的"提示"包括"注意输入"和"特别注意你要学习的输入的任何方面"（Schmidt，1995：45）之类的陈述。尽管 Schmidt 没有对 UG 或联结主义等理论模型表明立场，但他对输入在二语学习者语言系统发展中的作用的立场是明确的。

为什么当前关于二语习得的观点认为输入具有如此重要的作用？在我看来，主要是因为以下原因：尽管所有理论可能都没有很好地阐明作用于输入数据的机制（用 Gregg 的术语来说，经常缺失的是过渡理论；参见 Gregg，1989，2001），但总是会有这样一个问题：学习者知道的比他们可能知道的多，并且用语言做的事情不能追溯到输出实践或者显性学习。发展这一知识的唯一方法是让内部机制作用于输入数据（或者更确切地说，加工后的输入数据；见 VanPatten，1996）。在 UG 框架内，这一观点已通过不同的示例多次提出。（参见 Lardiere，2000；Schwartz，1993，1998；Towell 和 Hawkins，1994；White，1989，2003。）根据这一观点，UG 的原则决定了中介语语法的形成。如果学习者在他们的第一语言没有这种移位（例如，从第一语言汉语到第二语言英语）的情况下习得了 Wh- 移位的制约条件，例如，*Which mayor did Mary read the book that praised?*（Martohardjono，1993），这些制约条件是 UG 不允许某些类型的 Wh- 提取的结果。但需要注意的是，如果没有输入，UG 无法实现其目的。除非有输入为习得提供原始数据，否则 UG 没有任何作用，没有语法约束，也没有参数重置。值得重申的是，学习者不需要达到接近于母语的能力才能表现出 UG 与输入数据的交互，Schwartz（1998）清楚而简洁明了地提出了这一点，并在 Lardiere（2000）等人的研究中产生了共鸣。

在联结主义框架内，学习者"超越输入数据"的证据可以在所谓的 U 形行为（U-shape bahavior）中找到，即学习者最初做某事是正确的，然后似乎做错了，接着又做正确了。文献中的例子包括 Lightbown（1983）对学习 -ing 的研究（例如，He is taking a cake（他拿着一个蛋糕）→ He take a cake（他拿一个蛋糕）→ He is taking a cake（他拿着一个蛋糕））以及学习者对简单过去时形式的习得（参见例如 Elman 等人，1996）。在这里，学习者一开始准确地使用一些不规则的过去时形式（例如，*came, went*），随后出现规则过去时形式，接着不规则

第二章 在建立形式-意义联结中的输入和输出

形式的规则化（例如，wented, camed），后来，不规则形式再次出现，并且从语法中清除了诸如 wented 之类的形式。联结主义者提出的论点是，当规则形式被纳入"存储语言"的节点网络中时，输入中规则形式的绝对频率（sheer frequency）使系统不堪重负，导致过去时形式之间的链接强度发生变化（参见例如 Ellis，2002a：166，讨论了影响习得的形符和频率数据）。这种过去时系统的重构只在基于学习机制根据接收的输入数据计算出来的频率上发生。[①] 因此，在这种情况下，即使我们处理的是词法问题而不是句法问题，学习者仍然会使用语言做事，这种语言超越了他们所接触过的语言。（另见 Kellerman，1985 关于 U 形二语行为的讨论。）

在讨论输入的作用时，二语习得中常被忽视的一个方面是词汇习得。词汇习得研究者认为，学习者知道的大量二语词汇来自与输入的互动，[②] 尤其是阅读（参见如 Coady 和 Huckin，1997 中的文集，以及 Hulstijn，2001：266—275 的讨论）。然而，大量关于词汇附带习得的研究往往侧重于词义的习得和使用的自动化。相反，我想在这里考察语法、语义和单词之间的界面（interface）——在这个领域中，习得的输入依赖性是显而易见的。例如，动词包含句法信息，因为它们在句子中的使用意味着句法投射（即存在语义-句法界面）。根据语境或单词的句法环境，意义也可能略有不同。例如，西班牙语中的动词 *poner* 通常翻译为 "to put"，而作为单纯的动词需要一个补语（例如，*Puso la torta en el horno* 'He put the pie in the oven'（他把馅饼放进了烤箱）/*Puso en el homo. 'He put in the oven'（他放进了烤箱））。然而，当与代词 *se* 一起使用时，该动词既可以是及物动词和反身动词（*Se puso un sombrero* 'He put a hat on [himself]'（他给自己戴上帽子）），也可以是不及物动词并且根据后面的内容需要翻译成不同的英文（*Se puso rojo* 'He turned red'（他变红了），*Sepuso a correr* 'He began to run'（他开始跑了起来））。在后一种情况下，*Empezó a correr*（'He began to run'（他开始跑了起来））和 *Se puso a correr* 之间在含义上有细微差别，后者暗示某种逃避或蓄意，而前者则没有。学习者往往不会犯诸如 *Se puso a tener celos*（'He began to be

---

[①] 我在这里并不是说联结主义对 U 形现象的描述是正确的。有关反对它的论据，请参见 Pinker（1994）。

[②] 这些论点是基于学习者在非专业主题上使用口语和书面语所必需的最少单词量。参见 Hulstijn（2001）对这个"门槛"的讨论，他声称该门槛约为 10,000 个单词。

jealous'（他开始变得嫉妒））这样的错误，尽管符合语法但在语义上是异常的，相反，学习者正确地产出 *Empezó a tener celos* 这样的句子。这种细微的区别不是教会的，而是通过输入与内部学习机制及／或 UG 的交互而学会的。（参见 Juffs，2000 关于这些问题的讨论，以及关于与格交替的二语学习者习得的研究，例如 Mazurkewich 和 White，1984，还有非宾格结构的习得，Sorace，1999，正如 White，2003 所讨论的那样。）

　　Larsen Freeman 和 Long（1991）在他们关于可理解输入（comprehensible input）的讨论（Krashen，1982 等）中对输入在创建隐性语言系统（implicit linguistic system）中的基本作用进行了最好的论证：没有案例表明成功的学习者不接触大量的输入；同时，不成功的学习者的一个共同因素是输入受限或（用我的术语来说）不可理解的输入。大多数高级语言学习者不局限于课堂练习、Berlitz 磁带／光盘或练习本。相反，他们用第二语言阅读、看电影、看电视、在自己的国家有二语就是他们母语的朋友、在国外生活过、融入文化，或通过其他方式寻求语言互动（的确，他们也会参与输出，这一点将在下一节讨论。）

小结

　　上一节的重点无疑展示了二语习得依赖于输入。我讨论了与形式-意义联结相关的问题，将讨论扩展至与形式-意义联结相关的句法，还提及了词汇习得。以前的许多论点并不是新的，而是以这样或那样的形式存在于文献中，一些读者可能会对不同的观点置之不理，说："所以呢？我们都知道。"我的回答是："没错，很多甚至大多数研究者都知道。但有些人肯定不知道。因此，他们声称存在'输入与输出'之争。"人们越来越重视输出在二语习得中的作用，这不应被理解为在某种程度上削弱输入的基本作用。现在我想探讨输出的作用。

我们可以说二语习得依赖于输出吗？

　　在当代二语习得研究中，输出在二语语法构建中的作用可能主要归因于 Swain（1985）具有深远影响的论文。在回顾加拿大法语沉浸式学习的二语学习者的能力时，Swain 观察到他们的产出显然是非母语的。在涉及各种语法结构、话语特征（discourse feature）和语言使用的一些社会语言学方面的口语和书面语产出测试中，即使在 7 年的沉浸式学习之后，沉浸式学生的得分也明显低于母语人士。在回顾各种可能性之后，包括 Long（1983）及 Varonis 和 Gass（1985）关于协商互动（negotiated interaction）作用的观点（她说这不足以解释她和同事们在沉浸式数据中观察到的情况），Swain 总结道：缺失的是输出。她解释说："[Smith]认为一个人通过阅读来学习阅读，通过写作来学习写作。同样，可以说一个人通过说话来学习说话"（第 248 页）。

我想总体从二语习得研究的背景来考察这种说法。读者会记得，我将二语习得定义为某种潜在能力的发展，语言使用的最终（如果不是发展中的话）技能依赖于这种能力。Swain 的说法可以从两个方面来理解。首先，输出会以某种方式影响潜在的能力。也就是说，通过输出，学习者改变了底层语法（underlying grammar）。其次，输出对于准确度和流利度是必要的，这是第二语言使用的层面，不属于内化语法（internalized grammar）的层面。

输出导致潜在能力或语法发生变化是 Swain（1985）想到的，当时她指出"产出目标语言可能是促使学习者对成功传达自己意图的表达方式加以留心的触发因素"（第 249 页）。Swain 将这一过程描述为从纯粹的语义分析转向更多的句法分析。我认为这意味着输出推动学习者成为更好的输入加工者，尽管是以一种更有目的性的方式。（参见如 Swain，1998 关于输出在促进注意方面的可能作用的后续讨论。）Gass（1997：129）采取了同样的观点：

> 如果互动的关键在于输入以某种方式变得凸显（即增强），那么凸显度如何产生就无关紧要了——无论是通过教师的自我调整、自己的澄清要求，还是观察他人的澄清要求。关键的一点是，输入成为可利用的注意资源，并且注意集中在特定的形式或意义上。当学习者处于互动模式时，他们可以专注于自己需要的东西。（另见本文集第四章）

Gass 认为，似乎互动改变了在输入加工过程中对学习者的任务要求。任务需求的变化释放了注意资源，使学习者能够加工他们可能错过的东西。必须明确的是，这一观点并不意味着通过在互动过程中产出所讨论的形式，学习者就在习得该形式；该观点是，通过互动，学习者从另一个对话者那里获得关键数据。以下在网球比赛后在更衣室听到的示例可以说明这一观点。"Bob"是英语母语人士，而"Tom"是以中文为第一语言的非英语母语人士：

BOB: So where's Dave?（那么 Dave 在哪里？）
TOM: He vacation.（他度假。）

BOB: He's on vacation?（他在度假？）
TOM: Yeah. On vacation.（是的。在度假。）
BOB: Lucky guy.（幸运儿。）

在这个特定的互动中，Bob 的澄清／确认请求允许 Tom 注意到 on 与 vacation 的使用。Tom 随后将其纳入确认并不意味着他已经习得了它；这确实表明他已经将注意集中在这上面，Gass 声称这可能是习得过程的一部分（本文集第四章）。（另见 Schmidt，1990，1995）

我认为值得指出的是，导致对学习者内化语法的形态句法系统产生某种影响的互动的例子凤毛麟角（例如，Mackey，1999；Williams，1999；另外，参见 Mitchell 和 Meyers，1998 中关于这个主题的讨论）。Gass（1997）在这一点上说得很清楚，她说："然而，很少[研究]在实际协商和后续学习之间建立联系，从操作层面上定义为语言知识的变化"（第 126 页）。[①]这些研究表明，学习者开始意识到非常清晰且有点简单的形式-意义联结，如上文中的 Tom 和 Bob。我所知道的互动研究中没有证据表明互动对语法的微妙和／或抽象属性有任何影响，例如时态系统、移位和约束的制约条件以及类似属性。我的假设是，鉴于互动中所涉及的过程的性质，此类研究不能也永远不会表现出这种效果。如 Tom 和 Bob 的案例，对互动的研究表明，学习者非常专注于执行任务，并且在互动过程中往往对意义构建产生"警觉"，尤其是在词汇方面，正如 Markee（2000）在著名的"珊瑚插曲"（Coral Episode）中所展示的那样，学习者在整个课堂互动中会专注于珊瑚的含义，并纠结于这个词。由于学习者正在进行显性过程（可能是显性假设检验），他们只能关注那些允许这种明显的和显性加工的语言方面，即词汇和简单易懂的形式-意义联结（如大多数介词、第三人称 -s 等等）。这并不意味着这些特征的习得需要显性过程，也不意味着习得的某些方面需要显性过程，而其他方面需要隐性过程。我只是想说，词汇和简单易懂的形式-意义联结是唯一能够参与显性过程的形式，这就是为什么在互动研究中，它们往往是"受影响"的

[①] 在 Mackey（1999）的研究中，互动被认为是有影响的，但受到 Pienemann（1998）提出的可学习性问题的限制。简而言之，只有当学习者将要按照正常的发展顺序习得某种结构时，互动或输出才会产生影响。在 Pienemann 的方法中，学习者获得输出过程；他有意回避潜在能力如何产生的问题。因此，他的框架不会对导致潜在能力变化的输出提出任何观点。

形式。

　　试图将输出作为变量的实证研究（与那些关注课堂内、外互动的研究相反）更严密地遵循 Swain 的"强制性输出（pushed output）"概念，这些实证研究可能表明学习者可以关注各种事情。Izumi（2002）沿着这些思路开展了一项示范性研究。在这项研究中，英语学习者在学习关系从句结构时接触到纯输入或输入+输出循环。一些小组接受了没有产出任务的未增强输入循环。其他人接受了增强的输入循环，其中关系从句标记被突出显示（所有输入和输出都写在本研究中）。其他组接受这两种处理中的任何一种，以及需要产出关系从句的任务干预循环。随后对他们进行了口译、语法判断、句子组合和完成句子等任务的测试。测试结果有点难以解释，因为所有的进步和测试分数都报告为所有四项测试的综合分数。尽管如此，以下几点是清楚的：与纯输入组相比，输入+输出组取得了更大的进步。尽管这一结果支持了输出的作用，但从结果中也可以清楚地看出：所有组都有进步，并且可以观察到进步最小的测试是语法判断任务和完成句子任务。Izumi 报告说，多元方差分析（MANOVA）显示输出仅对句子组合和口译测试有显著影响。

　　从这样的研究中我们可以得出什么？唯一合理的结论是输出可以促进习得，但输出似乎不是必需的。事实上，Izumi（2002：566）总结道："在产出经验之后立即接触相关输入，问题意识的增强会导致[学习者]更密切地关注他们的中介语中发现的问题区域。简而言之，强制性输出可以诱导学习者有效地加工输入，以促进他们中介语进一步发展"。回想一下，所有组都取得了进步，但输入+输出组取得了更大的进步。随着时间的推移和额外的接触，纯输入组可能已经赶上了其他组。这是一个可检验的假设，如果得到证实，则意味着单纯的输入可能足以实现这种特定的形式-意义联结，并且强制性输出的作用类似于任何聚焦形式（focus-on-form）的方法：加速习得。

　　回到 Swain 提出的"输出假说"的最初原因，我们最好考察一下它（以及相关的论点，例如聚焦形式）的论点。该论点是学习者语法发展的"单纯输入不足"。从不同的角度来看，这一论点是单纯接受输入的学习者表现得不好，这意味着他们可能远远达不到类似本族语的能力（例如参见 Doughty 和 Williams，1998 中关于聚焦形式的动机的介绍性讨论）。因此，习得必须需要输入以外的东西。在当前的讨论中，那个东西指的就是输出。但是要记住，非本族语是二语习得的常态。如果这是常态，并且是各种条件下的常态（例如，受指导/未受指导，丰富的输入／匮乏的输入），那么可能结论不同，即不需要其他条件，因为无论如何非本族语总是最终的结果。因此，粗略的实证或观察到的证据表明输出在学习者能力发展中起着重要作用（另见 Sato，1986 提出的问题）。在此，说不需要其他条件并不意味着事实如此。我只是指出另一个在二语习得研究中通常被忽视的结论。①

小结

我在本节中关于输出作用的论点是，尽管有人认为强制性输出可能导致语法变化，但我们几乎没有任何实证或观察到的案例数据清楚地表明习得（定义为内部语法的发展）以某种方式依赖于输出。研究似乎表明输出对词汇习得（或使用）的一些影响，以及对简单易懂的形式-意义联结的一些影响（正是 Krashen 多年前提出的那种可能受到有意识学习过程影响的联结）。在 Izumi 精心设计的研究中，在课堂上强制性输出的有效作用是显而易见的。但是，输出在学习者如何以及何时建立初始形式-意义联结中的作用以及它在加强这些联结中的作用还很不明显。我们不能断言，在建立形式-意义联结的特定情况下，习得在某种程度上依赖于输出。这一结论与 Larsen-Freeman 和 Long（1991：132）在讨论会话在发展句法中的作用时得出的结论是一致的："没有任何产出的语言学习案例（例如，Forcin，1975）表明，会话虽然在某些情况下可能有促进作用，但并非成功所必需。"

结　论

在本章中，我论证了两个要点。首先，潜在语法习得的输入依赖性质（就本文集而言，最初构建并随后加强形式-意义联结）基本上是正确的。从词汇到语法，没有输入，习得就不可能成功。其次，我们不能以同样的方式得出潜在语法的习得在某种程度上依赖于输出。目前的证据还不足以支持这一观点。

---

① Doughty 和 Williams（1998）并没有忽视这种可能性。他们指出，"[关于聚焦形式的作用]的一个弱势说是，即使这种聚焦可能不是绝对必要的，它也可能是更有效的语言学习体验的一部分，因为它可以加速自然习得过程"（第 2 页）。同样，我们面临着这样一种观点，即输入以外的东西可能有助于习得，但最终不是必需的。

将这些论据放在我自己的研究背景中,我在其他地方指出,在聚焦形式(或者更准确地说,在课堂二语习得的显性干预)中,仅结构化输入就足以引起学习者能力的变化(VanPatten, 2002; VanPatten 和 Oikkenon, 1996)。这一结论得到了近期研究的支持,这些研究考察了仅向学习者提供结构化输入的效果(例如,Benati, 2004; Farley, 2004; Sanz 和 Morgan-Short, 2004; Wong, 2004)[①]。尽管这一证据不排除输入以外的因素在习得中发挥重要作用的可能性,但确实表明,某种输入本身就足够了。

本章不应被理解为输出在语言使用中不起任何作用的结论。在技能培养(即提高流利度和准确度)方面,输出很可能是必要的。遗憾的是二语习得中对技能培养的研究严重不足(参见 DeKeyser, 1997 和 Schmidt, 1992),在此任何关于它的评论都是推测性的。Pienemann 关于可加工理论(Processability Theory)的研究,其中输出加工(output processing)过程被视为与任何类型能力发展分开的习得过程,将是该领域一个很好的出发点(Pienemann, 1998)。该假说是:学习者在没有输出的情况下能够发展潜在的能力,但只有输出会促使他们发展 Pienemann 所描述的过程,只有输出会促使学习者提高流利程度。这里要强调的一点是,我们目前无法支持输出在创建包含形式-意义联结的潜在能力中的任何特定作用。充其量,我们可以说输入对于习得是必要的,但输入+输出可能会更好——只是不知道怎样或在什么情况下。

参考文献

Archibald, J. (Ed.). (2000). *Second language acquisition and linguistic theory.* Oxford, England: Blackwell.

Aronoff, M., & Anshen, F. (1998). Morphology and the lexicon: Lexicalization and productivity. In A. Spencer & A. M. Zwicky (Eds.), *The handbook of morphology* (pp. 235-247). Oxford, England: Blackwell.

[①] 该研究应与文本增强研究(例如,White, 1998; Wong, 2003)进行对比,其中目标项目仅在输入中突出显示。这类研究的结果相当令人失望,有些人用此来论证仅输入是不够的。另一个不同的结论是,单纯的输入就足够了,但是一些学习者从质量不同类型的输入中受益。

Benati, A. (2004). The effects of structured input activities and explicit information on the acquisition of the Italian future tense. In B. VanPatten (Ed.), *Processing instruction: Theory, research, and commentary* (pp. 207-225). Mahwah NJ: Lawrence Erlbaum & Associates.

Bybee, J. (1991). Natural morphology: The organization of paradigms and language acquisition. In T. Huebner & C. Ferguson (Eds.), *Crosscurrents in second language acquisition and linguistic theories* (pp. 67-91). Philadelphia: Benjamins.

Carroll, S. (2001). *Input and evidence: The raw material of second language acquisition.* Philadelphia: Benjamins.

Clifton, C., Frazier, L., & Rayner, K. (1994). Introduction. In C. Clifton, L. Frazier, & K. Rayner (Eds.), *Perspectives on sentence processing* (pp. 1-12). Hillsdale, NJ: Lawrence Erlbaum & Associates.

Coady, J., & Huckin, T. (Eds.). (1997). *Second language vocabulary acquisition.* Cambridge, England: Cambridge University Press.

Cuetos, F., Mitchell, D. C., & Corley, M. M. B. (1996). Parsing in different languages. In M. Carreiras, J. E. García-Albea, & N. Sebastián-Gallés (Eds.), *Language processing in Spanish* (pp. 145-187). Mahwah, NJ: Lawrence Erlbaum & Associates.

DeKeyser, R. (1997). Beyond explicit rule learning: Automatizing second language syntax. *Studies in Second Language Acquisition, 19*, 195-221.

Doughty, C., & Williams, J. (1998). Issues and terminology. In C. Doughty & J. Williams (Eds.), *Focus on form in classroom second language acquisition* (pp. 1-11). Cambridge, England: Cambridge University Press.

Ellis, N. C. (1998). Emergentism, connectionism, and language learning. *Language Learning, 48*, 631-664.

Ellis, N. C. (2002a). Frequency effects in language processing: A review with implications for theories of implicit and explicit language acquisition. *Studies in Second Language Acquisition, 24*, 143-188.

Ellis, N. C. (2002b). Reflections on frequency effects in second language acquisition. *Studies in Second Language Acquisition, 24*, 297-339.

Elman, J., Bates, E., Johnson, M. H., Karmiloff-Smith, A., Parisi, D., & Plunkett, K.

(1996). *Rethinking innateness: a connectionist perspective on development.* Cambridge, MA: MIT Press.

Farley, A. P. (2004). Processing instruction and the Spanish subjunctive: Is explicit information needed? In B. VanPatten (Ed.), *Processing instruction: theory, research, and commentary* (pp. 227-239). Mahwah, NJ: Lawrence Erlbaum & Associates.

Fernández, E. (1999). Processing strategies in second language acquisition: Some preliminary results. In E. Klein & G. Martohardjono (Eds.), *The development of second language grammars: A generative approach* (pp. 217-239). Philadelphia: Benjamins.

Fodor, J. D. (1999). Learnability theory: Triggers for parsing with. In E. Klein & G. Martohardjono (Eds.), *The development of second language grammars: a generative approach* (pp. 363-406). Philadelphia: Benjamins.

Fourcin, A. (1975). Language development in the absence of expressive speech. In E. Lenneberg & E. Lenneber (Eds.), *Foundations of language development* (pp. 263-268). New York: Academic Press.

Gass, S. M. (1997). *Input, interaction, and the second language learner.* Mahwah, NJ: Lawrence Erlbaum & Associates.

Gass, S. M. & Seiinker, L. (2001). *Second language acquisition: An introductory course.* Mahwah, NJ: Lawrence Erlbaum & Associates.

Gathercole, S. E., & Baddeley, A. D. (1993). *Working memory and language.* Hillsdale, NJ: Lawrence Erlbaum & Associates.

Gregg, K. D. (1989). Second language acquisition theory: The case for a generative perspective. In S. M. Gass & J. Schachter (Eds.), *Linguistic perspectives on second language acquisition* (pp. 15-40). Cambridge, England: Cambridge University Press.

Gregg, K. D. (2001). Learnability and second language acquisition theory. In P. Robinson (Ed.), *Cognition and second language instruction* (pp. 152-180). Cambridge, England: Cambridge University Press.

Harrington, M. K. (2001). Sentence processing. In P. Robinson (Ed.), *Cognition and second language instruction* (pp. 91-124). Cambridge, England: Cambridge

University Press.

Hawkins, R. (2001). *Second language syntax.* Oxford, England: Blackwell.

Hulstijn, J. (2001). Intentional and incidental second language vocabulary learning: A reappraisal of elaboration, rehearsal and automaticy. In P. Robinson (Ed.), *Cognition and second language instruction* (pp. 258-286). Cambridge, England: Cambridge University Press.

Izumi, S. (2002). Output, input enhancement, and the noticing hypothesis: an experimental study on ESL relativization. *Studies in Second Language Acquisition, 24,* 541-577.

Jensen, J. T., & Strong-Jensen, M. (1984). Morphology in the lexicon! *Linguistic Inquiry, 15,* 474-498.

Juffs, A. (2000). An overview of the second language acquisition of links between verb semantics and morpho-syntax. In J. Archibald (Ed.). *Second language acquisition and linguistic theory* (pp. 187-227). Oxford, England: Blackwell.

Just, M. A., & Carpenter, P. A. (1992). A capacity theory of comprehension: Individual differences in working memory. *Psychological Review, 99,* 122-149.

Kellerman, E. (1985). If at first you do succeed... . In S. M. Gass & C. Madden (Eds.), *Input in second language acquisition* (pp. 345-353). Rowley, MA: Newbury House.

Krashen, S. D. (1982). *Principles and practice in second language acquisition.* Oxford, England: Pergamon.

Lardiere, D. (2000). Mapping features to forms in second language acquisition. In J. Archibald (Ed.), *Second language acquisition and linguistic theory* (pp. 102129). Oxford: Blackwell.

Larsen-Freeman, D., & Long, M. H. (1991). *Introduction to second language acquisition research.* London: Longman.

Levelt, W. J. M. (1989). *Speaking: from intention to articulation.* Cambridge, MA: MIT Press.

Lightbown, P. M. (1983). Exploring relationships between developmental and instructional sequences in L2 acquisition. In H. Seliger & M. Long (Eds.), *Classroom-oriented research in second language acquisition* (pp. 217-243). Rowley, MA: Newbury House.

Lightbown, P. M., & Spada, N. (1999). *How languages are learned* (rev. ed.). Oxford, England: Oxford University Press.

Lightfoot, D. (1991). *How to set parameters. Arguments from language change.* Cambridge, MA: MIT Press.

Long, M. H. (1983). Linguistic and conversational adjustments to nonnative speakers. *Studies in Second Language Acquisition, 5*, 177-193.

Mackey, A. (1999). Input, interaction and second language development: An empirical study of question formation in ESL. *Studies in Second Language Acquisition, 19*, 557-597.

MacWhinney, B. (1997). SLA and the Competition Model. In A. M. B. de Groot & J. F. Kroll (Eds.), *Tutorials in bilingualism* (pp. 113-142). Mahwah, NJ: Lawrence Erlbaum & Associates.

Markee, N. (2000). *Conversation analysis.* Mahwah, NJ: Lawrence Erlbaum & Associates.

Martohardjono, G. (1993). *Wh- movement in the acquisition of a second language.* Unpublished doctoral dissertation, Cornell University.

Mazurkewich, I. & White, L. (1984). The acquisition of the dative alternation: unlearning overgeneralizations. *Cognition, 16*, 261-283.

McLaughlin, B. (1990). Restructuring. *Applied Linguistics, 11*, 113-128.

Mitchell, R. & Meyers, F. (1998). *Second language learning theories.* London: Arnold.

Pienemann, M. (1998). *Language processing and second language development: Processability theory.* Philadelphia: Benjamins.

Pinker, S. D. (1994). *The language instinct.* New York: HarperCollins.

Pritchett, B. L. (1992). *Grammatical competence and parsing performance.* Chicago: University of Chicago Press.

Radford, A. (1997). *Syntax: a minimalist introduction.* Cambridge, England: Cambridge University Press.

Rumelhart (1980). Schemata: The building blocks of cognition. In R. Spiro, B. Bruce & W. Brewer (Eds.), *Theoretical issues in reading comprehension* (pp. 33-35). Hillsdale, NJ: Lawrence Erlbaum & Associates.

Sanz, C., & Morgan-Short, K. (2003). Positive evidence vs. explicit rule presentation and explicit negative feedback: A computer-assisted study. *Language Learning, 53*.

Sato, C. (1986). Conversation and interlanguage development: Rethinking the connection. In R. R. Day (Ed.), *Talking to learn: Conversation in second language acquisition* (pp. 23-45). Rowley, MA: Newbury House.

Schmidt, R. W. (1990). The role of consciousness in second language learning. *Applied Linguistics, 11*, 129-158.

Schmidt, R. W. (1992). Psychological mechanisms underlying second language fluency. *Studies in Second Language Acquisition, 14*, 357-385.

Schmidt, R. W. (1995). Consciousness and foreign language learning: A tutorial on the role of attention and awareness in learning. In R. W. Schmidt (Ed.), *Attention and awareness in foreign language learning* (pp. 1-63). Honolulu: University of Hawaii Press.

Schwartz, B. D. (1993). On explicit and negative data effecting and affecting competence and linguistic behavior. *Studies in Second Language Acquisition, 15*, 147-163.

Schwartz, B. D. (1998). The second language instinct. *Lingua, 106*, 133-160.

Schwartz, B. D. & Sprouse, R. (2000). When syntactic theories evolve. In J. Archibald (Ed.), *Second language acquisition and linguistic theory* (pp. 156-186). Oxford, England: Blackwell.

Sorace, A. (1999). Initial states, end states and residual optionality in L2 acquisition. In A. Greenbill, H. Littlefield, & C. Tano (Eds.), *Proceedings of the 23rd annual Boston University conference on language development* (pp. 666-674). Somerville, MA: Cascadilla Press.

Swain, M. (1985). Communicative competence: some roles of comprehensible input and comprehensible output in its development. In S. M. Gass & C. Madden (Eds.), *Input in second language acquisition* (pp. 235-253). Rowley, MA: Newbury House.

Swain, M. (1998). Focus on form through conscious reflection. In C. Doughty & J. Williams (Eds.), *Focus on form in classroom second language acquisition* (pp. 64-81). Cambridge, England: Cambridge University Press.

Towell, R. & Hawkins, D. (1994). *Approaches to second language acquisition*. Clevedon, England: Multilingual Matters.

VanPatten, B. (1996). *Input processing and grammar instruction: Theory and research.* Norwood, NJ: Ablex.

VanPatten, B. (2000). Processing instruction as form-meaning connections: Issues in theory and research. In J. F. Lee & A. Valdman (Eds.), *Form and meaning: multiple perspectives* (pp. 43-68). Boston: Heinle & Heinle.

VanPatten, B. (2002). Processing instruction: an update. *Language Learning, 52,* 755-803.

VanPatten, B. (2003). *From input to output: A teacher's guide to second language acquisition.* New York: McGraw-Hill.

VanPatten, B. (2004). Input processing in SLA. In B. VanPatten (Ed.), *Processing instruction: theory, research, and commentary* (pp. 5-31). Mahwah, NJ: Lawrence Erlbaum & Associates.

VanPatten, B. & Oikkenon, S. (1996). Explanation versus structured input in processing instruction. *Studies in Second Language Acquisition, 18,* 495-510.

Varonis, E. M. & Gass, S, M. (1985). Nonnative/nonnative conversations: A model for negotiation of meaning. *Applied Linguistics,* 6, 71-90.

White, J. (1998). Getting the learner's attention: a typographical input enhancement study. In C. Doughty & J. Williams (Eds.), *Focus on form in classroom second language acquisition* (pp. 85-113). Cambridge, England: Cambridge University Press.

White, L. (1989). *Universal grammar and second language acquisition.* Philadelphia: Benjamins.

White, L. (2003). *Second language acquisition and universal grammar.* Cambridge, England: Cambridge University Press.

Williams, J. (1999). Learner-generated attention to form. *Language Learning, 49,* 583-625.

Wong, W. (2003). Textual enhancement and simplified input: Effects on L2 comprehension and acquisition of non-meaningful grammatical form. *Applied Language Learning, 13,* 109-132.

Wong, W. (2004). Processing instruction in French: the roles of explicit information and structured input. In B. VanPatten (Ed.), *Processing instruction: Theory, research, and commentary* (pp. 187-205). Mahwah, NJ: Lawrence Erlbaum & Associates.

第三章 第二语言习得的过程

Nick C. Ellis
威尔士大学班戈分校

支撑 SLA 的心理表征（mental representation）是什么？学习这些心理表征所涉及的映射过程的本质是什么？作为第二语言进行交流时隐性学习（implicit learning）的结果，这些表征在多大程度上是无意识地学习的？为达到类似本族语的能力、流利度和地道程度，显性学习（explicit learning）或直接教授在多大程度上是必要的？[①]

第一节概述了一个基于使用的解释，认为 SLA 是学习与形式和意义相关的构式。第二节关注这些形式-意义关系是怎样概率性的。一些构式和解释比其他构式和解释要频繁得多。流利的语言使用者都隐式地知道这一点，他们的加工系统相应地进行了调整。正如每一个意义都可以用多种方式表达一样，表层语言形式的每一个要素在其解释中都是多重模糊的。流利的语言学习者适应这些映射优势：他们隐式地知道语言线索最可能的解释和替代范围的相对可能性，以及这些替代在不同语境中如何变化。他们的语言加工（processing）对各个层面细节的输入频率都很敏感：音系学、音位结构学（phonotactics）、阅读（reading）、拼写（spelling）、词汇、形态句法学（morphosyntax）、程式语、语言理解（comprehension）、合乎语法、句子产出和句法。因此，SLA 必须涉及对这些关联优势的习得。第三节展示了这种习得如何从输入经验中进行隐性学习。但在二语习得的许多方面，学习者似乎对语言的某些方面不敏感，输入没有转化为吸收。第四节讨论了二语习得通常无法反映输入的各种情况：由于线索不够凸显而未能注意到，未能注意到需要以不同于与母语相关的方式处理某个特征，由于涉及无法被隐式习得的复杂关联而未能习得映射，或者由于在具有适当的代表性构

---

① 这些主题是在 2002 年特刊《二语习得研究》（*Studies in Second Language Acquisition*）第 24 卷第 2 期《语言处理中的频率效应述评》（"Frequency Effects in Language Processing: A Review with Commentaries"）中提出的。

建块方面没有发展好而未能构建构式。这些失败反映出了隐性学习、工作记忆或表征前兆的局限性。在这些情况下，学习者首先需要注意到某些输入（input）线索。第五节回到界面的本质问题：在语言的显性和隐性知识之间是否存在无界面、弱界面或强界面？本节讨论了留意（noticing）和注意（attention）在最初习得构式中的作用，以及显性学习在二语习得中的其他方式。最后一节综述有关互补记忆系统（complementary memory system）和留意的认知神经科学的研究，并证明尽管这两个系统是独立的表征系统，但显性知识可以多种方式影响隐性学习。

二语习得是与形式和意义相关的构式学习

语言学习者的任务是理解语言。理解是增强还是减弱，取决于学习者的意义的构式集是否充分。语言构式集与乐高（Lego）和麦卡诺（Meccano）一样具有无限的组合性和创造性，也具局限性。如果没有合适的部件，支柱就会被压弯，结构就会崩塌。在没有准备性组织和实践的情况下，活动的重点是在寻找正确的积木块，而不是在搭建本身的过程。不像塑料或金属那样有形，语言学习者的工具包由映射形式和意义的构式组成——语言元素的重复模式，为一些明确的语言功能服务。这些模式可能是复杂的结构，如乐高的拱门、卡车或房屋（例如，在句子层面的祈使句、双宾语句子和一般疑问句）。正如通用的乐高拱门、墙和轮轴一样，一些常见的较小结构是抽象模式——名词短语、介词短语等。其他的则是预制的，犹如乐高的窗户、门和横梁（套件频率与横梁尺寸成反比）——比如像"how are you?"（你好吗？）、"I think I'll…"（我想我会……）、"a great deal of…"（很多……）和"survival of the fittest"（适者生存）这样的程式语。更常见的是语法词素、封闭类词、冠词（多功能的、基本的，但往往缺乏结构上的凸显度，因此只是墙中另一块普通的砖头），它们就像出现在每一组中的普通积木块一样，散落在盒子里，含混不清。

构式是语言系统的一部分，在言语共同体（speech community）中被公认为为惯例，并作为语法知识在学习者的脑海中根深蒂固。构式可以是复杂的，如[限定词 名词]，也可以是简单的，如[名词]；它们可以表示单词级别之上的复杂结构，如[形容词 名词]，也可以表示低于单词级别的复杂结构，如[名词词根

-复数]；它们可以是图式的，如在[限定词 名词]中，也可以是具体的，如在[the United Kingdom（英国）]中。因此，与传统语法和生成语法不同，"形态""句法"和"词汇"在构式语法中是统一表示的，比词素或单词的分析单位大得多的语块是通常的存储和加工单位。构式是象征性的：除了规定形态、句法和词汇形式的定义属性外，构式还规定与之相关的语义、语用和话语功能。构式构成了说话人语言知识的一个结构化清单，其中图式构式可以被抽象出来，而不是由学习者在习得过程中归纳推断出的图式较少的构式。一个构式可以提供一个话语结构的部分规范，反之，话语结构通常由许多不同的构式来规定。构式是说话者大脑中独立表示的单位。任何具有独特、特殊形式或功能属性的构式都必须独立表示。然而，一个构式没有任何独特属性并不意味着它不能独立地表示，也不意味着它能简单地从其他更一般的或图式的构式派生出来。出现的频率可能导致所谓的规则结构模式的独立表示。在基于使用的视角下（Bybee 和 Hopper，2001；Croft，2001；Fillmore 和 Kay，1993；Goldberg，1995；Langacker，1987；Tomasello，1998），语法习得是对成千上万个构式的零碎学习和对构式中规则性频率偏向的抽象。

许多构式都是基于特定的词项，从简单的 *Wow!* 到更复杂的程式语 *Beauty is in the eye of the beholder*（情人眼里出西施）。但其他的构式更抽象。Goldberg（1995）重点研究了复杂的论元结构构式，如双宾语 *Caroline faxed Bill the letter*（Caroline 把信传真给 Bill）和使动 *Bill pushed the book over the counter*（Bill 把书推到柜台上），并指出这些抽象且复杂的构式本身承载着意义，独立于句子中的特定词汇。例如，即使 *sneeze* 是典型不及物动词，*Pat sneezed the napkin off the table*（Pat 打了个喷嚏，把桌上的餐巾纸吹掉了）也很容易解释为"使动"构式。这些抽象的论元结构构式是从符合图式模式的特定范例的证据中归纳提取的，因此为语言加工创建了一个重要的自上而下的组成部分。例如，它们允许对新句子 *Eloquence is in the ear of the hearkener*（口才好不好，听众说了算）进行合理的类比理解。构式反映原型效应（prototype effects）。例如，双宾语构式可以根据施事者成功致使接受者接收受动者的原型来理解，*Bill gave [handed, passed, threw, took] her a book*（Bill 给她[递、传、扔、拿]了一本书），及各种更多附带的含义，例如未来-转移，*Bill bequeathed [allocated, granted, reserved] her a book*（Bill 为她遗赠[分配、授予、预留]了一本书），还有使能-转移，*Bill allowed* or *permitted her one book*（Bill 给了她一本书）。

如果语言被表示为一个构式的群落，从范例中归纳并证明经典原型效应，那么关于范畴形成、图式学习和分类的经典心理学研究可以为理解语言习得提供依据。基于构式的儿童语言习得理论（Tomasello，1998，2000；Tomasello 和 Bates，2001）强调在母语语法发展中对具体范例和广泛的词汇特异性的零碎学习。儿童早期多词言语的很大一部分是从基于一个或两个单词或短语的词块（例如，I can't + verb；where's + noun + gone?）不断发展而来的语块槽孔模式（slot-and-frame patterns）集合中产生。儿童对这些模式是非常多产的，而且模式的数量和它们的结构都会随着时间的推移而发展。然而，它们在词汇使用上是特定的：一贯使用两种模式（I can't + X 和 I don't + X）的儿童在这两种结构的 X 槽中使用的动词通常很少或没有重叠（Lieven，Pine 和 Dresner Barnes，1992；Pine 和 Lieven，1993，1997；Pine，Lieven 和 Rowland，1998；Tomasello，1992，2000）。这样的观察结果表明，在这个年龄（a）模式不通过底层语法（underlying grammar）相关联（即，儿童不"知道" can't 和 don't 都是助词，或者模式中出现的单词都属于一类动词）；（b）没有证据表明 2—3 岁儿童的言语中存在抽象语法模式；（c）相反，儿童从他们周围听到的内容中学会频繁的模式，并且随着相关话语库的增长，慢慢地做出更多的抽象概括。虽然动词在提供低范围模式和最终更多的抽象概括方面占主导地位，Pine 等（1998）指出，这些岛屿并不是动词所独有的，Tomasello（1992）的"动词岛屿假说"（Verb Island Hypothesis）应该扩展到包括基于其他词汇类型的有限模式，如黏着语素、助动词和格标记代词。

总之，第一语言语法构式习得理论认为，从公式到低范围模式，再到结构，有一个发展顺序。二语习得和外语习得在许多方面不同于母语习得。第一，在概念发展上有所不同：在儿童语言习得中，世界知识和语言知识同时发展，而成人二语习得建立在已有的概念知识之上。此外，成人学习者拥有复杂的形式操控思维方式，比起儿童，成人更能将语言视为显性学习的对象，即把语言视为有意识地解决问题和推理的对象（Ellis，1994）。第二，在语言输入方面有所不同：典型的母语习得模式是在照料人自然提供支架发展的情况下通过自然接触习得（Tomasello 和 Brooks，1999），而第二语言或外语教学的课堂环境可能会扭曲接触、功能、媒介和社会互动的模式（Ellis 和 Laporte，1997）。第三，不同于母语迁移：成人二语习得建立在已有的母语知识之上（Kellerman，1995；MacWhinney，1992；Odlin，1989）。然而，母语的习得顺序（从程式到低范围模式，再到构式）似乎也适用于儿童和自然主义二语习得（Ellis，1996；Hakuta，1976；McLaughlin，1995；Wong-Fillmore，1976），并且是指导研究范例及其类型频率和标记频率（token frequencies）决定构式二语习得方式时是合理默认值（Bardovi-Harlig，2002；Bybee 和 Hopper，2001；Ellis，1996，2002a，2002b）。

语言知识是先前经历过的话语记忆的大集合。这些范例是相互联系的，相似的种类以作为抽象的语言范畴、图式和原型而产生共鸣的方式相互关联。语言的力量、创造性和系统性显现出来；这是 D'Arcy Thomson 在《论生长与形式》（On Growth and Form）中观察到的另一个例子："一切事物都是它本身的样子，因为它就是那样获得的。"语言规律成为话语记忆数据库策划的核心趋势。这是语言构式工具包。传统的描述语法和教学语法在归纳和描述细节上都与这些习得理论密切相关，这些理论把构式作为语言要素的循环模式，服务于一些定义明确的语言功能。

形式-意义关系是基于概率的

从 1 数到 10 是大多数二语课程和外语课程的早期内容，ESL 或 EFL 学生很快就掌握了"wʌn"的含义。但他们可以这么肯定吗？思考以下的 wʌn："That's wʌn for the money, two for the show, three to get ready"；"To love wʌnself is the beginning of a lifelong romance"；"wʌnnce upon a time..."；"Alice in wʌnderland"；"wʌn the battle, lost the war"；"How to win life's little games without appearing to try——wʌnUpmanship"；"the human brain is a wʌnnderful thing."这些是不同的"one"。形式-意义联系（form-meaning associations）是多重的且基于概率的，流利的语言处理利用话语和世界的先验知识，以确定在任何给定的语境中最可能的解释。这通常是非常有效的，而老到的理解者只意识到一种解释——Alice in wʌn sense and not the other（Alice 在某种意义上而非其他）。但为了达到这一目的，语言处理机制无意识地权衡所有候选解释的可能性并在其中进行选择。因此，对语言的感知远比耳目所及的要多得多。知觉是一种复杂的意识状态，在这种状态下，先行的感觉被随后的想法所补充，这些想法通过联想和感觉紧密地结合在一起。因此，感知事物的大脑条件就是从中辐射出来的联想路径。如果某种感觉与某种事物的属性密切相关，那么这种事物几乎肯定会被认为是这种感觉的结果。但是，当感觉与不止一个现实相联系时，无意识的过程会权衡可能性，而被感知的是最可能发生的事情："所有的大脑过程都会产生我们所谓的图形意识"（James，1890：82）。因此，准确而流畅的语言感知取决于理解者对语言输入的每一个元素都获得了适当加权的关联范围。

语言学习（language learning）是对反映形式-功能映射出现的概率表征的联想学习。因此，频率是习得的一个关键性决定因素，因为语言的"规则"从音系学到句法再到语篇分析的各个层面上，都是从学习者对语言输入的分布特征的终生分析中形成的结构规律。学习者必须弄清楚语言。正是这些观点支撑了过去30年使用联结主义和统计模型（Elman等，1996；McLeod，Plunkett和Rolls，1998；Rumelhart和McClelland，1986）、语言学习和加工的竞争模型（Bates和MacWhinney，1987；MacWhinney，1987，1997）而进行的认知研究，以及通过语料库分析对语言结构进行适当的实证研究（Biber，Conrad和Reppen，1998；Biber，Johansson，Leech，Conrad和Finegan，1999；Sinclair，1991）。

流畅的语言加工与输入频率和各个细节层面的映射概率密切相关：音系学、音位结构学、阅读、拼写、词汇、形态句法、程式语、语言理解、语法性、句子产出和句法。它依赖于这种先验的统计知识。考虑每个辖域中的一两个示例，以便了解相关数据库的大小。下面是一个非常小的样本，来自已发表的关于学习者隐含的语言统计知识的心理语言学演示。

拼写体系

最早的证据之一是 Miller、Bruner 和 Postman（1954）证明了人们对与母语不同程度的相似是很敏感的，这是心理语言学的一项定义性研究。当向年轻的成人展示由 8 个字母组成的字符串仅 0.1 秒时，平均算下来，他们可以报告 53% 的由以相等概率随机抽样的字母组成的字符串（英语的零阶近似值，例如"CVGJCDHM"）。他们可以报告 69% 的根据字母在书面语英语中的频率进行抽样的字符串（一阶近似值，如"RPITCQET"），78% 的保留了英语中常见的二元序列的二阶近似字符串（如"UMATSORE"），87% 的由英语中常见的四元序列组成的四阶近似字符串（如"VERNALIT"）。显然，受试者对规则性较强的拼写体系序列的理解广度要大于规则性较弱的序列的理解广度。一阶相对于零阶的优势表明，感知系统对某些字母在书面语中出现的频率比其他字母高这一事实很敏感，同时字母的模式识别单元对其阈值也进行了相应的调整。二阶优于一阶的优势表明，感知系统被调整到二元组的预期频率。四阶相对于二阶的优势表明，它们被调整到四个字母长度的拼写词块。这些词块效应向上延伸到表征层次的各个层次，1954 年 Miller 等人研究中的本科生参与者可以报告的字母比字符串"One, two, three o'clock, four o'clock, rock"的前八个字母还要多。

音位结构学

人们非常善于判断非词是否与母语相似，幼儿在尝试重复非词时对这些规律非常敏感（Treiman 和 Danis，1988）。音位配列能力只是来自使用语言，来自说话者所知道的词汇模式的主要语言数据（Bailey 和 Hahn，2001）。Frisch、Large、Zawaydeh 和 Pisoni（2001）让母语者判断非词刺激是否或多或少类似于英语单词。非词的产生具有相对高概率或低概率的法定趋音模式，这取决于非词的起始概率和韵母成分概率乘积的对数。这些非词刺激的平均词相似性判断与预期概率有极强的关系（$r=.87$）。因此，对音位配列能力的一种新的解释是，任何新的非单词都要与记忆中的范例进行比较：它越接近于范例的特征，就越能判断它像单词。此类相关分布数据的收集始于婴儿期。Saffran、Aslin 和 Newport（1996）证明，8 个月大的婴儿只接触 2 分钟不间断的无意义语音音节串（例如，"bidakupado"），就能够察觉出作为一个单元出现的三音节序列与同样出现在他们的学习集里但以随机顺序出现的序列之间的差异。这些婴儿是根据音位配列序列数据的统计分析来掌握这种学习的，在这个年龄段，他们的照料人开始留意到他们识别单词的系统性证据。

词汇识别和产出

单词的识别和产出是其在语言中出现频率的函数。对于书面语言，高频词比低频词命名更快（Balota 和 Chumbley，1984；Forster 和 Chambers，1973），在词汇判断任务中，高频词被更快地判断为单词（Forster，1976），并且拼写更准确（Barry 和 Seymour，1988）。高频词的听觉词识别优于低频词（Luce，1986；Savin，1963）。Kirsner（1994）指出，词频对儿童和成人、第一语言和第二语言的词汇识别过程（言语感知、阅读、物体命名和手势感知）和词汇产出过程（说话、打字、写作和打手势）的速度和准确性有很大影响。

抽象（abstraction）是高频范例聚合激活的必然结果，随着高度相似范例数量的增加，向中心趋势回归。因此，存在单一声音优势。用同一个声音重复的单词比用不同的声音重复的单词更容易被识别。此外，对于低频词来说，这种优势更大："旧"词经常在不同的地方被各种各样的说话人体验，激发了"抽象"回声，模糊了学习踪迹的语境和声音元素（Goldinger，1998：255）。

语音意识

儿童对他们语言声音的意识，特别是在节首-韵基（onset-rime）和音位的音段层面上，对于他们习得读写能力很重要（Ellis 和 Large，1987；Goswami 和 Bryant，1990）。这是逐渐发展起来的意识。De Cara 和 Goswami（2002）表明，当语音刺激来自密集语音邻域（其中有很多单词共享这些押韵）（例如，"bag, rag, jack"）而不是来自稀疏语音邻域（例如，"pig, dig, lid"）时，4 到 7 岁的儿童在 Bradley 和 Bryant（1983）的挑出异类任务中能够更好地识别带有异类声音的单词。在短期记忆广度任务中，儿童对密集语音邻域的非词三元组的记忆也优于稀疏语音邻域的非词三元组（如"deeve, chang, shem"）。这些语音邻域的密度效应是由词汇年龄驱动的，而不是由实足年龄驱动的。Metsala 和 Walley（1998）提出了这些效应的词汇重组假设，即随着词汇量的增加，越来越多的相似词汇会被习得；这就促使这些词越来越明确地以亚单位（比如节首和韵基）的形式表现，并且这种效果首先出现在密集语音邻域中。正是学习者掌握的单个词汇项的知识驱动了抽象过程。

口语词汇识别

语音信号随着时间的推移而展开，单词识别的过程从言语刚开始时就开始了。一个单词的初始音位激活了词汇中以这个音位开头的所有单词的集合。听到"w"时，一大群英语单词被激活——*wad, ouija, way, wow, Wyoming*。然后，随着语音信号的展开到"wʌ"，更多信息被接收，该集合被缩小，删除不再可行的候选项，如 *waddled, waffle* 和 *wage*。但是候选项集还是很丰富的，除了 *one*，还包括 *worry, worrying, worryingly, wondrous* 和 *wonder*。这解释了言语识别中的邻域效应，即当有很多单词的开头一样时，单词识别会更加困难。脱离上下文，一个特定的单词只有在达到唯一性时才能被识别。听到"waɪ@"时，这已经是达到唯一性了，因为唯一可能完成的选项是 *Wyoming*。但听到"wʌn"时，还没达到唯一性：我们还有可能选 *wonder-struck*。在语音识别的队列模型（cohort model）中（Marslen-Wilson，1990），队列中的激活会有所不同，因此选项不仅仅是"选中或淘汰"。更确切地说,高频词比低频词从相同的证据中获得更多的激活。这个假设提供了一种解释词汇相似性效应的方法,即整个词邻域被激活,但高频词得到更多的激活:听者识别带有高频邻域的低频词的速度较慢,因为更难消除竞争选项(Lively,Pisoni 和 Goldinger,1994)。这些效应表明,语言处理系统对单个单词的频率和开头都一样的单词数量(在任何计算长度上)都很敏感。

阅读和拼写

语言学习者对将书面语符号与其声音关联起来的映射的频率和一致性很敏感。就读者能够构建新词或非词的正确发音而言,据说他们能够应用亚词汇"规则",将字素与音位相关联(Coltheart,Curtis,Atkins 和 Haller,1993;Patterson 和 Morton,1985),或将更大的拼写单元与其对应的韵基或音节相关联(Ehri,1998;Glushko,1979;Goswami,1999;Treiman,Mullennix,Bijeljac-Babic 和 Richmond-Welty,1995)。对于成年人阅读英语,比起拼写-读音不对应(参考 *pint*)的单词,规则拼写-读音对应的单词(如 *mint*)命名延迟更短,错误率更低(Coltheart,1978)。同样地,就单词发音是否与具有类似拼写主体和语音韵基的相邻词一致而言,发音一致的单词(*best* 是规则且一致的,因为所有的-*est* 主体发音方式都相同)比不一致的单词(*mint* 在字素-音位转换(GPC)规则方面是符合规则的,但不一致的是它有 *pint* 作为相邻词)命名得更快(Glushko,1979)。任何单词的一致性效应等级取决于其同类词(相似的拼写模式和相似的发音)相对于它的异类词(相似的拼写模式但不同的发音)的频率总和(Jared,McRae 和 Seidenberg,1990)。该衡量标准下的一致性越增加,成人的命名延迟则会一直降低(Taraban 和 McClelland,1987)。由于学习存在幂次现象,这些规律性和一致性效应在低频词中比高频词更明显,该表现更接近于渐近线(asymptote)(Seidenberg,Waters,Barnes 和 Tanenhaus,1984)。

形态句法

像阅读和听力一样,形态加工表现出了相邻词和同形异义词的影响,即使在常规范式中,规则但不一致的词项(例如 *bake-baked* 在押韵上与相邻词 *make-made* 和 *take-took* 相似,过去时不一致)比完全规则的词项(例如,*hate-hated*,*bate-bated*,*date-dated*)产出得慢(Daugherty 和 Seidenberg,1994;Seidenberg

和 Bruck，1990）。Ellis 和 Schmidt（1998）测量了学习者练习人工第二语言时规则和不规则形式的产出，其中规则性和频率是因式组合的。准确度和延迟数据显示了早期习得过程中的规则形式和不规则形式的频率效应。然而，随着学习的进行，规则词项的频率效应会减弱，而不规则词项的频率效应保持不变——这是规则交互作用产生的经典频率，它是在大规模分布式系统中运行的简单联想学习原则的形态能力联结主义模型中的自然结果，该系统抽象了使用最优推理的关联统计规律（MacWhinney 和 Leinbach，1991；Plaut，McClelland，Seidenberg 和 Patterson，1996；Plunkett 和 Juola，2001）。

程式语（Formulaic Language）

正如个人学习他们语言的亚词汇成分的常见序列（学习成千上万的大大小小的音素和字母序列）一样，学习单词的常见序列亦如此。程式是由绑定频繁搭配而产生的词汇块。限制状态语法将大量语言充分描述为模式相互流入的搭配流。Sinclair（1991：110）将其总结为习语原则："语言使用者拥有大量的半预设结构的短语，这些短语构成了一个个的选择，即使它们似乎可以被分析成几个片段。这在一定程度上可能反映了类似情况在人类事务中的反复出现；它可以说明一种省力的自然趋势；或者它可能部分是出于实时对话的迫切性。"与语法相比，这是一个很微小的特征，Sinclair 认为，对于正常的文本，首先要应用的分析模式是习语原则，因为大多数文本都可以用这个原则来解释。人们处理搭配的速度更快，因此他们更倾向于将其识别为一个单位（Schooler，1993）。这些加工效果对于意义的解释至关重要：正因为这样习语含义才可以取代字面解释，而熟悉的结构可以被视为整体。

语言理解

竞争模型（The Competition Model）（Bates 和 MacWhinney，1987；MacWhinney，1987，1997）强调词汇功能主义，其中句法模式受词项限制。词项为句子理解或产出提供功能解释线索。有些线索比其他线索更可靠。语言学习者的任务是找出最有效的预测变量。思考一下在英语句子 *The learner counts the words*（学习者数单词）中将主语标记形式与主语相关功能联系起来的特定线索。这些线索指的是动词前定位（*learner* 在 *counts* 之前）、动词一致形态（*counts* 而非 *words* 与 *learner* 在数上一致）、句首定位，以及冠词 *the* 的使用。与英语不同，格标记语言会在此类句子中额外包含主格和宾格线索。相应的功能解释包括动作者、主题性、视角、给定性和确定性。竞争模型研究分析范例句语料库，这些范例句将此类线索组合与其各种功能解释关联起来，从而确定特定语言表达方式的规律性，例如施事性。然后，他们展示了这些可能性在多大程度上决定（a）学习者处理该语言时的线索使用，以及（b）线索习得——学习屈折的难易程度取决于其线索的有效性，作为一个函数，它可以表示屈折作为某个潜在功能的线索出现的频率（线索可用性）以及它标记该功能的可靠性（线索可靠性）（MacWhinney，1997）。

为说明句子理解中的一些更为特殊的线索，请思考 "*The plane left for the...*"。这句话中 *plane* 是指几何元素、飞机还是工具？*left* 是表示一个方向，还是动词 *leave* 的主动或被动语态过去式？很可能你的解释大致是 *The plane left for the East Coast*（飞机飞往东海岸），当补充完整的时候（例如 *The plane left for the reporter was missing*（留给记者的飞机失踪了））你会觉得这种解释有点误导。但当补充完变成 *The note left for the reporter was missing*（留给记者的便条不见了）时，就不会觉得那么的误导（Seidenberg，1997）。为什么呢？心理语言学实验表明，流利的成年人通过迅速发挥先前经验中得出的各种基于概率的制约条件来解决这种歧义。存在一阶频率信息：*plane* 作为交通工具的含义比其他可能的含义使用得更频繁，*left* 在主动语态中比被动语态中使用更频繁。因此，歧义强烈受制于及物和被动结构中歧义动词出现的频率，其中简化关系从句（reduced relative clause）是一种特殊的类型（MacDonald，1994；MacDonald, Pearlmutter 和 Seidenberg，1994；Trueswell，1996）。除此之外，还有组合制约条件：*left* 作名词时，*plane* 充当它的修饰语就不合情理了，所以 *plane left* 大概率上不是名词短语，因此更不容易像 *note left* 那样被理解为简化关系从句，因为 *note to be left*（笔记被留下）比 *note leave*（笔记离开）更合理。因此，如何解释话语也受到组合词汇信息的制约（MacDonald，1994；Tabossi, Spivey-Knowlton, McRae 和 Tanenhaus，1994；Trueswell, Tanenhaus 和 Garnsey，1994）。

对句子加工的研究表明，流利的成年人对其语言中的词项的行为有着广泛的统计知识。他们知道动词（至少在英语中）在解释句法歧义时提供的有力线索。流利的理解者知道特定动词在不同时态、主动与被动、不及物与及物结构中出现的相对频率、动词所携带的主语和宾语的典型类型，以及许多其他类似事实。这些知识是通过对表现出这些分布特性的输入的经验以及通过对其语义的了解而习得的。这些信息不仅仅是词汇的一个方面，与"核心"句法分离；相反，它与词汇、句法和语篇理解的所有阶段都是相关的（McKoon 和 Ratcliffe，1998；Seidenberg 和 MacDonald，1999）。频率较高的分析比频率较低的分析更可取。

在这里没有进一步综述心理语言学的影响。参见 Altman（1997，2001）、Ellis（2002a）、Garnsbacher（1994）和 Harley（1995）第一语言和第二语言中语言加工、理解和产出等各个层面的这些现象的更完整的处理，从语义到句法和语法，一直到调整婴儿在特定语言韵律产出中的抑扬格/扬抑格偏向（iambic/trochaic bias）。但这里的内容肯定足以说明语言构建工具包确实是庞大的，涉及成千上万个大大小小的片段，以及跨多个输入和输出模式到语义和概念系统的映射。所有这些关联都是根据频率调整的。这种计数的机制在于突触联结（而不是算盘或点钞机）的可塑性，但无论如何，学习者通过计算出现和映射的频率来理解语言。

二语习得涉及对这些关联映射强度的隐性学习

隐性学习和显性学习是完全不同的学习方式，在有意识信念驱动习得的程度以及它们产生显性可语言化知识的程度上各不相同。尽管这两种学习模式在所有学习情境中都有不同程度的应用，但现在有相当多的关于这两种学习形式之间分离的心理学研究（Berry 和 Dienes，1993；Cleeremans、Destrebecqz 和 Boyer，1998；Ellis，1994；Reber，1993；Schmidt，1994；Stadler 和 Frensch，1998）。隐性学习是通过一个自然、简单且无需有意识操作的过程来习得关于复杂刺激环境的底层结构的知识。显性学习是一种更具意识的操作，个体在探索结构的过程中做出并检验假设。因此，知识获得可以隐性（对出现在实例经验中材料结构性质的无意识和自动的抽象）发生或通过选择性学习（学习者搜索信息并建立之后的检验假设）显性发生，或者，因为人们可以显性地通过给定的规则使用语言进行交流（通过显性学习同化规则）。

语言学习者需要哪些频率信息来进行有效和高效的语言加工，它是隐性习得的还是显性习得的？仔细想一下，答案很清楚。人们似乎没有花时间计算语言的单位。相反，当他们使用语言时，他们会意识到交流。然而，在会话过程中，人们自然而然地习得了有关语言元素的频率及其映射的知识。正如 Hasher 和 Chromiak（1977）所解释的：

我们可以对像二元组一样似乎意义不大的有序事件进行排序，这表明频率加工可能属于 Posner 和 Syder（1975）所称的"自动过程"辖域。也就是说，是有机体在没有任何意识的情况下运行过程的辖域，有机体无意这样做，而且几乎不费力，因为频率的标记对一个人同时顾及其他方面（例如对正在进行的对话的解释）的能力几乎没有影响。

这些知识是交际能力的核心，是在语言加工中习得的。只要注意了加工的形式，无论加工的深度或学习者的意识程度如何，激活现有的心理结构（表示字母、字母簇、声音、声音序列、单词、单词序列、语法结构等）将导致在随后的感知或肌动加工中促进该表征的激活。每次激活都会进一步促进加工。它是一个与改进和实践相关的幂函数，而不是线性函数，但它仍然是一个计数和调整的过程（Ellis，2002a）。无论传统的语法书、教师或其他显性教学指导能为有效的语言学习提供什么，都不会是这种频率信息。该频率信息的唯一来源是在自然交流中的使用。

SLA 中输入没有转化为吸收的时候

然而，如果仅此而已，那么二语习得将会与一语习得一样有效，并且对于所有自然而然地参与二语交际的人来说，二语习得通常会以熟练且精通作为成功终点。但事实并非如此。二语研究关注的一个决定性问题是，语言的某些方面通常被证明是二语学习者无法理解的，这时输入没有转化为吸收。

Schmidt 的范例中，Wes 非常流利，具有较高的策略能力，但语法准确性较低。他被描述为对信息感兴趣，而不是形式，并且对纠正不耐烦。Schmidt（1984）在讨论 Wes 来到美国后五年内对 ESL 的无意识自然主义习得时报告了以下内容：

> 如果语言被视为一种交流的媒介，一种发起、维持和调节人际关系以及从事生活事务的工具，那么 W 是一位成功的语言学习者……如果语言习得被视为是意味着（通常是）语法结构的习得，那么习得方法可能会奏效，但非常缓慢。使用在强制性语境中的 90% 正确率作为习得的标准，统计的语法语素在五年内没有一个从未习得状态变为习得状态。（第 5 页）

Schmidt 在总结对 Wes 的报告时提出，"除了交际努力外，认知努力也是成功的成人二语习得的必要条件"（Schmidt，1984：14），他呼吁在此方面进一步研究。显然，他提出了一种超出了我迄今为止所描述的隐性学习的认知努力。后来，Schmidt（1990）在他的注意假说（noticing hypothesis）中提出，将输入转化为吸收需要有意识的参与，即显性学习：学习者必须注意相关的语言线索。

这一观点已成为二语研究的基石。注意假说的一种强形式是必须注意刺激环境的某些方面，并且必须先注意该方面，然后才能形成对它的心理表征。这大体正确，但有两个条件。第一个条件是这里扩展的隐性计数假设（implicit tallying hypothesis）的强形式——一旦刺激表征牢固存在，该刺激就不再需要被注意；然而，只要它被用于加工未来的意义输入，它的强度就会增加，它的关联就会被记录且隐性分类。第二个条件是隐性学习显然足以让新的词块从重复经历的相邻或连续项目的绑定中成功形成。

注意假说包含了 SLA 无法反映输入的各种情况：由于线索不够凸显而未能注意到，未能注意到需要以与母语相关的不同方式处理某个特征，由于涉及无法被隐性习得的复杂关联而未能习得映射，或者由于在具有适当的表征前兆方面没有发展充分而未能构建构式。这些失败反映出了隐性学习、工作记忆或表征前体的局限性。

由于线索不够凸显而未能注意到

尽管一些语法上的形式-意义关系对于理解话语的意义既凸显又重要（例如，西班牙语疑问词 *qué* 'what?' 和 *quién* 'who?'），其他的（例如语法小品词和许多像英语中的第三人称单数-s 这样的屈折变化）则不是。标记语法意义（如时态）的屈折变化通常是多余的，因为它们通常伴随着表示时间参考的时间副词。这些时间副词的高度凸显性导致二语学习者关注它们而忽略了语法时态动词词素。

这是显性教学的主要动机。因此，例如，加工教学（VanPatten，1996）旨在改变学习者的默认加工策略，改变他们处理输入数据的方式，从而最大限度地增加二语习得中的数据吸收量。同样，Terrell（1991）的语言学习观与构式语法相呼应，强调个体的意义-形式关系而不是语法规则，将显性语法教学描述为"使用教学策略来吸引学生的注意或焦点放在形式和/或结构上"（第 53 页）。他的"绑定/访问框架"假设学习者的主要动机是理解语言，因此语法形式的习得是在形式和意义之间建立联结的结果。他建议将教学作为增加屈折和其他常被忽视特征的凸显性的一种方法，首先指出屈折和其他常被忽视的特征并解释其结构，然后提供包含许多相同语法意义-形式关系实例的有意义输入。

持久化和迁移：没有注意到需要以一种不同的新方式处理某个特征

为什么成年人仍然可以学习和适应许多技能，但适应语言感知和产出的能力在成年后似乎会减弱？如果一个英语婴儿对/r/ /l/音位对立（phonemic contrast）持开放态度，为什么尽管输入频率很高，日语（日语只有一个齿龈流音音位）母语者在学习 ESL 时还是无法习得/r/ /l/对立？感知磁铁理论（Perceptual Magnet Theory）（Kuhl 和 Iverson，1995）指出，在这种情况下，母语的语音原型就像磁铁一样，或者用神经网络的术语来说，像吸引子一样（Cooper，1999；van Geert，1993，1994），扭曲了对邻近物品的感知，使其看起来更类似于原型。因此，神经承诺（neural commitment）和行为巩固（behavioral entrenchment）导致持久性：二语学习者的大脑皮层已经调整到一语，增量学习慢慢地将其调整到一个特定配置，并且它已经达到了一个点，在这个点上，网络不再能够恢复到它原来的可塑性（Elman 等，1996：389）。然而，使用夸大刺激的成功补救仍然是可能的。McCandliss、Conway、Fiez、Protopapas 和 McClelland（1998）报告说，英语/r/ /l/的区分学习可以引入到从一开始就受到可以区分的夸大刺激的日语母语者中。诸如"Rock"与"Lock"之类的对立体被计算机合成为连续体，并通过扩展它们的外部界限来夸大对比。参与者从可辨别的两极开始，然后，随着连续八个刺激被正确识别，辨别变得越来越困难。这种夸大刺激和适应性训练的使用导致快速学习，而使用没有适应性修改的困难刺激几乎很少或没有任何好处。在注意方面，提供夸大的输入使学习者注意并意识到以前闻所未闻的对比。学习者需要注意，以使加工避开吸引子，这些吸引子曾经为 L1 优化但现在充当磁铁的局部最小值。

由于涉及无法被隐性习得的复杂关联而未能习得映射

感知系统对二元组频率和音位结构序列的调整表明，可能存在未被注意到的序列关联的隐性学习。对隐性语法和序列学习的精心研究证实了这一点（综述见 Berry 和 Dienes，1993；Cleeremans 等，1998；Reber，1993；Seger，1994；Stadler 和 Frensch，1998）。在同一序列中反复出现的两个独立统一的和预先存在的表征，即使它们的连接没有被注意到，也可以合并成一个词块。Hebb

（1961）证明，当人们被要求在短期记忆任务中报告随机 9 位数字序列时，如果参与者不知道每三个数字列表重复一次，通过测试，重复列表的记忆比不重复列表的记忆提高得更快。Hebb 效应是基于范例的隐性语言组块解释的中心机制（Ellis，2003；Gobet 等，2001；Peruchet 和 Pacteau，1990；Redington 和 Chater，1996；Servan-Schreiber 和 Anderson，1990）。隐性可学习性的关键决定因素是邻接和多次重复。

然而，在人工语法学习实验中，比邻接或直接连续更复杂的关联似乎需要更多有意识的显性学习和假说检验才能习得。Ellis、Lee 和 Reber（1999）提供的证据表明，语言习得中的一些长距离不连续依赖关系就是这种情况。Cohen、Ivry 和 Keele（1990）以及 Curran 和 Keele（1993）指出，尽管在人工语法学习实验中可以隐性地习得独特的序列，但歧义序列需要更多的学习注意形式。同样，Gomez（1997）表明，在复杂度较低的情况下（例如学习人工语言中的一阶依赖关系），学习可以在无意识的情况下进行，但更复杂的学习（例如涉及二阶依赖关系或转移到具有相同底层句法但具有新表层特征的刺激）与显性学习有关。

发展准备和习得顺序

习得的固定顺序问题是 SLA 研究中的另一个核心特征：尽管学习者的母语背景不同、语言接触不同以及教学制度不同，但某些句法结构似乎存在共同的发展顺序。尽管频率和凸显度似乎在决定这些习得顺序的某些方面起着重要作用（Goldschneider 和 DeKeyser，2001），但符合这一类别的语言方面在复杂性和发展准备方面表现出了其他解释因素。Ellis（1996，2001，2003）讨论了组块在这些过程中的作用。此处的基本观点是，复杂结构由先前的结构构建而成的：只有当学习者已经习得了相关的表征构建块，或者当他们因有足够的工作记忆容量、语音短时记忆广度或普遍语言加工资源的其他方面而能够使用结构时，新的构式才能被习得。在与乐高的类比中，学习者是如何意识到大门是由一个拱门和两根柱子组成的（而拱门的概念对他们来说仍然是陌生的）？Pienemann（1985）的可教性假设（Teachability Hypothesis）是一个很好的例子，该理论否定了教学可以改变发展特征的自然发展路径的任何可能性："只有当中介语接近这个阶段（此时要教的结构在自然环境中被习得）时，教学才能促进语言习得。"（Pienemann，1985：37）。他的可加工性理论（Pienemann，1998）基于以中介语为基础的心理机制，对在二语学习的指定层面上可加工的结构进行了形式预测，并在词汇-功能语法框架中提出了二语习得加工程序的层次结构。此类的另一个成熟理论是 O'Grady（1997，1998，1999，2003）的句法表征的普遍先天论，它解决了作为语言先天禀赋的结果的可学习性和发展问题，该语言不包括先天语法本身，而是由更普遍的加工机制和原理组成，例如普遍计算特征（a）对成对元素进行操作的倾向和（b）在第一时间将功能词与其论元进行组合的倾向（一种降低存储的"效率"策略）。

在这些类型的所有情况下，隐性学习不足以巩固一个新的构式，显性学习是使输入转化为吸收的额外必要条件。

SLA 中的显性学习

二语研究中一个存在已久的中心主题涉及显性知识和隐性知识的界面。Krashen（1985）的输入假说（Input Hypothesis）是一种非界面的观点，认为虽然成年人可以潜意识地习得语言，也可以有意识地学习语言，但是潜意识的习得在二语言语行为中占主导地位，学习不能转化为习得，而有意识的学习只能用为一个"监测器"（即，一个在所习得的系统启动输出后对其进行纠正的编辑器）。

第三节中的现象支持了隐性/潜意识语言习得的重要性。但第四节中综述的那些现象清楚地表明，这是不够的。那么，显性学习是如何参与 SLA 的呢？

首先，它可能在一开始就涉及到。语言表征的初始注册可能需要注意和有意识的识别。Schmidt 的注意假说已经被引入：

> 注意（noticing）在这里用作一个专业术语，仅指在有意识的意识中记录刺激事件的发生以及随后存储在长期记忆中，不是形式/意义关系的检测或假说的归纳形成或其他可能导致将存储的知识组织到语言系统中的过程。（Schmidt，1994：179）

隐性学习专门用于增量累积变化——调整预先存在的表征的强度，以及对相邻或连续的现有表征进行组块。否则，最好显性地学习新的关联。需要注意将特征绑定以形成新集成的对象。注意在场景中呈现的大量潜在特征组合中，为有意识的经验挖掘出正确的组合子集。注意焦点是 Quine（1960）的"gavagai"问题（即单个单词不能与经验配对，因为它们要面对集群中的经验）的解决方案。想象一个在遇到兔子时会说"gavagai"的二语社区。在其他条件相同的情况下，将这个词翻译成"rabbit"是很自然的，但为什么不把它翻译成"undetached rabbit-part"（因为从经验上，任何使用"rabbit"恰当的地方使用"undetached rabbit-part"也是恰当的）？但被引导的注意（通过分享另一个人的凝视和动作来集中注意，通过创造一些聚焦形式或意识提升的互动来辅助）使适当的特征变得凸显。显性的片段式记忆系统会迅速、自动地将不同的大脑皮层表征整合到一个由任意配对元素组成的新连接的单一表征中（Squire，1992）——随后可通过部分检索线索进行回忆的单一表征。因此，注意和显性记忆（explicit memory）是形成新模式识别单元的关键。

类似的过程涉及新类别的形成，这些类别可以细分以前由母语中的单个吸引子充当的效果（如使用夸大输入来促进习得/r//l/的区别），或者更普遍地说涉及在旧的加工方式不再适用或不再是最优的情况，以及需要以新的方式感知输入的情况。只有当模式识别的新表征形成并随后用于加工中时，它们的频率以及它们的功能映射的概率才能被隐性学习过程更新。这是注意影响隐性学习的主要机制，正如 Boyland（1998）所讨论的，他在 Pevtzow 和 Goldstone（1994）的实验中展示了这些发生在视觉中的相同过程。如图 3.1a 所示，看到这一图形的人通常会更快地找到嵌入的平行四边形（如图 3.1b 所示）和三角形（如图 3.1c 所示），而不是找到叉棍（如图 3.1d 所示）和龟壳（如图 3.1e 所示）。然而，如果他们之前参与过涉及大量复合图形的分类任务（但其中标准特征的形状如图 3.1d 所示），则图形更容易分割为图 3.1d 加图 3.1e，而不是通常的平行四边形加三角形。因此，人们学习根据他们对组成部分的经验来分解复杂对象：分类训练影响刺激的解析方式。一旦个体被训练成以那种方式看待物体，那种方式就会成为他们看待它的方式（或者说是他们第一次看到它的方式），这些就是强度在随后的加工片段中会增加的特征。语言教学中的这种分类训练可能来自先前的教学规则或解释、夸大输入或定向指令以关注特定的形式元素并增加其凸显度。

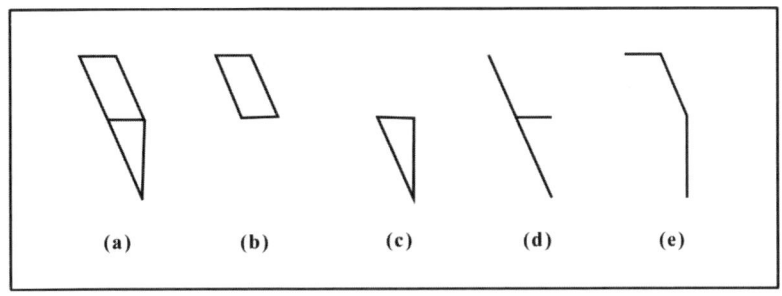

图 3.1　Pevtzow 和 Goldstone（1994）的分割图

数据表明，这些注意焦点形式是有效的，并且这种注意焦点的提供可以加速语言习得。对第二语言教学有效性的实验和准实验调查的综述（例如，Ellis 和 Laporte，1997；Hulstijn 和 DeKeyser，1997；Lightbown，Spada 和 White，1993；Long，1983；Spada，1997）（特别是 Norris 和 Ortega，2000 对过去 20 年实证研究的综合元分析）表明聚焦的二语教学会带来很大的目标导向收益，显性教学比隐性教学更有效，并且二语教学的有效性是持久的。这并不是说仅仅为学习者提供教学规则就会使他们成为流利的语言使用者。远非如此（Krashen，1985；Krashen 和 Terrell，1983），因为这样学习者既没有得到范例也没有得到调整。教学规则只有在通过大量应用示例来证明其运作时才真正有效（Ellis，1993）。

语言习得的实质是形式-功能映射及其规律的缓慢习得。和其他技能一样，这需要数万小时的练习，而这是无法通过提供一些陈述性规则来替代的。交际法提供输入、任务时间以及联系形式与功能的机会。所有这些对于发展语言学习所必需的关联都是必要的。自然环境也为输出实践提供了动力和大量机会。这些都是保证足够数量的语言和适当参与语言交际功能的情况。但是，如果没有聚焦形式或意识的提升（Sharwood-Smith，1994），形式准确性是不太可能的结果：对于理解话语含义来说不凸显或不必要的关系（如果有的话）只会慢慢地被学习（Schmidt，1990；Terrell，1991）。聚焦形式本身可以教授一些陈述性语法规则，但在最坏的情况下，这可能会导致花在语言使用上的时间太少。但聚焦形式教学有丰富的交际机会，也凸显了学习者已经处于能够表达和发挥作用的结构之间的关联，它可以促进语言习得（Doughty 和 Williams，1998；Long，1991）。

语言的交际功能促使学习者完成任务。注意指出问题所在。意识的提高可以加速解决问题的速度。数字化提供母语流利程度和惯用程度的最终计数。

大脑过程、互补记忆系统和界面：走向注意的认知神经科学

　　这些都是二语习得的心理语言学过程。可以从多个角度看待它们，重点关注学习者、语言、输入、社会语言语境、认知表征和过程，或大脑。在认知科学（包括学习和表征的联结主义模型的使用）和神经科学（包括认知神经心理学和脑成像）的当前研究中，对这些心理语言学过程有着重要的见解。

　　人类有两个可分离但互补的记忆系统（Squire 和 Kandel，1999）。**显性记忆**（explicit memory）是指回忆涉及记忆先前片段经验的有意识过程的情况；它被诸如回忆和识别之类的任务所利用，其中个人有意识地意识到所掌握的知识。**隐性记忆**（implicit memory）是指根据先前遇到相同或相关刺激而促进对刺激的加工，但受试者在任何时候都不必有意识地回忆先前的事件；它涉及感知启动或程序技能的任务所利用——人们不必记住他们上次是什么时候因练习而有所改进。隐性和显性记忆显然是可分离的：海马体和相关边缘结构的双边损伤导致严重的顺行性失忆，无法巩固新的显性记忆，以及按时间分级的逆行性失忆。失忆症患者无法学习新的名称或概念或任意配对关联，而且他们无法记住任何几分钟前发生的片段。但失忆症患者表现出正常的隐性记忆能力。他们学习新的感知和运动技能，他们表现出正常的启动效应（priming effects），他们表现出正常的经典条件反射（classical conditioning）。

　　因此，海马体和相关结构服务于显性记忆，一次尝试学习（兔子的奎尼语是 *gavagai*），陈述性学习（例如，像"i 在 e 之前，c 后除外"这样的动词规则），特定事件的自传记录。然后是大脑新皮质的记忆系统，包括相对外围的初级感觉输入和运动输出系统，次级关联区域，以及更中央的、高度互连的额叶区。新皮质系统是隐性学习的基础，也是前面讨论的频率效应的核心。每当一个刺激呈现给感官（比如一个视觉呈现的单词），它就会在相应的感官系统中产生一种活动模式。这反过来又引起新皮质系统更为中心部分的活动，包括那些可能代表视觉外观、意义和单词的声音的部分；而这反过来又可能引起一种显性反应，比如大声朗读这个单词。任何这样的事件，任何经验，都会在认知系统的许多部分产生一种分布式的活动模式，人们所做的信息加工是通过神经元网络传播这种活动而发生的，已根据先前的经验进行了调整。大脑新皮质支持对过去经历的感知和隐性记忆。个人通过对世界的记忆来感知世界。隐性记忆是参与事件加工的神经元

之间的突触发生微小变化的结果。如果项目稍后再次被呈现,这些微小变化往往会促进该项目的加工。但是,大脑新皮质中任何给定的加工片段或事件所做的变化(就像在这种隐性学习的联结主义模拟中一样)是非常微妙的,因此不足以作为在以前从未一起出现过的任意配对项目之间、新概念之间或新片段记录之间形成足够关联链接的基础。

通过将海马体在巩固中的作用、一次性片段学习和渐进隐性学习之间的差异以及对联结主义网络中非自然灾难性干扰的观察结合起来,McClelland(1998,2001;McClelland,McNaughton 和 O'Reilly,1995)发展了一个认知神经科学理论,该理论研究了海马体和新皮质学习系统的互补相互作用。这表明记忆首先是通过海马体中的突触变化记录下来的,这些变化涉及一种稀疏的活动模式,其中单个神经元代表了导致激活模式的事件元素的特定组合或结合。这些变化支持在大脑新皮质丰富且高度分布的激活网络中恢复最近的记忆,每次恢复时大脑新皮质突触都会发生一些变化,而远程记忆是建立在累积变化的基础上的。通过联结改变来学习的模型有助于解释这个组织。如果每个项目的学习是渐进的并且与其他项目的学习交错,那么这些模型会发现项目集合中的结构。这表明大脑新皮质缓慢地学习以发现经验集合中的结构。海马体系统允许在不破坏这种结构的情况下快速学习新项目,而新记忆的恢复将它们与其他记忆交错,从而将它们整合到结构化的新皮质记忆系统中。

进一步研究这些互补记忆系统和前额叶皮层的注意系统在结合特征以形成新整合的对象表征方面的独特贡献以及研究神经元同步如何与感知整合、连贯表征的建立、注意选择和意识相关联(Cleeremans,2003;Humphreys,Duncan 和 Treisman,1999),为理解支持第二语言习得的注意、计算和调整的学习过程的认知神经科学带来了希望。这些问题是认知科学和语言习得的核心。

参考文献

Altman, G. T. M. (1997). *The ascent of Babel.* Oxford, England: Oxford University Press.

Altman, G. T. M. (2001). The language machine: Psycholinguistics in review. *British Journal of Psychology, 92*, 129-170.

Bailey, T. M., & Hahn, U. (2001). Determinants of wordlikeness: Phonotactics or lexical neighborhoods? *Journal of Memory and Language, 44*, 568-591.

Balota, D. A., & Chumbley, J. L. (1984). Are lexical decisions a good measure of lexical access. The role of word frequency in the neglected decision stage. *Journal of Experimental Psychology: Human Perception and Performance, 10*, 340-357.

Bardovi-Harlig, K. (2002). A new starting point? Investigating formulaic use and input in future expression. *Studies in Second Language Acquisition, 24*, 189-198.

Barry, C., & Seymour, P. H. K. (1988). Lexical priming and sound-to-spelling contingency effects in nonword spelling. *Quarterly Journal of Experimental Psychology, 40*, 5-40.

Bates, E., & MacWhinney, B. (1987). Competition, variation, and language learning. In B. MacWhinney (Ed.), *Mechanisms of language acquisition* (pp. 157-193). Hillsdale, NJ: Lawrence Erlbaum Associates.

Berry, D. C., & Diennes, Z. (1993). *Implicit learning: Theoretical and empirical issues.* Hove, England: Lawrence Erlbaum & Associates.

Biber, D., Conrad, S., & Reppen, R. (1998). *Corpus linguistics: Investigating language structure and use.* Cambridge, England: Cambridge University Press.

Biber, D., Johansson, S., Leech, G, Conrad, S., & Finegan, E. (1999). *Longman grammar of spoken and written English.* Harlow Essex, England: Pearson Education Limited.

Boyland, J. T. (1998). How developing perception & production contribute to a theory of language change: Morphologization < expertise+listening < development. *Chicago Linguistic Society, 34,* (1), main session, M. C. Gruber, D. Higgins, K. S. Olson, and T. Wysocki (Eds.) pp. 27-38.

Bradley, L., & Bryant, P. E. (1983). Categorising sounds and learning to read: A causal connection. *Nature, 310*, 419-421.

Bybee, J., & Hopper, P. (Eds.). (2001). *Frequency and the emergence of linguistic structure.* Amsterdam: Benjamins.

Cleeremans, A., Destrebecqz, A., & Boyer, M. (1998). Implicit learning: News from the front. *Trends in Cognitive Sciences, 2*, 406-416.

Cleeremans, A. (Ed.). (2003). *The unity of consciousness: binding, integration, and dissociation.* Oxford, England: Oxford University Press.

Cohen, A., Ivry, R. I., & Keele, S. W. (1990). Attention and structure in sequence learning. *Journal of Experimental Psychology: Learning, Memory, and Cognition, 16*, 17-30.

Coltheart, M. (1978). Lexical access in simple reading tasks. In G. Underwood (Ed.), *Strategies of information processing.* New York: Academic Press.

Coltheart, M., Curtis, B., Atkins, P., & Haller, M. (1993). Models of reading aloud: Dual-route and parallel-distributed-processing approaches. *Psychological Review, 100*, 589-608.

Cooper, D. (1999). *Linguistic attractors: The cognitive dynamics of language acquisition and change.* Amsterdam: Benjamins.

Croft, W. (2001). *Radical construction grammar: Syntactic theory in typological perspective.* Oxford, England: Oxford University Press.

Curran, T., & Keele, S. W. (1993). Attention and non-attentional forms of sequence learning. *Journal of Experimental Psychology: Learning, Memory, and Cognition, 19*, 189-202.

Daugherty, K. G., & Seidenberg, M. S. (1994). Beyond rules and exceptions: A connectionist approach to inflectional morphology. In S. D. Lima, R. L. Corrigan, and G. K. Iverson (Eds.), *The reality of linguistic rules* (pp. 353-388). Amsterdam: Benjamins.

De Cara, B., & Goswami, U. (2002). Statistical analysis of similarity relations among spoken words. *Behavioral Research Methods and Instrumentation, 34,* 416-423.

Doughty, C., & Williams, J. (Eds.). (1998). *Focus on form in classroom second language acquisition.* Cambridge, England: Cambridge University Press.

Ehri, L. C. (1998). Word reading by sight and by analogy in beginning readers. In C. Hulme & R. M. Joshi (Eds.), *Reading and spelling: Development and disorders* (pp. 87-111). Mahwah, NJ: Lawrence Erlbaum Associates.

Ellis, N. C. (1993). Rules and instances in foreign language learning: Interactions of explicit and implicit knowledge. *European Journal of Cognitive Psychology, 5*, 289-318.

Ellis, N. C. (Ed.). (1994). *Implicit and explicit learning of languages.* London:

Academic Press.

Ellis, N. C. (1996). Sequencing in SLA: Phonological memory, chunking, and points of order. *Studies in Second Language Acquisition, 18*, 91-126.

Ellis, N. C. (2001). Memory for language. In P. Robinson (Ed.), *Cognition and second language instruction.* Cambridge, England: Cambridge University Press.

Ellis, N. C. (2002a). Frequency effects in language acquisition: A review with implications for theories of implicit and explicit language acquisition (Target article). *Studies in Second Language Acquisition, 24*, 143-188.

Ellis, N. C. (2002b). Reflections on frequency effects in language acquisition: A response to commentaries. *Studies in Second Language Acquisition, 24*, 297-339.

Ellis, N. C. (2003). Constructions, chunking, and connectionism: The emergence of second language structure. In C. Doughty & M. H. Long (Eds.), *Handbook of Second Language Acquisition* (pp. 33-68). Oxford, England: Blackwell.

Ellis, N. C., & Laporte, N. (1997). Contexts of acquisition: Effects of formal instruction and naturalistic exposure on second language acquisition. In A. M. B. de Groot & J. F. Kroll (Eds.), *Tutorials in bilingualism: Psycholinguistic perspectives* (pp. 53-83). Mahwah, NJ: Lawrence Erlbaum & Associates.

Ellis, N. C., & Large, B. (1987). The development of reading: As you seek so shall you find. *British Journal of Psychology, 78*, 1-28.

Ellis, N. C., Lee, M. W., & Reber, A. R. (1999). *Phonological working memory in artificial language acquisition.* Manuscript submitted for publication.

Ellis, N. C., & Schmidt, R. (1998). Rules or associations in the acquisition of morphology? The frequency by regularity interaction in human and PDP learning of morphosyntax. *Language and Cognitive Processes, 13*, 307-336.

Elman, J. L., Bates, E. A., Johnson, M. H., Karmiloff-Smith, A., Parisi, D, & Plunkett, K. (1996). *Rethinking innateness: A connectionist perspective on development.* Cambridge, MA: Bradford.

Fillmore, C. J., & Kay, P. (1993). *Construction grammar coursebook* (Chaps. 1 through 11, Reading Materials for Ling. X20). University of California, Berkeley.

Forster, K. (1976). Accessing the mental lexicon. In R. J. Wales & E. Walker (Eds.), *New approaches to language mechanisms* (pp. 257-287). Amsterdam: North

Holland.

Forster, K., & Chambers, S. (1973). Lexical access and naming time. *Journal of Verbal Learning and Verbal Behavior, 12*, 627-635.

Frisch, S. F., Large, N. R., Zawaydeh, B., & Pisoni, D. B. (2001). Emergent phonotactic generalizations in English and Arabic. In J. Bybee & P. Hopper (Eds.), *Proceedings of the symposium on frequency effects and emergent grammar* (pp. 159-180). Amsterdam: Benjamins.

Gernsbacher, M. A. (1994). *A handbook of psycholinguistics.* Hillsdale, NJ: Academic Press.

Glushko, R. J. (1979). The organization and activation of orthographic knowledge in reading aloud. *Journal of Experimental Psychology: Human Perception and Performance, 5*, 674-691.

Gobet, F., Lane, P. C. R., Croker, S., Cheng, P. C-H., Jones, G., Oliver, I., & Pine, J. M. (2001). Chunking mechanisms in human learning. *Trends in Cognitive Science, 5*, 236-243.

Goldberg, A. E. (1995). *Constructions: A construction grammar approach to argument structure.* Chicago: University of Chicago Press.

Goldinger, S. D. (1998). Echoes of echoes? An episodic theory of lexical access. *Psychological Review, 105*, 251-279.

Goldschneider, J. M., & DeKeyser, R. M. (2001). Explaining the "natural order of L2 morpheme acquisition" in English: A meta-analysis of multiple determinants. *Language Learning, 51*, 1-50.

Gomez, R. L. (1997). Transfer and complexity in artificial grammar learning. *Cognitive Psychology, 33*, 154-207.

Goswami, U. (1999). Causal connections in beginning reading: The importance of rhyme. *Journal of Research in Reading, 22*, 217-240.

Goswami, U., & Bryant, P. E. (1990). *Phonological skills and learning to read.* Hillsdale, NJ: Lawrence Erlbaum & Associates.

Hakuta, K. (1976). A case study of a Japanese child learning ESL. *Language Learning, 26*, 321-352.

Harley, T. A. (1995). *The psychology of language: From data to theory.* Hove, Sussex:

Erlbaum (UK) Taylor & Francis.

Hasher, L., & Chromiak, W. (1977). The processing of frequency information: An automatic mechanism? *Journal of Verbal Learning and Verbal Behavior, 16*, 173-184.

Hebb, D. O. (1961). Distinctive features of learning in the higher animal. In J. F. Delafresnaye (Ed.), *Brain mechanisms and learning* (pp. 37-46). Oxford, England: Blackwell.

Hulstijn, J., & DeKeyser, R. (Eds.). (1997). [Special issue devoted to Testing SLA theory in the research laboratory]. *Studies in Second Language Acquisition, 19*.

Humphreys, G. H., Duncan, J., & Treisman, A. (Eds.). (1999). *Attention, space, and action: Studies in cognitive neuroscience.* Oxford, England: Oxford University Press.

James, W. (1890). *The principles of psychology* (Vol. 2). New York: Holt.

Jared, D., McRae, K., & Seidenberg, M. S. (1990). The basis of consistency effects in word naming. *Journal of Memory & Language, 29*, 687-715.

Kellerman, E. (1995). Crosslinguistic influence: Transfer to nowhere? *Annual Review of Applied Linguistics, 15*, 125-150.

Kirsner, K. (1994). Implicit processes in second language learning. In N. Ellis (Ed.), *Implicit and explicit learning of languages* (pp. 283-312). London: Academic Press.

Krashen, S. D. (1985) *The input hypothesis: Issues and implications.* London: Longman.

Krashen, S., & Terrell, T. (1983). *The natural approach: Language acquisition in the classroom.* Oxford, England: Pergamon.

Kuhl, P. K. & Iverson, P. (1995). Linguistic experience and the "perceptual magnet effect". In W. Strange (Ed.), *Speech perception and linguistic experience: Issues in cross-language research* (pp. 121-154). Baltimore: York Press.

Langacker, R. W. (1987). *Foundations of cognitive grammar: Vol. 1: Theoretical prerequisites.* Palo Alto, CA: Stanford University Press.

Lieven, E. V. M., Pine, J. M., & Dresner Barnes, H. (1992). Individual differences in early vocabulary development: Redefining the referential-expressive dimension. *Journal of Child Language, 19*, 287-310.

Lightbown, P. M., Spada, N., & White, L. (Eds.). (1993). [Special issue devoted to the role of instruction in second language acquisition.]. *Studies in Second Language Acquisition, 15.*

Lively, S. E., Pisoni, D. B., & Goldinger, S. D. (1994). Spoken word recognition. In M. A. Gernsbacher (Ed.), *Handbook of psycholinguistics* (pp. 265-318). San Diego, CA: Academic Press.

Long, M. H. (1983). Does second language instruction make a difference? A review of research. *TESOL Quarterly, 17*, 359-382.

Long, M. H. (1991). Focus on form: A design feature in language teaching methodology. In K. de Bot, R. Ginsberg, & C. Kramsch (Eds.), *Foreign language research in cross-cultural perspective* (pp. 39-52). Amsterdam: Benjamins.

Luce, P. A. (1986). A computational analysis of uniqueness points in auditory word recognition. *Perception and Psychophysics, 39*, 155-158.

MacDonald, M. C. (1994). Probabilistic constraints and syntactic ambiguity resolution. *Language & Cognitive Processes, 9*, 157-201.

MacDonald, M. C., Pearlmutter, N. J., & Seidenberg, M. S. (1994). The lexical nature of syntactic ambiguity resolution. *Psychological Review, 101*, 676-703.

MacWhinney, B. (Ed.). (1987). *Mechanisms of language acquisition.* Hillsdale, NJ: Lawrence Erlbaum & Associates.

MacWhinney, B. (1992). Transfer and competition in second language learning. In R. J. Harris (Ed.), *Cognitive processing in bilinguals* (pp. 371-390). Amsterdam: North Holland.

MacWhinney, B. (1997). Second language acquisition and the competition model. In A. M. B. de Groot & J. F. Kroll (Eds.), *Tutorials in bilingualism: Psycholinguistic perspectives* (pp. 113-144). Mahwah, NJ.: Lawrence Erlbaum & Associates.

MacWhinney, B., & Leinbach, J. (1991). Implementations are not conceptualizations: Revising the verb learning model. *Cognition, 40*, 121-157.

Marslen-Wilson, W. D. (1990). Activation, competition, and frequency in lexical access. In G. T. M. Altmann (Ed.), *Cognitive models of speech processing* (pp. 148-172). Cambridge, MA: MIT Press.

McCandliss, B. D., Conway, M., Fiez, J. A., Protopapas, A., & McClelland, J. L.

(1998). Eliciting adult plasticity: Both adaptive and non-adaptive training improves Japanese adults' identification of English /r/ and /l/. *Society for Neuroscience Abstracts, 24*, 1898.

McClelland, J. L. (1998). Complementary learning systems in the brain: A connectionist approach to explicit and implicit cognition and memory. In R. M. Bilder and F. F. LeFever (Eds.), *Neuroscience of the mind on the centennial of Freud's project for a Scientific Psychology. Annals of the New York Academy of Sciences, 843*, 153-169.

McClelland, J. L. (2001). Failures to learn and their remediation: A Hebbian account. In J. L. McClelland and R. S. Siegler (Eds), *Mechanisms of cognitive development: Behavioral and neural perspectives. Carnegie Mellon symposia on cognition* (pp. 97-121). Mahwah, NJ: Lawrence Erlbaum Associates.

McClelland, J. L., McNaughton, B. L., & O'Reilly, R. C. (1995). Why there are complementary learning systems in the hippocampus and neocortex: Insights from the successes and failures of connectionist models of learning and memory. *Psychological Review, 102*, 419-437.

McLaughlin, B. (1995). Fostering second language development in young children: Principles and practices. *National Center For Research On Cultural Diversity And Second Language Learning: Educational practice report: 14.* Retrieved from http://www.ncbe.gwu.edu/miscpubs/ncrcdsll/eprl4.htm.

McKoon, G., & Ratcliff, R. (1998). Memory-based language processing: Psycholinguistic research in the 90s. *Annual Review of Psychology, 49*, 25-42.

McLeod, P., Plunkett, K., & Rolls, E. T. (1998). *Introduction to connectionist modeling of cognitive processes.* Oxford, England: Oxford University Press.

Metsala, J. L., & Walley, A. C. (1998). Spoken vocabulary growth and the segmental restructuring of lexical representations: Precursors to phonemic awareness and early reading ability. In J. L. Metsala & L. C. Ehri (Eds.), *Word recognition in beginning literacy* (pp. 89-120). Mahwah, NJ: Lawrence Erlbaum Associates.

Miller, G. A., Bruner, J. S., & Postman, L. (1954). Familiarity of letter sequences and tachistoscopic identification. *Journal of General Psychology, 50*, 129-139.

Norris, J., & Ortega, L. (2000). Effectiveness of L2 instruction: A research synthesis and quantitative meta-analysis. *Language Learning, 50*, 417-528.

Odlin, T. (1989). *Language transfer.* Cambridge, England: Cambridge University Press.

O'Grady, W. (1997). *Syntactic development.* Chicago: University of Chicago Press.

O'Grady, W. (1998). The acquisition of syntactic representations: A general nativist approach. In W. Ritchie & T. Bhatia (Eds.), *Handbook of language acquisition* (pp. 157-193). New York: Academic Press.

O'Grady, W. (1999). Toward a new nativism. *Studies in Second Language Acquisition, 21*, 621-633.

O'Grady, W. (2003). The radical middle: Nativism without Universal Grammar. In C. Doughty & M. H. Long (Eds.), *Handbook of Second Language Acquisition* (pp. 43-62). Oxford, England: Blackwell.

Patterson, K. E., & Morton, J. C. (1985). From orthography to phonology: An attempt at an old interpretation. In K. E. Patterson, J. C. Marshall, & M. Coltheart (Eds.), *Surface dyslexia: Neuropsychological and cognitive studies of phonological reading* (pp. 335-359). Mahwah, NJ: Lawrence Erlbaum & Associates.

Perruchet, P., & Pacteau, C. (1990). Synthetic grammar learning: Implicit rule abstraction or explicit fragmentary knowledge? *Journal of Experimental Psychology: General, 119*, 264-275.

Pevtzow, R., & Goldstone, R. L. (1994). Categorization and the parsing of objects. *Proceedings of the Sixteenth Annual Conference of the Cognitive Science Society* (pp. 717-722). Hillsdale, New Jersey: Lawrence Erlbaum Associates.

Pienemann, M. (1985). Learnability and syllabus construction. In K. Hyltenstam & M. Pienemann (Eds.), *Modeling and assessing second language acquisition* (pp. 23-75). Clevedon, England: Multilingual Matters.

Pienemann, M. (1998). *Language processing and second language development: Processability theory.* Amsterdam: Benjamins.

Pine, J. M., & Lieven, E. V. M. (1993). Reanalyzing rote-learned phrases: individual differences in the transition to multi-word speech. *Journal of Child Language, 20*, 551-571.

Pine, J. M., & Lieven, E. V. M. (1997). Slot and frame patterns in the development of the determiner category. *Applied Psycholinguistics, 18*, 123-138.

Pine, J. M., Lieven, E. V. M., & Rowland, C. F. (1998). Comparing different models of the development of the English verb category. *Linguistics, 36*, 807-830.

Plaut, D. C., McClelland, J. L., Seidenberg, M. S., & Patterson, K. (1996). Understanding normal and impaired word reading: Computational principles in quasi regular domains. *Psychological Review, 94*, 523-568.

Plunkett, K., & Juola, P. (2001). A connectionist model of English past tense and plural morphology. In M. H. Christiansen & N. Chater (Eds.). *Connectionist psycholinguistics* (pp. 106-117). Westport, CT: Ablex.

Posner, M. I., & Syder, C. R. (1975). Attention and cognitive control. In G. H. Bower & J. T. Spence (Eds.), *Psychology of learning and motivation* (Vol. 3). New York: Academic Press.

Quine, W. V. O. (1960). *Word and object.* Cambridge, MA: MIT Press.

Reber, A. S. (1993). *Implicit learning and tacit knowledge: An Essay on the Cognitive Unconscious*. New York: Oxford University Press.

Redington, M. & Chater, N. (1996). Transfer in artificial grammar learning: A reevaluation. *Journal of Experimental Psychology: General, 125*, 123-138.

Rumelhart, D. E., & McClelland, J. L. (Eds.). (1986). *Parallel distributed processing: Explorations in the microstructure of cognition: Vol. 2: Psychological and biological models.* Cambridge, MA.: MIT Press.

Saffran, J. R., Aslin, R. N., & Newport, E. L. (1996). Statistical learning by 8-month-old infants. *Science, 274*, 1926-1928.

Savin, H. B. (1963). Word-frequency effects and errors in the perception of speech. *Journal of the Acoustic Society of America, 35*, 200-206.

Schmidt, R. (1984). The strengths and limitations of acquisition: A case study of an untutored language learner. *Language, Learning and Communication, 3*, 1-16.

Schmidt, R. (1990). The role of consciousness in second language learning. *Applied Linguistics, 11*, 129-158

Schmidt, R. (1994). Implicit learning and the cognitive unconscious: Of artificial grammars and SLA. In N. Ellis (Ed.), *Implicit and explicit learning of languages* (pp. 165-210). London: Academic Press.

Schooler, L. J. (1993). *Memory and the statistical structure of the environment.*

Unpublished doctoral dissertation, Carnegie Mellon University.

Seger, C. A. (1994). Implicit learning. *Psychological Bulletin, 115*, 163-196.

Seidenberg, M. S. (1997). Language acquisition and use: Learning and applying probabilistic constraints. *Science, 275*, 1599-1603.

Seidenberg, M. S., & Bruck, M. (1990, November). *Consistency effects in the generation of past tense morphology.* Paper presented at the 31st Meeting of the Psychonomic Society. New Orleans, LA, USA.

Seidenberg, M. S., & MacDonald, M. C. (1999). A probabilistic constraints approach to language acquisition and processing. In M. H. Christiansen, N. Chater, & M. S. Seidenberg (Eds.), Connectionist models of human language processing: Progress and prospects [Special issue]. *Cognitive Science, 23*, 415-634.

Seidenberg, M. S., Waters, G. S., Barnes, M. A., & Tanenhaus, M. K. (1984). When does irregular spelling or pronunciation influence word recognition? *Journal of Verbal Learning and Verbal Behavior, 23*, 383-404.

Servan-Schreiber, E., & Anderson, J. R. (1990). Learning artificial grammars with competitive chunking. *Journal of Experimental Psychology: Learning, Memory and Cognition, 16*, 592-608.

Sharwood-Smith, M. (1994). The unruly world of language. In N. Ellis (Ed.), *Implicit and explicit learning of languages* (pp. 33-44). London: Academic Press.

Sinclair, J. (1991). *Corpus, concordance, collocation.* Oxford, England: Oxford University Press.

Spada, N. (1997). Form-focused instruction and second language acquisition: A review of classroom and laboratory research. *Language Teaching, 30*.

Squire, L. R. (1992). Memory and the hippocampus: A synthesis from findings with rats, monkeys, and humans. *Psychological Review, 99*, 195-231.

Squire, L. R., & Kandel, E. R. (1999). *Memory: From mind to molecules.* New York: Scientific American Library.

Stadler, M. A., & Frensch, P. A. (Eds.). (1998). *Handbook of implicit learning.* Thousand Oaks, CA: Sage.

Tabossi, P., Spivey-Knowlton, M. J., McRae, K., & Tanenhaus, M. K. (1994). Semantic effects on syntactic ambiguity resolution: Evidence for a constraint-based resolution process. In C. Umilta & M. Moscovitch (Eds.), *Attention and performance 15: Conscious and nonconscious information processing* (pp. 589-615). Cambridge, MA: MIT Press.

Taraban, R., & McClelland, J. L. (1987). Conspiracy effects in word pronunciation. *Journal of Memory & Language, 26*, 608-631.

Terrell, T. (1991). The role of grammar instruction in a communicative approach. *Modern Language Journal, 75*, 52-63.

Tomasello, M. (1992). *First verbs: A case study of early grammatical development.* Cambridge, England: Cambridge University Press.

Tomasello, M. (Ed.). (1998). *The new psychology of language: Cognitive and functional approaches to language structure.* Mahwah, NJ: Lawrence Erlbaum & Associates.

Tomasello, M. (2000). The item-based nature of children's early syntactic development. *Trends in Cognitive Sciences, 4*, 156-163.

Tomasello, M., & Bates, E. (2001). *Language development: The essential readings.* Oxford, England: Blackwell.

Tomasello, M., & Brooks, P. (1999). Early syntactic development: A construction grammar approach. In M. Barrett (Ed.), *The development of language.* London: University College London Press.

Treiman, R., & Danis, C. (1988). Short-term memory errors for spoken syllables are affected by the linguistic structure of the syllables. *Journal of Experimental Psychology: Learning, Memory and Cognition, 14*, 145-152.

Treiman, R., Mullennix, J., Bijeljac-Babic, R., & Richmond-Welty, E. D. (1995). The special role of rimes in the description, use, and acquisition of English orthography. *Journal of Experimental Psychology: General, 124*, 107-136.

Trueswell, J. C. (1996). The role of lexical frequency in syntactic ambiguity resolution. *Journal of Memory & Language, 35*, 566-585.

Trueswell, J. C., Tanenhaus, M. K., & Garnsey, S. M. (1994). Semantic influences on parsing: Use of thematic role information in syntactic ambiguity resolution. *Journal of Memory & Language, 33*, 285-318.

van Geert, P. (1993). A dynamic systems model of cognitive growth: Competition and support under limited resource conditions. In L. B. Smith & E. Thelen (Eds.), *A dynamic systems approach to development: Applications* (pp. 265-331). Cambridge, MA: MIT Press.

van Geert, P. (1994). *Dynamic systems of development: Change between complexity and chaos.* New York: Harvester Wheatsheaf.

VanPatten, B. (1996). *Input processing and grammar instruction in second language acquisition.* Norwood, NJ: Ablex.

Wong-Fillmore, L. (1976). *The second time around.* Unpublished doctoral dissertation, Stanford University.

第四章 语境与二语习得

Susan M. Gass

密歇根州立大学

语言不是孤立地学习的，这是第二语言习得领域的学者们都同意的不争的事实。不清楚的是，当学习者学习形式、意义以及在形式和意义之间建立必要的联系时，语境的作用是什么。本章探讨了习得的语境，重点关注狭义上的语言语境（例如句法、词法）。[①]

近 20 年前 Gass 和 Madden（1985）出版了第一本关于二语习得输入的书。纵观二语习得的历史，输入的作用在行为主义时期之后的几年里一直被规避，直到此书出版才受到重视。在接下来的几年里，输入的作用（即任何关于语境和形式-意义联结讨论的核心）一直存在，但仍然不完全清楚。正如本文集中的章节所示，当今的研究领域比上世纪 80 年代更加关注形式-意义关系的心理语言学方面，相关的理论和方法更加复杂。此外，依赖于输入-输出关系的理论正在兴起并日益突出，这在早期研究中并不太受到关注。

早期缺乏对输入话题的统一接受度，回想 1986 年在波士顿大学儿童语言会议上乔姆斯基的讲话，这一点并不难理解。正如 Snow（1994）提出的，乔姆斯基"把所有的儿童语言研究归为以下三类：错误的、琐碎的和荒谬的。无疑，他把习得的各个方面与输入之间的关系直接归到第三类"。毫无疑问，如果乔姆斯基认识到第二语言习得领域的话，他也会以同样的方式描述第二语言输入研究。

今天的研究氛围在某种意义上与 20 世纪 80 年代有所不同，但在某种意义上又并非如此。那些对第二语言学习持 UG 观点的人往往忽视了周围的环境和学习

[①] 该项目的部分资金由联邦拨款提供，用于在密歇根州立大学建立国家外语资源中心，拨款编号为 P229A60012、P229A990012 和 P229A020001。作者非常感谢 Bill VanPatten 和 Jessica Williams 提出的宝贵意见。他们质疑了我最初的一些观点，并帮助我澄清了对某些问题的看法。余下的错误均由我本人负责。

发生的语境。这也许是因为坚持了一个古老的观点,即儿童只能靠大人扔给他们的语言碎片为生,因为习得的首要指导原则是先天性(innateness)。其他人(例如 Elaine Klein,本文集第八章)则认为,有必要更好地理解环境如何与先验知识(prior knowledge)相互作用,其中先验知识包括 L1 知识、其他 L2 知识和语言的普遍原则。这是一个并置的观点,对于最终理解第二语言知识发展的诸多影响至关重要。

本文所述的语言研究方法,特别是二语习得方法,并不总是把语境的各方面作用都包括在内(关于这一点的详细说明,参见 Gass,1998)。在没有语境的情况下,研究语言和二语习得的各个方面是可能的。这并不是说语境特征在习得中不起作用,它们确实起作用。然而,它们的作用有时可能被夸大,语境研究有时间和地点,无语境的研究也有时间和地点,他们的差异大部分取决于研究的范式,因此也取决于所要解决的研究问题。也许最重要的是,语境的相关性必须通过实证研究来证明(见 Tarone 和 Liu,1995)。仅仅说丰富的语境信息与习得相关是不够的,有必要准确地展示丰富的语境信息是如何与新的二语知识的创建有关。目前正在研究的一种方法是出国留学。典型的观点是,留学环境下学习一门语言优于在外语环境中的课堂学习。然而,最近的研究指出,这一观点过于简单化,学习环境和学习者内部准备之间存在复杂的相互作用。Segalowitz 和 Freed(出版中)指出,尽管在二语(即留学)环境中存在着更多各种各样的机会,但也得考虑学习者的语言和认知准备情况。

本章讨论有一定的局限性,在研究学习者试图使用他们自己内部的加工能力来解读输入的语言方面,我们主要关注学习者从这些输入中提取的信息。

语境作用的历史概述

在儿童语言习得领域,可以发现输入或语境作用的开端。针对非熟练学习者(通常是儿童)的语言研究主要从两个方向进行。一个是由人类学语言学家开展的他们称为"儿语"("baby talk")的研究,这是一种用来与幼儿学习者交谈的特殊语体。这种言语体裁与非熟练者,尤其是非本族语者(NNSs)交谈时使用的语言有关。这种关系虽然通常被认为是 Ferguson(1964)提出的,实际上可以追溯到 Hockett(1958)。尽管 Hockett 仅仅提到这种关系,但他在 20 世纪 50 年代就已经注意到与非母语人士交谈和所谓的"儿语"之间的相似性。Ferguson

(1971)将这些特殊的语域联系起来,他的研究无疑是开创性的。

第二组研究者对语言学习本身感兴趣,他们试图将输入与实际语言产出联系起来,这可以在 Brown 和 Bellugi(1964)的早期研究中看到,他们提出其中一个习得过程与儿童话语的成人扩展有关。

在第二语言研究的短暂历史中,有两个主要的研究方向:一个方向关注语言知识的内部表征,另一个方向关注语言学习的社会环境。Snow(1994)明确指出,即使是那些(至少在儿童语言学习领域)更关心输出的"头脑中"分析的人来说,也会一直关注输入,最起码因为他们希望消除任何儿童话语,这些话语只能被描述为模仿,而不能真正反映语言知识,因此也不能反映一个发展中的语言系统。对于第二语言研究,特别是对成人的研究,UG 研究,即所谓"头脑中"的研究中最常见的例子,往往比儿童语言研究更少关注输入。其中一个原因是,在第二语言环境中可以收集的数据类型与在儿童语言研究中可以收集的数据类型大不相同。在大多数情况下,儿童语言数据来自语境中的自发话语。因此,语境是数据记录中不可或缺的一部分。对于成年人,可以通过强制诱导法(forced elicitation methods)(例如,可接受性判断(acceptability judgments))收集数据,在这一方法中没有可用的输入信息,而没有输入信息是数据记录的一部分。因此,学习的环境和数据诱导的环境可以作为背景信息,而在许多研究报告中甚至无法获取此信息(见 Polio 和 Gass,1997)。换言之,鉴于第二语言研究者可用的方法论工具,有可能将语言从语境中抽象出来。当然,即使 UG 研究范式中也有明显的例外,例如 Trahey 和 White(1993)关于大量输入(input flood)的研究,重点关注正面证据(positive evidence)(提供给学习者的输入)。

跨理论的语境

当讨论语境在二语习得中的作用时,我们首先从理论上考虑语境。讨论部分我们回顾了语境在第二语言学习中起作用和不起作用的一些观点,之后重点讨论了注意作为将语言语境与内部加工联系起来的机制。最后一节简要介绍了解决这些问题的两项实证研究。

在 20 世纪早期,关于如何学习语言(一语和二语)的概念或理论在很大程度上依赖于提供给学习者的输入。这种情况在语言研究的行为主义时期尤其明显,这种研究传统可以被合理地视为不属于语言习得研究的"现代时期"。在行为主义理论正统观念中，语言习得被认为完全依赖于儿童所接受的输入，因为在这个理论框架内，儿童被认为是通过模仿和纠错来学习的。这一观点认为，语言学习在很大程度上依赖于刺激-反应的概念和由此产生的习惯形成的概念，而语境就是刺激。

从 20 世纪中期的一些关于二语习得的研究中可以看到同样的语言学习机械观。Fries（1957）认识到将教学材料建立在语言学习原则基础上的重要性，呼应了语言学习的主流观点——习惯的形成是基于输入产生的关联。在这些了解一语习得和二语习得的早期方法中，输入是最重要的，因为输入形成了模仿的基础，因此，也形成了所谓语言习惯的基础。随着行为主义的有效消亡，输入的作用也随之最小化。心理活动成为学习的焦点而不是学习的背景。

输入这一可以称之为现代的话题在第二语言研究中取得了多方面的进展：Corder（1967）关于输入和吸收的讨论；20 世纪 70 年代的外国人话语研究（如 Ferguson，1971）；Long（1980）关于输入和交互作用的讨论。这一话题受到重视始于 20 世纪 70 年代中期 Wagner-Gough 和 Hatch（1975）的研究。

然而，并不是所有的 SLA 理论在过去或者甚至现在都以同样的热情对待语境。一个极端是前面讨论过的 UG 方法，其中的问题是可学习性：如果不进行显性教学，甚至不直接接触，如何学习某些类型的知识？事实上，"刺激匮乏"（Poverty of the Stimulus）这一术语暗含某种贫乏的输入。其中的观点是，至少儿童天生就有语言能力。这并不是说输入不提供重要信息，它可能在触发某些类型的新知识上起作用，但语言显然不是在真空中学习的，从这一意义上看，语境或输入的作用是微不足道的。换言之，在学习过程中总是会涉及一些语境，但语境的作用并不突出。因此，在这个理论框架内，输入提供了特定语言的信息，这些信息与天生的结构相互作用，个体（儿童或成人）把这些天生的结构带到语言学习情境中。研究者的目标是将语言隔离为一个系统，以了解该系统的哪些方面是天生的。

其他方法，例如 Ellis（2002）提出的频率效应，依赖于语境提供输入，学习者可以从中提取抽象概念，不需要假定任何先天机制。Ellis 认为，学习者通过频繁地接触输入，可以抽象出语言单位和模式。但是，学习者的主要机制是他们自己提取这些模式和创建抽象概念的能力。换言之，语境为学习者提供了构建语法的至关重要的数据，而对语言语境的研究对于验证这些观点至关重要。其他非语言语境问题（如对话者的社会语言地位）不在此理论框架内（参见 *Studies in*

Second Language Acquisition（2002 年第 24 卷第 2 期）中的回应）。

还有一些方法（如变异论方法（variationist approaches））依赖于语境特征来理解学习者如何利用语境信息构建知识。Preston（1989）、Tarone（1988）、Young（1991）和 Zuengler（1989）等研究者认为，有必要理解所有的语境信息，以理解学习者语法中的变异。事实上，Tarone 和 Liu（1995）提供的数据表明，对话者的作用在理解学习者输出中不同形式的出现以及理解习得的速度和途径方面至关重要。

输入/交互框架可能位于这些观点的中间，例如，对话者身份可能在互动和输入的数量和质量方面发挥作用。输入/互动框架的目的是通过针对性的协商，学习者的注意资源可能会转向他们对第二语言的"了解"与相对于目标语的实际情况之间的特定差异，或者转向学习者知之甚少或一无所知的第二语言的某个领域。学习可能发生在互动过程中，或者协商可能是学习的第一步；这种学习可以作为一种启动装置（Gass，1997），从而代表学习阶段的设置，而不是实际学习的讨论场所。如前所述，学习可以作为互动的一部分进行，或者如例 1 所示。Mackey（1999）的例 1 说明一个新词的识别是该词协商的结果。这个例子展示了学习者是如何利用对话作为资源来学习"**老花眼镜**"这个新短语的。

例 1：来自 Mackey（1999）

本族语者：There's there's a pair of reading glasses above the plant.（在盆栽的上面有一副老花眼镜。）

非本族语者：A what?（一副什么？）

本族语者：Glasses reading glasses to see the newspaper?（眼镜，看报纸的老花眼镜？）

非本族语者：Glassi?

本族语者：You wear them to see with, if you can't see. Reading glasses.（如果你看不见，你就戴着它看。老花眼镜。）

→ 非本族语者：Ahh ahh glasses to read you say reading glasses.（啊，啊，用来阅读的眼镜，你说的是老花眼镜。）

本族语者：Yeah.（是的。）

在例 2 中，似乎不需要进行扩展协商。在这里，非本族语者立即意识到她缺少一个单词，并且很可能在寻求对话帮助：

例2：个人观察（房主与排水沟清洁工交谈）

非本族语者：Puede venire en tres o cuattro semanas cuando están más uh uh árboles（你能在三四周后再来吗？那时有更多的，呃，呃，树）

本族语：hojas（叶子）

非本族语者：sí, ah sí más hojas（是的，啊是的，更多的叶子）

在输入/互动框架中，理解互动的语境是非常重要的，尽管语境的一些细节通常包含不可避免的背景信息。

Firth 和 Wagner（1997，1998）的观点和 UG 的方法本质上不相容。他们反对二语习得的心理取向，支持语言的社会和语境取向，认为二语习得研究过于关注学习者的心理活动（参见 Gass，1998 的回应；Kasper，1997；Long，1997；Poulisse，1997）。

总之，前面的讨论旨在说明 SLA 中存在着各种各样的观点，他们以不同的方式看待语境和输入的作用，并对学习发生和语言产生的语境给予不同程度的重视。

在语境和学习者内部过程之间调节：注意

不管对语境信息的作用持哪一种观点，都需要有一种机制将语境和学习者的内部心理活动联系起来。许多近期的研究已经开始提出注意就是这样一种机制。Long（1996）关于互动假说（Interaction Hypothesis）的陈述就提出了这一建议。Long 认为，在处理互动假说时，

意义协商（negotiation for meaning），特别是触发本族语者或更有能力的对话者进行相互调整的协商工作，有助于习得，因为它以有效的方式将输入、学习者内部能力特别是**选择性注意**（selective attention）和输出联系起来。（第 451—452 页，添加了强调）

他接着说：

有人认为，环境因素对习得的影响是通过选择性注意和学习者发展的 L2 加工能力来调节的，这些资源在**意义协商**过程中被最有效地（尽管不是唯一地）整合在一起。在协商过程中或其他地方获得的负面反馈可能有助于

L2 的发展，至少在词汇、词法和特定语言的句法方面如此，并且对于学习特定的母语和二语之间的差异是至关重要的。（第 414 页）

这为研究学习者关注什么以及何时关注奠定了基础。Schmidt（2001）在他的关于注意的综述中，提出

> 基本观点是……注意的概念对于理解二语习得的几乎每一个方面都是必要的，包括中介语随时间的发展，中介语在特定时间点的变化，二语流利度的发展，个体差异的作用（如二语学习中的动机、学能、学习策略），以及互动、意义协商和各种有助于语言学习的教学形式等。（第 3 页）

Robinson（2003）在他对注意和记忆的综述中，概述了和注意相关的三个加工阶段：听觉/视觉吸收、决策（例如，将注意分配给竞争性需求）和"通过持续注意进行监控"。他指出，这三个阶段与信息选择、资源能力和维持注意所需的努力相对应。关于语境，重要的问题是 Robinson 的第一阶段——信息选择。人们注意什么？什么时候注意？注意通过周围语言来调节内部加工，对于理解个人如何从语境中提取意义和形式以及最终如何将两者联系起来至关重要。这种联系是一个过程，而不是一种静态现象。一般而言，这一过程的开始与语言学习所涉及的过程的开始并没有什么不同。例如，首先需要认识到有些东西是需要学习的。这对应于 Robinson 术语中的信息选择。

在过去的几年里，有许多关于注意的实证研究。在此将不深入综述，而是提出一些要点。

Tomlin 和 Villa（1994）虽然不是关于注意的实证研究，但他们从认知心理学的角度研究了注意在 SLA 中的作用，提出了注意的三个组成部分：警觉（alertness）、定向（orientation）和检测（detection）。警觉指的是整体上"准备好处理刚接收的刺激或数据"（第 190 页），与信息被选择以进一步加工的速率有关。定向将注意资源指向特定的信息位，同时排除其他信息，从而促进检测。检测被定义为"感官刺激的认知登记"（第 192 页）。它是"选择或参与一个特定、具体的信息位的过程"（第 192 页）。

Leow（1998）对 Tomlin 和 Villa（1994）三种注意功能（即警觉、定向和检测）的差异效应研究发现了检测在习得中起关键作用的证据。除了检测在习得中的重要作用外，他的研究结果还表明，定向可以促进或抑制进一步的加工，这取决于信息是否按预期出现。这进一步支持了 Tomlin 和 Villa（1994）的研究，尽

管警觉和（或）定向可能有助于检测，但除非检测发生，否则它们对 L2 的吸收并不重要（第 147 页）。

Simard 和 Wong（2001）反对 Tomlin 和 Villa 的理论处理和 Leow 支持该理论的实证研究。他们的主要观点是三种注意功能（即警觉、定向和检测）和意识不能推广到二语习得环境。更合理的方法是将这些功能视为"在等级层次上共存和相互作用"（第 119 页）。有许多因素可以决定它们被激活的程度（例如任务的性质、相关的语言结构、个体差异和情态；Wong，2001）。

但是，如果注意是一种将外部环境与学习联系起来的机制，那么就应该提出另外的问题。本章的余下部分提出了两个相关（如果不是核心问题的话）问题：注意什么？什么时候注意？

注意什么？

Robinson（2003）将注意定义为"对语言输入进行编码，使其在工作记忆和短时记忆中保持活跃，并从长期记忆中提取的过程"。这里对注意的处理不涉及定义的后半部分，也就是与记忆结构有关的部分。这里关注的是二语习得理论中被称为过渡理论（Transition Theory）的那一部分（见 Gregg，2001）——也就是说，从 A 点到 B 点的移动是如何发生的？许多研究都关注注意，似乎有一种隐含的假设，即语言就是语言，而注意，无论它的作用是什么，都会从总体上影响语言，而非拆分语言的各个组成部分。VanPatten（1994）和 Schwartz（1993）以不同的方式揭示了这一点。VanPatten（1994：31）提出："语言的不同方面可能被不同程度地加工和存储。"他接着引用了 Schwartz（1993）的观点，认为句法、词汇和词法的学习方式是不同的。类似地，Schmidt（1995：14）提出"[语言的]不同方面可能需要或多或少的[注意]"，最近他又重申了这一点，认为 SLA 领域"需要在 SLA 内部本身进行研究，关注语言的不同领域"（Schmidt，2001：24）。

显然，依赖于语言不同部分的输入-吸收关系问题具有重要的理论意义。Schwartz（1993）关于负面数据[①]（negative data）可以作为注意驱动功能的研究，与底层知识系统（即能力）的发展无关。在 Schwartz 的理论框架内，句法

---

① 负面数据是明确告知学习者在所学语言中不可能实现的数据。

系统在成长而不是被学习。对于讨论注意的差异效应的重要目的，Schwartz 认为负面数据对于句法学习缺乏有用性，这不一定延伸到语言的其他领域（如词汇、词法），"因为这些领域不存在聚类"（第 159 页）。正如上述学者所指出的，假设存在差异学习，并且假设注意是学习的一个主要因素，那么注意对于学习语言的不同部分的影响是不同的，这是有道理的。

这种想法是 Gass、Svetics 和 Lemelin（2003）研究的起点。该研究考察了以英语为母语的人对意大利语的习得情况，考察不同抽象程度、复杂程度和母语-目的语差异对意大利语习得的影响。研究了句法结构[问题形成]（复杂且抽象）、形态句法结构[直接和间接宾语放置]（复杂，但不抽象）和五个词汇项（既不复杂也不抽象）。受试为 34 名英语为母语的学习者，分别在中西部一所大型大学的一、二、三年级学习意大利语外语课程。

有两个条件：[+集中注意]和[-集中注意]。每个受试在三个领域都获得了输入，不同的是哪个领域（句法、形态句法、词汇）在[+集中注意]条件下发生，哪个领域在[-集中注意]条件下发生。整个过程在计算机上进行。每个实验过程包括三个部分：输入、规则/近义词和练习。在[+集中注意]条件下，输入条件（一个故事）中的结构、形式或词汇有下划线，并给出一个解释规则/结构的规则或给出根据语境猜测词汇的信息。在[-集中注意]条件下，没有下划线，要求受试在一个句子中找出某个干扰词（不是目标词汇）的近义词，这个句子在[+集中注意]条件下提供规则/近义部分出现过。

每个受试都接受了前测和后测。句法和形态句法使用的是可接受性判断任务，纠正被判定为不可接受的句子。词汇部分为将意大利语翻译成英语的翻译任务。

简要总结一下研究结果，除了句法，学习是在有注意或没有注意的情况下发生[1]。在句法方面，只有集中注意才能学习。比较三个语言领域，[+集中]组在句法/词法上学习最多，在词汇方面学习最少。对于[-集中]组，顺序相反（词汇

---

[1] 当然，当我们认识到注意的操作定义涉及对实验环境的操控时，注意的问题就变得复杂起来。不能排除学习者由于自己的个人需求和兴趣而关注某事的可能性，尽管事实上他们的注意力没有作为实验的一部分被吸引到那里。这不同于 Schmidt（2001）认为的"范围有限且与 SLA 相关性有限"的"无人看管的学习"（unattended learning）（第 1 页）。操控的目的是尽可能地限制这种可能性（见 Leow, 2001 和 Williams, 2001）。

→ 词法 → 句法）。因此，学习者可以在更复杂的领域更好地利用集中注意。在其他领域，特别是词汇，复杂性和抽象性较低，学习者可以更大程度地利用内部资源。

对熟练程度高的学习者而言，集中注意的作用一般会有所减弱。当学习者获得更多的语言知识时，他们可以利用自己的内部资源来"理解"L2 的各个方面。高水平学习者受益于只关注句法。这一发现与复杂性/抽象性的概念一致，说明熟练程度和集中注意之间的相互作用。更高水平学习者可能已经准备好从对复杂结构的集中注意中受益。注意对句法的影响越来越大，说明学习者"准备好"学习相关特定结构的程度越来越高。换言之，他们在语言复杂部分的日益老练使得注意成为一种相关的学习机制。

将这些结果放在形式-意义联结的背景下，可以说词汇是唯一明显需要进行形式-意义联结的研究领域（即学习是否进步通过翻译测试来测量，翻译测试本质上涉及形式和意义）。对于句法和形态句法，所要求的只是关于形式的信息（可接受性判断）。因此，在需要形式和意义联系的区域，注意似乎最不重要。如果了解学习者可以注意什么和不可以注意什么，这就不足为奇了：注意形式是有可能的；但如果没有一个额外的推理过程，就不可能关注意义，这个过程是必须包含语境的。

何时注意？

第二个研究呈现给学习者语境信息的时间不同（Alvarez-Torres 和 Gass，2002）。该研究考察了呈现给学习者的信息顺序和类型的不同影响。信息呈现包含四种类型：仅输入呈现、仅互动呈现、先输入后互动和先互动后输入。该研究涉及一所大型中西部大学的 102 名第三学期西班牙语学习者。我们研究了词汇和两种语法结构：性别一致性和 estar +位置。也许正如 VanPatten（1987）指出的那样，这些领域在西班牙语中出现的频率较高且难以习得，因为它们的交际价值较低，且在学习者的母语中比较少见。在一项准研究中发现，这些领域对我们当前水平的学习者来说也是相当困难的。

表 4.1　"何时注意"研究结果总结

（续表）	互动+输入	输入+互动	仅互动	仅输入
词汇	第二	第一	第三	第四
性别	第一	第二	第四	第三
Estar	第一	第四	第三	第二

如前所述，与之前在输入/互动理论框架内的研究一致，互动被视为一种吸引注意的手段，而输入提供了可以为学习者假设提供确认信息的语境（见Gass，1997）。

据预测，当互动先于输入时，学习效果最好，因为正是在互动过程中，学习者的注意力被吸引到某个事物上，而输入可以为学习者提供后续信息。据进一步预测，这些条件中效果最差的是仅输入呈现，因为这一方法几乎没有将学习者的注意力吸引到语言的特定领域。还有一个预测与条件组合相关。既有输入又有互动的效果比只有其中一种而非两种兼而有之的效果要好。结果总结见表4.1。

对于性别一致性和 *estar*+位置，第一个预测是准确的，互动+输入的进步最大。在词汇方面，交互+输入组排第二，但不是最高分（最高分为输入+互动组）。第二个预测（仅输入组显示的学习量最少）仅在词汇方面得到证实。第三个预测（组合最好）在所有领域都得到了证实，但在 *estar* 中，其中一个组合组（输入+互动）的进步最小。在本章所报告的两项研究中，形态句法上的表现似乎与语言的其他部分不同。特别是在互动方面（作为一种引起注意的手段），似乎形态句法的学习需要的不仅仅是单纯的注意。这可能是因为形态句法的学习需要注意的东西更多，其反馈更难以被感知。事实上，Mackey、Gass 和 McDonough（2000）的研究表明，与语言其他部分的反馈相比，对形态句法错误的反馈不太可能被视为形态句法纠正。

结　论

VanPatten（本文集第二章）认为："输入被定义为潜在心理表征的发展，对于习得是必要的。"当然，输入是必要的，但是互动在习得中起着重要作用，因为它促进了注意链接，这对于理解学习者如何从环境中提取信息，并在二语语法发展中使用信息至关重要。然而，就其本身而言，它们可能不如组合起来重要。

这与 VanPatten 关于输入和输出作用的结论非常相似。在他看来，习得依赖于输入。如前所述，没有输入就没有习得。输出同样重要，但不是必要条件。然而，正如在这里描述的第二项研究所示，两者组合比单独使用一种的学习效果要好。

现在看来，影响二语习得的因素很多。这些因素可以单独研究，以确定其重要性，但它们也应该作为相互作用和聚合的因素来研究，以真正了解这些因素在二语学习中的作用。

正如许多人之前提及的，选择性注意是第二语言知识发展的一个重要机制。重要的是，选择性注意将环境与内部学习机制联系起来。但是，由于没有人对引起注意的因素进行足够仔细的研究，这一事实可能掩盖了关于注意对学习是否必要的部分争议。仅以本章所讨论的例子为例，就有必要了解什么是注意，也就是说，语言的哪些部分可以被注意并且可以从集中注意中受益，以及关注什么时候注意。例如，注意是否与大量输入有关，即 Trahey 和 White（1993）研究的关于正面和负面证据的所谓输入泛滥？输入在所有的熟练程度上的作用都是一样的吗？需要什么类型的输入？是否需要通过互动来输入？是否需要通过具体解释来输入？但是，这也只是沧海一粟。

总之，本章超越了和语境是否相关的问题，并开始审视环境作用的本质。最初试图了解与语言环境联系所需的内部机制。随着该领域的向前发展，这些也只是需要解决的部分问题。

参考文献

Alvarez-Torres, M. & Gass, S. (2002). Input and interaction: Attention when? Paper presented at the AILA, Singapore.

Brown, R., & Bellugi, U. (1964). Three processes in the child's acquisition of syntax. *Harvard Educational Review, 34*, 133-151.

Corder, S. P. (1967). The significance of learners' errors. *International Review of Applied Linguistics, 5*, 161-170.

Ellis, N. C. (2002). Frequency effects in language processing: A review with implications for theories of implicit and explicit language acquisition. *Studies in Second Language Acquisition, 24*, 143-188.

Ferguson, C. (1964). Baby talk in six languages. *American Anthropologist, 66*, 103-

114.

Ferguson, C. (1971). Absence of copula and the notion of simplicity: A study of normal speech, baby talk, foreigner talk and pidgins. In D. Hymes (Ed.), *Pidginization and Creolization of Languages.* Cambridge: Cambridge University Press.

Firth, A., & Wagner, J. (1997). On discourse, communication and (some) fundamental concepts in SLA research. *Modern Language Journal, 81*, 285-300.

Firth, A., & Wagner, J. (1998). SLA property: No trespassing! *Modern Language Journal, 82*, 91-94.

Fries, C. (1957). Foreword. In R. Lado (Ed.), *Linguistics across cultures.* Ann Arbor: University of Michigan Press.

Gass, S. (1988). Integrating research areas: A framework for second language studies. *Applied Linguistics, 9*, 198-217.

Gass, S. (1997). *Input, interaction and the second language learner.* Mahwah, NJ: Lawrence Erlbaum Associates.

Gass, S. (1998). Apples and oranges: Or, why apples are not orange and don't need to be. *Modern Language Journal, 81*, 83-90.

Gass, S., & Madden, C. (1985). *Input in second language acquisition.* Rowley, MA: Newbury House.

Gass, S., Svetics, I., & Lemelin, S. (2003). Differential effects of attention. *Language Learning, 53*, 3.

Gregg, K. (2001). Learnability and second language acquisition theory. In P. Robinson (ed.), *Cognition and second language instruction* (pp. 152-180). Cambridge, England: Cambridge University Press.

Hockett, C. (1958). *A course in modern linguistics.* New York: Macmillan.

Kasper, G. (1997). "A" stands for acquisition. *Modern Language Journal, 81*, 307-312.

Leow, R. (1998). Toward operationalizing the process of attention in SLA: Evidence for Tomlin and Villa's (1994) fine-grained analysis of attention. *Applied Psycholinguistics, 19*, 133-159.

Leow, R. (2001). Attention, awareness and foreign language behavior. *Language Learning, 51* (suppl. 1), 113-155.

Long, M. (1980). *Input, interaction and second language acquisition.* Unpublished doctoral dissertation, University of California, Los Angeles.

Long, M. (1996). The role of the linguistic environment in second language acquisition. In W. C. Ritchie & T. K. Bhatia (Eds.), *Handbook of second language acquisition* (pp. 413-468). San Diego, CA: Academic Press.

Long, M. (1997). Construct validity in SLA research. *Modern Language Journal, 81*, 318-323.

Mackey, A. (1999). Input, interaction and second language development: An empirical study of question formation in ESL. *Studies in Second Language Acquisition, 27*, 557-587.

Mackey, A., Gass, S., & McDonough, K. (2000). Do learners recognize implicit negative feedback as feedback? *Studies in Second Language Acquisition, 22*, 471-497.

Polio, C., & Gass S. (1997). Replication and Reporting: A commentary. *Studies in Second Language Acquisition, 19*, 499-508.

Poulisse, N. (1997). Some words in defense of the psycholinguistic approach. *Modern Language Journal, 81*, 324-328.

Preston, D. (1989). *Sociolinguistics and second language acquisition.* Oxford, England: Blackwell.

Robinson, P. (2003). Attention and memory during SLA. In C. Doughty & M. Long (Eds.), *Handbook of research in second language acquisition.* Oxford, England: Blackwell.

Schmidt, R. (1995). Consciousness and foreign language learning: A tutorial on the role of attention and awareness in learning. In R. Schmidt (Ed.), *Attention and awareness in foreign language learning* (pp. 1-63). Honolulu, HI: University of Hawaii Press.

Schmidt, R. (2001). Attention. In P. Robinson (Ed.), *Cognition and second language instruction.* Cambridge, England: Cambridge University Press.

Schwartz, B. (1993). On explicit and negative data effecting and affecting competence and linguistic behavior. *Studies in Second Language Acquisition, 15*, 147-163.

Segalowitz, N. & Freed, B. (in press). Context, contact and cognition in second language learning. *Studies in Second Language Acquisition.*

Sharwood Smith, M. (1993). Input enhancement in instructed SLA: Theoretical bases. *Studies in Second Language Acquisition, 15*, 165-179.

Simard, D., & Wong, W. (2001). Alertness, orientation and detection: The conceptualization of attentional functions in SLA. *Studies in Second Language Acquisition, 23*, 103-124.

Snow, C. (1994). Beginning from baby talk: Twenty years of research on input and interaction. In C. Gallaway & B. Richards (Eds.). *Input and interaction in language acquisition* (pp. 3-12). Cambridge, England: Cambridge University Press.

Tarone, E. (1988). *Variation in interlanguage.* London: Edward Arnold.

Tarone, E., & Liu, G. (1995). Situational context, variation, and second language acquisition theory. In G. Cook & B. Seidlhofer (Eds.), *Principle and practice in applied linguistics: Studies in honour of H. G. Widdawson* (pp. 107-124). Oxford, England: Oxford University Press.

Tomlin, R., & Villa, V. (1994). Attention in cognitive science and second language acquisition. *Studies in Second Language Acquisition, 16*, 183-203.

Trahey, M., & White, L. (1993). Positive evidence and preemption in the second language classroom. *Studies in Second Language Acquisition, 15*, 181-204.

VanPatten, B. (1987). Classroom learner's acquisition of ser and estar: Accounting for developmental stages. In B. VanPatten, T. Dvorak, & J. F. Lee (Eds.), *Foreign language learning: A research perspective* (pp. 61-75). Cambridge, MA: Newbury House.

VanPatten, B. (1994). Evaluating the role of consciousness in second language acquisition: Terms, linguistic features & research methodology. *AILA Review, 11*, 27-36.

Wagner-Gough, K., & Hatch, E. (1975). The importance of input in second language acquisition studies. *Language Learning, 25*, 297-308.

Williams, J. (2001). Learner-generated attention to form. *Language Learning, 51* (suppl. 1), 303-346.

Wong, W. (2001). Modality and attention to meaning and forming the input. *Studies in Second Language Acquisition, 23*, 345-368.

Young, R. (1991). *Variation in interlanguage morphology.* New York: Peter Lang.

Zuengler, J. (1989). Performance variation in NS-NNS interactions: Ethnolinguistic difference, or discourse domain? In S. Gass, C. Madden, D. Preston, & L. Selinker (Eds.), *Variation in second language acquisition: Discourse and pragmatics* (pp. 228-244). Clevedon, England: Multilingual Matters.

第五章 时体形态习得中形式-意义联结的多因素解释

Yasuhiro Shirai

康奈尔大学

本章解释了在时体形态习得过程中观察到的一种普遍趋势，这种趋势被总结为情状体假说（the Aspect Hypothesis，AH）（Andersen 和 Shirai，1994；Bardovi-Harlig，2000），认为学习者在习得 L2 时体形态的早期阶段创建了有限的形式-意义关系。具体来说，学习者将过去时形式和完成体形式与瞬时动词（punctual verbs）和终结动词（telic verbs）紧密地联系在一起，将非完成体形式与非终结动词（atelic verbs）联系在一起，将进行体形式与活动动词联系在一起。有学者认为，学习者的形式-意义映射是基于多种因素的，如输入频率、学习环境、L1 影响和学习者特征。为什么如此多的研究都集中在预测的习得模式？原因是各种因素相互作用，共同将学习者的形式-意义映射推向同一个方向。例如，原型过去时（即终结动词的过去时）在输入中很常见，学习者的 L1 往往具有类似的原型。

除了上述影响学习者语义表征（即形式-意义映射）的因素外，诱导过程（即任务）也会影响在不同研究中分布的具体模式。研究表明，涉及纵向研究或者横向研究数据的产出数据，无论是自由产出还是诱导产出，通常与 AH 相悖，学习者在后期而不是最早期阶段表现出更强的原型关联，然而纸笔考试通常显示出与假说一致的模式。学习者数据中机械学习形式（rote-learned forms）的程度在很大程度上决定了与假说一致性的程度。

SLA 中关于 AH 的时体习得研究为了解 SLA 中形式-意义联结机制提供了一个重要的实证数据库。时体形态是一种本质的语法形式，这种形态与围绕语义特征（如动态性（dynamicity））、终结性（telicity）和瞬时性（punctuality））组织的体类别（aspectual classes）有关。这可以说是在 SLA[①]形式-意义联结方面研究最广泛的语言学领域。因此，从学习者如何以及为什么创建这种形式-意义联结的角度重新评估 AH 很重要。

本章结构如下：首先，本文简要总结了一语和二语习得中对 AH 的预测。其次，回顾了 L2 英语的研究，评估每项研究是否支持这一假设，并对习得模式进行了概括。

最后，本章讨论了为什么一些研究比其他研究更好地支持该假设。

L2 英语中的情状体假设

讨论首先简要回顾 AH，它预测了与内在情状体（inherent aspect）类别相关的时体标记发展的特定顺序（更全面的综述见 Andersen 和 Shirai，1996；Bardovi-Harlig，2000，第四章；Slabakova，2001，第四章）。Vendler（1957）把动词分为状态动词（state）、活动动词（activity）、完结动词（accomplishment）和达成动词（achievement）（如图 5.1 所示）。

"状态"（例如，love（爱））描述了一种被视为持续存在的情况，除非某些外部情况使其发生变化。"活动"（例如，run（跑））描述了具有任意终点（即可以随时终止）的动态和持续的情况。相反，"完结"（例如，make a chair（制作一张椅子））描述了一种动态且持续的情况，但有一个自然终点，在此之后特定的动作无法继续（即，它是终结性的）。最后，"达成"（例如，arrive（到达））描述了一种即刻和瞬时的情况，可以将其视为时间轴上的一个点。

状态动词为[-动态]、[-终结]、[-瞬时]；活动动词为[+动态]、[-终结]、[-瞬时]；完结动词是[+动态]、[+终结]、[-瞬时]；达成动词为[+动态]、[+终结]、[+瞬时]（Andersen，1989，1991）。这种基于情境的时间图式的内在情状体类别很好地预测了体标记（aspectual markers）（例如英语中的"be V-ing"）所承载的体意义（Smith，1997）。

基于对时体标记的 L1 和 L2 习得研究的全面回顾，AH 的预测如下（Shirai，1991：9—10，稍做修改，另见 Andersen 和 Shirai，1996）：

[①] SLA 的其他领域已经积累了广泛的实证证据，例如 NPAH、否定和问句的形成，但它们不一定解决与形式相关的"意义"。

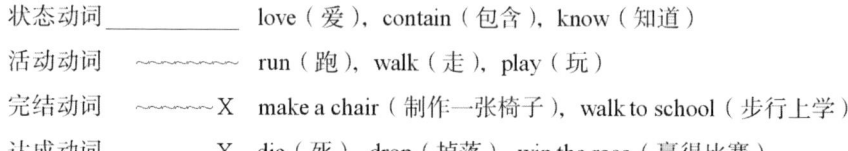

图 5.1 四类内在情状体类别的示意图（Andersen，1990）

1.过去时标记①首先出现在完结/达成动词上，并最终扩展到活动动词和状态动词。

2.在具有完成体/非完成体之分的语言中，非完成体过去时标记出现晚于完成体，非完成体过去时标记从状态动词开始，扩展到活动动词，然后是完结动词，最后是达成动词。

3.在具有进行体的语言中，体标记从活动动词开始，然后扩展到完结动词和达成动词。

4.进行体标记不会错误地过度扩展到状态动词。

本章主要关注与英语习得最相关的预测 1 和预测 3（关于预测 4，参见 Li 和 Shirai，2000，第四章，第 75—79 页）。图 5.1 总结了 L1 和 L2 习得的理想化发展模式（Shirai，1995）。

在图 5.2 中，编号为 1 的单元格表示最早的原型发展，形态标记的习得从该原型扩展到外围（从 2 到 4）。为了检验预测的发展顺序是否得到一致观察，本章回顾了英语作为二语习得的个案研究、横向研究和纵向研究。这些研究特别报告了与情状体相关的进行体标记和过去时标记的定量数据。尽管假说的预测适用于任何自然语言，但本章主要关注英语，因为为了了解假设得到支持与没有得到支持的条件，有必要控制目标语言。

在形式-意义联结方面，如果情状体假设得到支持，则可以认为 L2 学习者最初进行的语义表征与母语者规范相比受到限制，随后学习者扩展了他们的语义范围。

---

① 在诸如汉语之类的无时态语言中，完成体/完整体标记（perfective/completive marker）首先出现在终结/瞬时动词中（参见 Erbaugh，1978）。

第五章 时体形态习得中形式-意义联结的多因素解释

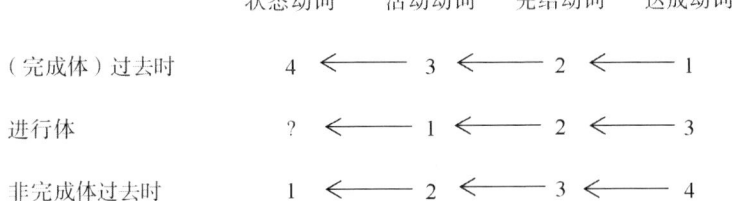

图 5.2 预测从原型到非原型的形态发展顺序

表 5.1 情状体假设下的 L2 英语习得研究

	人数	学习者特征，L1	任务
单一水平研究			
Wenzell（1989）	2	未接受过指导、SL、成年人、俄罗斯语	口试
Robison（1990）	1	接受过指导、SL、成人、西班牙语	口试
Huang（1993，1999）	5	接受过指导、SL、成人、中文	口试
Salaberry（2000）	14	接受过指导、FL、成人、西班牙语	电影复述（口语/书面语）
横向研究			
Robison（1995）	30	接受过指导、FL、成人、西班牙语	口试
Bardovi-Harlig 和 Bergström（1996）	23	接受过指导、SL、成人、混合母语	电影复述（书面语）
Bardovi-Harlig（1998）	37	接受过指导、母语、成人、混合母语	电影复述（口语/书面语）
Bardovi-Harlig（1992）	30	接受过指导、母语、成人、混合母语	完形填空测试
Bardovi-Harlig 和 Reynolds（1995）	182	接受过指导、母语、成人、混合母语	完形填空测试
Collins（2002）	70 108	接受过指导、FL、成人、法语	完形填空测试
纵向研究			
Rohde（2002）	4	未接受过指导、SL、儿童、德语	自然互动
Lee（2001）	2	未接受过指导、SL、青少年、韩国语	自然互动 青蛙的故事
Rocca（2002）	3	接受过指导、SL、儿童、意大利语	自然互动 电影复述（口语） 图画故事书
Gavruseva（2002）	1	未接受过指导、SL、儿童、俄语	自然互动
Housen（1995）	6	接受过指导、FL、儿童、法语/荷兰语	会话

本章首先回顾了不涉及不同熟练程度学习者的小规模研究，然后是横向研究，最后是纵向研究。表 5.1 总结了本章所回顾的研究。

单一水平研究

Wenzell（1989）研究了三名俄罗斯英语学习者中的两名在会话中的静态-动态区分与过去时标记的关系。一名学习者的 36 个过去时形式（形符计数）（token count）仅限于动态动词（Wenzell 称之为主动动词）；没有出现带有过去时形式的静态动词（stative verbs）。另一位学习者使用了 96 个过去时形式，其中 67 个是动态动词（dynamic verbs），只有 4 个是静态动词。（对于其余情况，未报告静态-动态值。）这一发现支持 AH，即与动态动词相比，静态动词不太可能与过去时形态一起使用。

Robison（1990）对一名来自萨尔瓦多未接受过指导的学习者（L1 为西班牙语）的个案研究考察了形态与两种语义对立之间的相关性：静态与动态，瞬时与持续。他发现，瞬时动词比持续动词（durative verbs）更可能被赋予过去时标记（形符计数分别为 21 和 7）。他还发现，动态动词比静态动词使用更多的过去时标记。事实上，没有静态动词使用了过去时标记，而 28 个动态动词使用了过去时标记。这些结果与 AH 的预测高度一致。

Huang（1993，1999）对居住在美国的五名中国英语学习者的中介语进行了调查。在会话式访谈中，所有学习者对达成动词的过去时标记频率最高（形符计数 61%—89%，平均 80%）。4/5 的学习者对活动动词使用 -ing 进行体标记的频率最高（58%—100%）。然而，有一位学习者使用 -ing 进行体标记更为平均，1 个静态动词，2 个活动动词，2 个达成动词，没有显示出与特定类型动词的任何关联。与其他学习者相比，该学习者使用的进行体标记少于其他学习者（5 个形符，而其他学习者使用 1—20 个形符）。除了这个学习者（他对进行体的使用太有限，无法得出任何结论），Huang 的研究与 AH 的预测是一致的。

Salaberry（2000）分析了从 14 名乌拉圭 EFL 学习者（L1 西班牙语）中诱导的口语和书面语电影记叙文。从两名学习者的数据中发现结果"似乎违背了情状体假设的预测"。一名学习者在 14 个终结性动词中有 12 个没有标记过去时，5 个静态动词均标记为过去时，但这些静态动词均为系动词。众所周知，系动词经常带有过去时标记（Kumpf，1984），不应与实义动词相提并论（见 Shirai 和 Kurono，1998：269—271，以供进一步讨论）。不足的是，Salaberry 的定量数据

（表 4 和 5）只报告了哪些动词类型（终结动词、活动动词、静态动词）在记叙文中使用了多少次，而没有报告哪些动词类型使用了过去时屈折变化。因此，无法评估该研究是否如 Salaberry 所言与 AH 相悖。

横向研究

产出数据（口语／书面语）。Robison（1995）的横向研究是一项口头采访研究，包括来自四组不同熟练程度的学习者，因此更清楚地展示了形态标记从原型向非原型的扩展。基于会话数据的分析，根据写作样本中动词形态在必要语境（obligatory contexts）下的正确使用，Robinson 将学习者分为四个熟练程度组。将进行体标记用于活动动词在 I 级（最低）到 IV 级（最高）学习者中的使用百分比分别为：57% → 70% → 79% → 80%。将过去时标记用于达成动词[①]的百分比分别为：43% → 60% → 54% → 55%[②]。这些结果表明：（a）在任何给定时间，与非原型相比，原型进行体／过去时的标记率最高，这与 AH 一致；（b）较低水平的 L2 学习者不一定比较高水平的学习者更局限于原型，这与 AH 相反。

基于电影复述任务的书面语记叙文，Bardovi-Harlig 和 Bergström（1996）的横向研究结果与 Robison（1995）的结果类似。将进行体标记用于活动动词在 I 级（最低）到 IV 级（最高）学习者中的使用百分比分别为：63% → 84% → 100% → 52%。达成动词使用过去时的百分比分别为：62% → 59% → 67% → 61%[③]。因此，使用频率最高的动词类别是进行体标记的活动动词和过去时标记的达成动词，这一结果与 AH 一致。然而，对于较低水平的学习者，这种关联

[①] Robison（1995）引入了新的类别：瞬时状态动词（punctual states）（例如，notice（注意到），realize（意识到））和瞬时活动动词（punctual activities）（例如，jump（跳），knock（敲））。因为这些词在其他研究中被归为达成动词，所以这里的达成动词的数字是瞬时状态动词、瞬时活动动词和瞬时事件动词（punctual events）的总和。

[②] 这些百分比是根据 Robison（1995：354）的表 1 计算的，该表报告了标记形符。在对所提供的频率数据进行再分析时，全都使用了跨类分析（across-category analysis）（Bardovi-Harlig，2002；Shirai，1991），为了便于比较，重新分析了本分析中最初未提出的研究。这个问题将在本章中进一步讨论。

[③] 这些百分比是根据 Bardovi-Harlig 和 Bergström（1996：316）的表 4 计算出来的，表4报告了标记形符。

性不一定更强，在第 III 级时最强，这与 AH 相悖。同样值得注意的是，对于每一个级别，过去时标记和情状体关联的次序为达成动词 → 完结动词 → 活动动词，这与预测一致[1]，对于进行体，每一个级别的次序为活动动词 → 完结动词 → 达成动词 → 状态动词[2]。

Bardovi-Harlig（1998）的横向研究也显示了相同的趋势。在此使用 Bardovi-Harlig（2002）中的再分析数据，以便于与此处回顾的其他研究进行比较。对电影复述书面语记叙文的分析表明，在任何水平上，最高过去时标记率的动词类别为活动动词，最高进行体标记率的动词类别为活动动词。然而，用于书面语记叙文过去时标记的动词中，达成动词所占的百分比从最低水平组到最高水平组的排序为 62% → 52% → 60% → 54% → 66% → 54% → 53%，进行体标记的动词中活动动词所占百分比从最低水平组到最高水平组的排序为 64% → 100% → 80% → 86% → 96% → 67% → 75%。因此，在这两类动词中都没有观察到从较低水平到较高水平的扩展。（口语记叙文的研究结果显示出同样的趋势。）

纸笔测试（Paper-and-Pencil Test）。Bardovi-Harlig（1992）报告了一项针对印第安纳大学英语专业学生（135 人）的横向研究，该研究使用短文完形填空任务，要求学习者根据语境将动词原形转换为适当的形式。她提供了必要语境为一般过去时的动词的详细结果，这使得再分析成为可能。AH 预测，学习者最难将一般过去时标记应用于状态动词，最容易将其应用于达成动词。表 5.2 为基于该研究中表 3 至 8 计算的三个情状体类别的准确率。（该测试不包括完结动词。）

表 5.2　Bardovi-Harlig（1992）各动词类型在一般过去时必要语境中的准确率

	状态动词（live 活的）	活动动词（work 工作、stay 停留）	达成动词（tell 说、die 死）
1 级	31.6%	35.1%	63.2%
2 级	50.0%	48.3%	82.5%
3 级	25.0%	54.2%	78.2%

---

[1] 在他们的研究中，除了 I 级，状态动词的数量超过活动动词；学习者产出的带有过去时屈折变化的状态动词多于活动动词。这可能是因为他们的分析包括了系动词。系动词的过去时屈折变化在发展早期就非常频繁，它的加入似乎抬高了过去时标记中状态动词的频率。否则，趋势与预测一致。大多数其他的研究没有包括系动词，因为英语中的系动词有补充的过去式，与规则和不规则的过去式有很大的不同。

[2] 这有一个例外：第 4 级，进行体与状态动词的关联程度（3.3%）高于达成动词（2.1%），但差异很小。

（续表）			
	状态动词（live 活的）	活动动词（work 工作、stay 停留）	达成动词（tell 说、die 死）
4级	48.3%	60.9%	88.0%
5级	75.8%	78.8%	87.9%
6级	66.7%	70.4%	86.1%

从表中可以清楚地看出，预测得到了证实。在所有级别上，相比活动动词（第 2 级除外，状态动词的过去时标记率略高于活动动词 1.7%），学习者更难将屈折变化应用于状态动词，而最容易将过去时屈折变化应用于达成动词。

Bardovi-Harlig 和 Reynolds（1995）在一项类似的横向研究（n=182）中也发现，他们称之为"事件动词"（"events"）的达成动词和完结动词在过去时必要语境中的过去时标记比例始终高于活动动词和状态动词。这一研究结果支持 AH。然而，在这项研究中，4 级和 5 级的学习者明显表现出状态动词的过去时标记比例高于活动动词。这一结果似乎与 AH 的预测相反，但 Collins（2002）的复制研究表明，情况并不必然如此。

Collins（2002）的研究 1 复制了 Bardovi-Harlig 和 Reynolds（1995）的研究，研究对象为魁北克学习英语的讲法语的大学生（n=70）。尽管 Collins 没有报告实际百分比，但从她的结果中可以明显看出，在所有级别上，终结动词（达成动词和完结动词）比非终结动词（状态动词和活动动词）更容易发生过去时屈折变化，并且存在统计学上的显著性差异。这一结果支持 AH。然而，状态动词在所有 6 个级别上始终比活动动词的一般过去时标记率高，这似乎与预测相悖，正如 Bardovi-Harlig 和 Reynolds（1995）中的第 4 和第 5 级学习者的情况一样。然而，Collins 指出，词项分析表明，活动动词中过去时标记的低比例主要是由于三个词项（雪、舞蹈和歌唱）位于背景从句导致，用进行体是可以接受的。因此，许多学习者选择进行体屈折变化而不是过去时屈折变化。换言之，即使这些词项旨在过去时必要语境，但事实并非如此。这一点在她的研究 2 中得到了证实，对照组的 30 名本族语者中，除了过去时形式之外，超过 90% 的人接受这三个词项使用进行体形式。事实上，她的研究 2（n=108）中修订的完形填空测试排除了这三个词项，并发现状态动词的过去时标记率低于活动动词。Collins 的复制研究表明，Bardovi-Harlig 和 Reynolds 的研究结果实际上和 AH 是一致的[1]。

纵向研究

Rohde（1996）分析了两名在美国学习英语的德国儿童的数据，发现他们的过去时使用与达成动词密切相关。这种关联在 6 岁儿童的规则过去时标记（-ed）中尤为明显：前四个月的记录里，只有达成动词使用了-ed 标记；在第五个月，非达成动词（本例中为状态动词）出现了过去时标记。对于 9 岁的儿童来说，这一趋势并不明显，但第一个月只有达成动词标记了-ed，在接下来的 3 个月里，最频繁标记-ed 的仍然是达成动词；第五个月，其他动词出现-ed 标记。总的来说，规则过去式的发展与 AH 一致。然而，不规则过去式显示出了一些预测的偏差。在第一个月，两名儿童的过去时标记中都出现了达成动词和非达成动词（即状态动词）。然而，总的来说，达成动词是最常见的动词类型。

Rohde 还发现，最早的进行体标记与达成动词和活动动词密切相关，对于 9 岁的儿童来说，前 2 个月，达成动词与进行体屈折变化的相关性最高。研究表明，儿童用达成动词的进行体来表达将来时（例如，"I'm stealing. 我正在偷窃。" "Why is John not coming? 为什么 John 还没有来？"）。这与 AH 相悖——AH 预测进行体形态最初与活动动词相关联，以表示进行中的动作。

Rohde（2002）在他 1996 年的研究基础上，讨论了四名在自然环境中习得英语的德国儿童对动词形态的各种非目标语的使用。Rohde 认为，他的数据分析不一定支持 AH 的预测。对于 AH 来说尤其有问题的是，在过去时必要语境中，四名儿童的状态动词过去时标记率都很高（80%—100%）。虽然他的数据中状态动词包括系动词/助动词，但 Housen（2002）也观察到了相同的趋势——他排除了 be，但仍然得出了类似的结论。因此，Rohde 和 Housen 都为 AH 的重要反例。

另一项纵向研究为 Lee（2001），考察了两名在夏威夷学习英语的韩国人习得情状体的进行体和过去时形态。表 5.3 根据该研究的表 6 至 9 计算得出，显示了两名学习者（一名 10 岁男孩和一名 14 岁女孩）的发展模式。尽管 Lee

---

[1] 事实上，剔除 Bardovi-Harlig 和 Reynolds（1995）发现的"noise"（发出声音）后（如三个活动动词和教学对使用过去进行体可能产生的影响），Collins 的研究 2 为 AH 提供了强有力的支持。

（2002）报告了类型计数（type count），表 5.3 基于形符计数得出，以便于与其他研究进行比较。

该表表明：（a）终结动词与过去时标记、活动动词与进行体标记之间存在预测关联；（b）从原型到非原型的扩展是不透明的。对于 14 岁的学生来说，这种扩展可能被认为是过去时标记的规律，但对于 10 岁的学生来说并非如此，进行体标记在 14 和 10 岁的学生中均没有显示出相应的规律。

Rocca（2002）分析了三名在英国学习英语的意大利儿童的纵向数据，作为双向研究的一部分，她还分析了三名 L1 为英语的意大利语学习者。在为期 6 个月的纵向研究中，她分析了三名儿童（7 岁和 8 岁）的产出数据（关于过去事件的自发对话、电影复述，以及在缺失动词的图画故事中插入动词），发现明显支持 AH。表 5.4 展示了原型组合的百分比（即过去时的终结动词和进行体的活动动词）。

对于过去时形式和进行体形式，典型关联在早期阶段更强，随着时间的推移逐渐减弱。这显然与 AH 一致。Rocca 还在 L2 为意大利语的数据中找到了对该假设的支持。她认为，"这项双向研究支持了 AH，因为动词形态的扩展似乎受到谓词情状体的影响。这种偏向在 L2 为英语的儿童中比在 L2 为意大利的儿童中更为明显"（第 275 页）。

表 5.3 情状体的形态标记率（Lee，2001）

	T1	T2	T3	T4	T5	T6	T7	T8	T9	T10	T11	T12
终结动词的过去时标记												
14 岁	100	83	78	75	83	77	53	48	69	54	58	50
10 岁	NA*	0	60	50	63	67	63	50	58	63	49	39
活动动词的进行体标记												
14 岁	100	50	80	80	57	50	57	100	100	78	77	77
10 岁	0	NA	75	71	83	89	71	100	83	88	65	77

注：T1=第 1 次，T2=第 2 次，以此类推。
*没有出现过去时标记。

表 5.4　情状体的形态标记率（Rocca，2002）

	T1	T2	T3	T4	T5	T6	T7	T8	T9	T10	T11	T12	T13	T14	T15
终结动词的过去时标记															
	100	100	100	96	96	88	98	82	88	78	79	78	75	76	77
活动动词的进行体标记															
	92	67	95	94	80	85	68	83	96	84	64	73	61	47	61

Gavruseva（2002）的研究结果也明显与 AH 一致。在对一名在美国学习英语的 8 岁俄罗斯女童进行的纵向研究中，Gavruseva 复制了 Shirai 和 Andersen（1995）的 L1 研究，发现过去时标记和进行体标记分别主要与达成动词和活动动词相关，并且这种关联在发展的早期阶段比后期更强。

Housen（1995）报告了来自比利时（小学 3—5 年级）两个不同 L1 群体（法语和荷兰语）的英语为二语学习者习得动词形态的纵向研究。他每隔 5 个月收集一次 5 种情境下的自然语言数据（包括一些结构化活动动词），得出第 1 次到第 5 次的数据。虽然他的法语 L1 组不如荷兰 L1 组，但根据 TLU（目标语言使用）的测量结果，他们在使用时体形态方面都取得了一些进展（Stauble，1984）。研究结果如表 5.5 所示。

过去时和进行体形态的习得模式表现出较大的个体差异。在这里，过去时形态包括过去时形式（如 fell（摔倒））和过去分词形式（如 fallen（摔倒））。后者通常由 L1 法语组产生，因为法语中的过去完成体（即 passé composé）与英语中的现在完成体在形式上相似（详见 Housen，1995）。[①]

表 5.5　情状体的形态标记率（Housen，1995）

L1 为法语的儿童					L1 为荷兰语的儿童				
T1	T2	T3	T4	T5	T1	T2	T3	T4	T5
SAH					FLU				
终结动词的过去时标记					终结动词的过去时标记				
100	78	81	53	57	83	69	61	70	67

---

① Housen 还增加了"半状态动词"（"semi-state"）（如 sit）和"瞬时活动动词"（如 jump（跳）），这两类动词在其他研究中分别归为活动动词和达成动词，因此在此次再分析中也将其包括在内。

（续表）

L1 为法语的儿童					L1 为荷兰语的儿童				
T1	T2	T3	T4	T5	T1	T2	T3	T4	T5
活动动词的进行体标记					活动动词的进行体标记				
100	86	59	50	80	76	43	63	59	64
LEN					EVA				
终结动词的过去时标记					终结动词的过去时标记				
0	100	100	100	65	67	55	59	48	64
活动动词的进行体标记					活动动词的进行体标记				
48	47	22	9	38	63	66	63	55	55
MAG					EMA				
终结动词的过去时标记					终结动词的过去时标记				
60	63	82	100	85	83	71	63	68	67
活动动词的进行体标记					活动动词的进行体标记				
73	82	36	50	67	61	51	32	36	53

唯一明确遵循预测发展模式的学习者是 SAH，这是所有六名儿童中水平最低的学习者。虽然存在预测的关联，但对于其他五名儿童来说，预测的从原型到非原型的发展并不明显。

Housen（2002）对来自 9 岁荷兰语者 EMA 的纵向数据做了更详细的分析。他认为，虽然进行体标记的发展支持 AH 的预测，但 AH 对过去时的预测并没有得到明确的支持。首先，早期阶段赋予状态动词过去时标记远超预期；其次，考虑到一些达成动词（如 said（说）和 get（得到））的高频使用会推高达成动词的形符数，类型分析法（type analysis）（与实例分析法（token analysis）相对）不支持过去时和达成动词的早期关联。Housen 指出，早期标记的状态动词大多是不规则动词，AH 对过去时的假设可能仅适用于规则的过去式，而不规则过去式涉及不同的加工机制，与规则过去式相比，不规则过去式更倾向于机械学习。Rohde（1996）也观察到了这一可能的情况，需要进一步研究来检验这一假设，但应该指出的是，L1 习得不存在这种趋势——规则和不规则过去式都仅限于达成动词（Shirai，1991）。

综上所述，根据以往对英语作为第二语言中时体形态和情状体习得的研究，可以得出以下结论：

1. 学习者倾向于最频繁地使用原型结合（过去时与瞬时／终止动词，进行体与活动动词）。

2. 在使用口语或书面语数据的横向和纵向研究中,并不总是观察到从原型到非原型的扩展。事实上,在许多情况下,中等水平学习者的原型关联比初级水平学习者更强。

3. 在使用过去时形式必要语境下纸笔测试的结果通常与 AH 的预测一致,包括发展预测(即,较低水平的学习者更容易受内在情状体的约束)。

显然,这些总结与 L1 习得的模式并不完全一致,正如 Shirai 和 Andersen (1995)的研究所示,L1 习得显示了从原型(即过去时标记用于达成动词,进行标记用于活动动词)到非原型的发展顺序。下一节将讨论这种差异。

讨 论

本节试图解释时体形态的 L1 习得和 L2 习得结果之间的差异。从母语习得中得到的一致发现是,儿童学习英语最初从原型开始,然后逐渐将屈折变化应用扩展到非原型(Bloom,Clifter,Hafitz,1980;Olsen,Weinberg,Lilly,Drury,1998;Shirai,1991;Shirai 和 Andersen,1995)。然而,这在第二语言习得中并非总是如此。尽管本文回顾的大多数 L2 英语研究与 AH 观点一致,即在任何特定的发展水平上,原型结合比非原型结合更频繁,分析产出数据的横向研究和纵向研究不支持从原型到非原型的假设扩展(Bardovi-Harlig 和 Bergström,1996;Lee,2001;Robison,1995;Rohde,1996,尤其是进行体)。这些研究表明,随着学习者熟练程度的提高,关联性往往会增强,这与在 L1 英语的自然产出数据中观察到的初始受限于原型,之后扩展到其他的现象形成了鲜明对比。相反,横向研究测试了学习者在离散点任务(discrete point tasks)中为必要语境提供过去时的能力,得到的结果与 AH 一致。这些研究几乎总能为每个熟练程度组找到预测的正确使用顺序:达成/完成动词 → 活动动词 → 状态动词,准确率随着熟练程度的提高而增加[①];也就是说,较低水平的学习者更容易受内在情状体的约束(Bardovi-Harlig,1992;Bardovi-Harlig 和 Reynolds,1995;Collins 2002)。

---

① 一个例外是 Bardovi-Harlig(1992),6 级水平学习者的准确率低于 5 级。这是因为学习者开始使用更高级的结构,例如过去进行体、现在完成体和过去完成体。这些新的形式一开始就与正确的简单过去时形式竞争(如原研究中的表格所示)。

第五章　时体形态习得中形式-意义联结的多因素解释

笔者认为，L1 和 L2 习得之间的差异来自早期习得中使用记忆的形式的 L2 学习者有更强的机械记忆能力。在 L1 和 L2 习得中，学习者同时使用机械学习和分析学习（analytic learning）（Bates，Bretherton，Snyder，1988；Bloom 等，1980；Karmiloff-Smith，1986；Krashen 和 Scarella，1978；MacWhinney，1978；Peters，1983）。一些研究者认为，记忆能力较强的 L2 学习者在习得中往往更依赖数据驱动的机械学习策略（Hakuta，1974；Huang 和 Hatch，1978；Klein，Dietrich 和 Noyau，1995）。例如，Huang 和 Hatch（1978）报告 5 岁的中国学习者在美国学习英语时，当系动词在他的产出性语言仍然未得到正确使用（例如，"This…kite.（这……风筝）"）时，会产出诸如 "It's time to eat and drink（是时候吃喝了）"这样的长句，这些长句被他们作为记忆短语存储。在 L2 学习者的对话和写作任务中，学习者有时需要产生超出其能力范围的形式，他们有时会使用容易获得的形式（可能是通过机械记忆）。由于高频形式在学习者的心理词汇中很容易被激活，所以学习者倾向于更频繁地产出这种形式。因此，在较低水平的 L2 学习者身上观察到过去时与达成动词之间或进行体与活动动词之间的关联较弱，是由于他们使用了这些高频形式，这些高频形式是在没有真正理解或掌控与其相关的形态-语义映射的情况下获得和产生的。换句话说，早期这些形式是在实际形式-意义关系固化之前随意产生的。

Robison（1995）报告了一个支持这种解释的例子。他说，达成动词和进行体标记之间存在出乎意料的高相关性，是由于 going 的形式在输入中是一个高频的形式。他认为，"因此，在瞬时事件中增加的 -ing 应用似乎是人为诱导的。随着熟练程度的提高，这种虚假的增高逆转为下降"（Robison，1995：357）。因此，L2 学习者即使不确定屈折变化的语义，也很容易产生屈折变化的形式，因为他们有更大的记忆容量。

然而，这种情况无法解释为什么在涉及产出数据的横向研究中，随着学习者熟练程度的提高，原型关联变得更强。我认为，关联增强是基于 L2 输入中形式-意义映射发展的结果，它偏向于假设预测的方向（分布不均假说（Distributional Bias Hypothesis），Andersen，1993；Andersen 和 Shirai，1994）。除了最初随意产出形式之外，学习者开始注意到过去时和终结动词意义的联系，以及进行体和活动动词意义之间的联系。随着熟练程度的提高，过去时和进行体形式的随意产出会减少，因此，相对而言，这些形式的原型使用比例会增加。①

与产出数据相比，对动词形式操控的分离式纸笔测试得出的结果与情状体假设一致。在纸笔测试中，不太可能随意产生高频率的机械记忆形式，因为交际压力要弱得多，学习者有更多的时间和注意力用于形式上而非意义上。因此，这些结果可以更直接地反映学习者对时体形态的语义表征。

多因素解释

本文回顾的关于英语作为 L2 习得的研究与假设一致，即进行体标记与活动动词相关，过去时形式与达成动词相关，支持 AH 预测的普遍性。然而，一些研究没有显示出从原型使用到非原型使用的逐步扩展，因此对 AH 的发展观点提出质疑；也就是说，可能需要重新考虑"学习者优先"或"早期阶段"这两个短语。

如何解释共同趋势和偏离趋势？由于 SLA 是一个涉及语言、认知和社会因素相互作用的复杂过程，因此最准确的方法很可能是为时体习得的普遍趋势（和偏差）作一个多因素解释的假设。虽然它们并不相互排斥，但有两种因素可能会影响习得模式：学习者内部因素和学习者外部因素（Shirai，2000，2002；Rohde，2002）。学习者内部因素包括（a）学习者的普遍倾向和（b）个体差异。前者以 Bickerton（1980）提出的语言生物特性假说（Language Bioprogram Hypothesis）或 Slobin（1985）提出的基础儿童语法（Basic Child Grammar）为代表。Bloom 和 Harner（1989）报告了 L1 中过去时习得的个体差异，其中一些儿童没有遵循 AH 预测的路径②。在 L2 习得领域中，另一个学习者内部因素，即（c）学习者的母语，似乎起着重要作用。毋庸置疑，（a）促成了普遍趋势，而（b）和（c）促成了多样性。如果普遍因素很强（即，如果学习者具有语言前

---

① 注意，在这里回顾的一些研究中，原型结合在熟练程度最高水平时再次下降（例如，Bardovi-Harlig，1998 的进行体标记）。这可能是因为随着学习者熟练程度的提高，他们变得更像母语学习者，并且在使用屈折变化方面变得更灵活（参见 Salaberry，1999，在 L2 为西班牙语的学习者中得到类似的结果）。

② Bloom 和 Harner（1989：211）注意到一个儿童的案例，由于她在动词屈折变化方面比较保守，她最早使用的过去时标记并不局限于终结动词。也就是说，在她语言的其他方面相对发达之前，她不会使用动词屈折变化，而一旦她开始使用过去时形式，就已经与非终结动词一起使用了。

映射偏差），那么就有很强的趋同于预测的习得模式。然而，如果（b）和（c）很强，学习者之间会有很大的差异，尽管在（c）的情况下，这种差异只会在不同 L1 的学习者之间出现。

学习者的外部因素包括（a）L1 和 L2 习得中的输入和互动，以及（b）L2 习得中的教学因素，尽管（a）和（b）在二语习得中不能完全区分，因为教学或多或少决定了学习者的输入和交互类型。关于输入，Shirai（1994）发现，在英语的 L1 习得中，父母输入的差异明显影响儿童如何将进行体标记应用于状态动词。关于教学效果，遗憾的是，没有研究真正检验教学对时体习得的影响，特别是关于前面提到的预测 1—4。

这些学习者外部因素似乎对解释预测的习得模式有帮助。英语中的输入分布似乎与 AH 的预测一致，显示了终结动词和过去时标记之间以及活动动词和进行体标记之间的高度相关性（Andersen，1993；Andersen 和 Shirai，1996；Rohde，2002；Shirai 和 Andersen，1995）。就教学而言，大多数教师的直觉是首先教授把进行体标记用于进行中的动作，这导致了进行体标记更多集中在活动动词，这一因素影响活动动词的早期习得（Shirai，1997a）。因此，就英语习得而言，普遍因素、输入因素和教学因素都可能共同作用于 AH 预测的习得模式。未来的研究应该解决以下问题：哪些因素比其他因素更重要，哪些因素可能是不必要的。

关于 L1 的作用，有趣的是，Rocca 研究中 L1 为意大利语学习者的发展模式与 AH 高度一致，尤其是在过去时标记的发展方面。尽管屈折形态的习得没有深受 L1 迁移的影响，但 L1 的影响仍然很大（见 Andersen，1983；Sasaki，1987；Shirai，1992；Terauchi，1994）[①]，因此，L2 学习者以 L1 时态标记为参照，在学习 L2 相似标记时使用和 L1 类似的形式-意义关联，这就不足为奇了。需要注意的是，在这里回顾的四个作比较的儿童 L2 纵向研究中，意大利语和法语有明确的过去完成体标记，而韩语、德语和荷兰语都有更成熟的指示过去时标记，并沿着完成体路径进一步语法化（Bybee，Perkins 和 Pagliuca，1994）。这可能促进了

---

① 这些研究论证了 L1 对日本英语学习者的形态习得和准确性顺序的影响，这与 Krashen（1978）的自然顺序假说背道而驰。特别是 Terauchi（1994）回顾了所有可获取的日语 L1 学习者的词素研究，发现日本学习者之间有良好的相关性，但与 Krashen（1978）的自然顺序无关。这种趋势的一个例外是 Makino（1981）的研究，它经常被引用为对 Krashen 的自然顺序的支持。

L1 为意大利语的儿童明显遵循 AH 的结果，因为意大利语有很强的完成意义，吸引终结性谓词动词。在 L1 为法语的儿童中，SAH 明显遵循预测，而其他两名学习者则没有。然而 LEN 的案例中，前 3 个录音只有一个或两个过去时标记动词的实例，当过去标记的产出颇丰时，即第 4 次，所有这些动词都是终结性的，因此结果与 AH 一致。只有 MAG 明显偏离了模式。

关于进行体，L1 的作用尚不清楚。Rohde（1996）发现，早期进行体与达成动词有关。他的数据可能表明，为了在互动语境[①]中表达意图时将方便标记情态，学习 L2 英语的大龄儿童将进行体标记用于达成动词。由于其他地方没有报告这种达成动词的进行体的有效使用，因此有理由怀疑这可能与学习者的 L1（德语）中缺乏进行体标记有关。然而，另一项来自俄罗斯学习者的研究（L1 缺乏进行体标记）并没有报告此类数据，并且明显与 AH 一致（Gavruseva，2002）。本章回顾的其他三项类似的习得研究（儿童 L2）均涉及具有进行体标记的 L1（法语、荷兰语、意大利语、韩语），但不支持 AH 的发展预测。因此，一语缺乏进行体标记可能不是决定进行体标记是否符合 AH 的因素。无论如何，还需要进一步的研究来探索 L1 的影响。

尽管这些因素可以有效地决定学习者在时体习得中创建形式-意义映射的方式，但其他因素如诱导过程（即任务）也可能导致这种变异，这一直是解释 L2 数据的一个难点。在 L1 习得中，对英语的研究显示出明显地从原型向非原型的扩展，这可能是因为自然互动没有超出儿童的能力范围，他们的语义表征可能会更直接地反映出来。相反，如前所述，L2 学习者往往不得不使用机械学习的形式来完成超出其能力的学习，这可能会影响是否遵循 AH 预测的程度。

就学习者创建形式-意义联结的过程而言，如果前面基于英语习得数据的讨论是正确的，那么可以假设 L1 和 L2 学习者从一开始就创建了原型形式-意义关联（即过去时形式与[+终结性]和[+瞬时性]关联，进行体形式与[-终结性]和[+动态性]关联），但这并不一定存在于 L2 的产出数据中，因为 L2 学习者倾向于

[①] Rohde 不一定正确，这些数据表明在 L2 习得中时比体更重要。Shirai 和 Kurono（1998）认为，Rohde 数据中的大多数进行体的达成动词是作为表达意图的情态动词使用。此外，鉴于时态和情态之间的区别不是离散的而是连续的（特别是将来时态和意图情态），正如语法化理论（Grammaticization Theory）所提出的（Bybee 等，1994）可能无法确定这些用法是否表达时态或情态。

使用机械学习的表达方式而不管语义表征如何，尤其是在熟练程度发展的较低级阶段。随着对原型关联限制的逐渐放开，这种受限的语义表征将逐渐接近母语者的语义表征。学习者创建的语义关联可能受到学习者的 L1 干预。

然而，在确认这一设想的有效性之前，数据作为观察学习者语义表征的窗口，仍然有必要就数据的性质这一基本问题提出疑问。由于 L2 产出任务可能无法准确获取学习者的语义表征，因此有必要通过在线实验进一步检验该情景，这些实验可能直接反映学习者的语义表征（稍后讨论）。这意味着开展横向研究，如果可能的话，加上纵向研究，以检测学习者对过去时和进行体形态的理解是否确实受限于较低的熟练水平，后来接近母语者的水平。

结论：超越英语数据

本章回顾了关于英语时体形态的 L2 习得研究，以确定目前已有的实证研究是否支持对 AH 的预测。综述表明，该假设得到了大多数研究的支持，但其发展部分——即预测初级学习者比高级学习者更容易受情状体的限制——可能需要修改，因为涉及产出数据的横向和纵向研究不一定显示出这种限制，或者至少没有达到 L1 数据中发现的程度。有人认为，初学者的这种偏差来自基于机械学习的频繁形式的随意产出，因为使用纸笔测试的研究确实构成了该假设发展方面的支持证据。

关于 L1 迁移的作用，日语习得呈现了一幅有趣的画面。正如 Shirai 和 Kurono（1998）以及 Li 和 Shirai（2000，第六章）所指出的那样，日语非完成体标记 "-te i-" 不仅表示进行体，还表示结果体，如果某种普遍倾向在起作用，学习者应该（主要）通过活动动词获得进行体意义比通过达成动词获得结果体意义更容易，因为达成动词事实上被预测与过去时形态有关。Li 和 Shirai 的大多数研究表明，非完成体标记 "-te i-" 与活动动词相关联，表示进行体意义。然而，最近对俄语 L1 学习者和日语 L2 学习者的研究发现，他们在进行体意义上并不一定有优势。俄语不在语法上标记进行体，而早期研究中所有学习者的 L1 均在语法上标记进行体。这种可能性需要进一步探讨，以研究 L1 在时体习得中的作用（关于进一步讨论，见 Shirai，2002）。

本章始于 Li 和 Shirai（2000）中的一节，最初由 Salaberry（1999）基于 L2 西班牙语的研究提出，该研究清晰地表明，随着熟练程度的提高，预测的完成体过去时和终结动词的原型关联会增强。事实上，对英语研究的回顾表明，一些产出研究与 AH 的发展主张相悖。然而，人们想知道，为什么 Ramsay（1990）的 L2 西班牙语横向研究显示出对 AH 更强的支持。Shirai（1997b）认为，这种差异是由于 Ramsay 的研究中使用水平较低的监控，他将明显的监控过度使用排除在分析之外。Shirai（1997b）进一步指出，Salaberry 的英语 L1 学习者在复述一部无声电影的情节时，试图将 L1 一般过去时标记的语义映射到 L2 过去形态上，而没有体现"体"的意义，这导致西班牙语过去时态与终结动词最初缺乏关联。为了验证这一假设，我们还需要对 L2 西班牙语研究进行全面回顾，重点关注监视使用水平和 AH 预测依从性之间的关系。

那么，关于目前的 AH 现状可以得出什么结论？有人认为，AH 预测的习得模式是语言习得的普遍模式（例如，Shirai 和 Kurono，1998）。如果"普遍"被理解为"无一例外"，则需要修改这个普遍的观点。然而，AH 仍然可以被视为大多数学习者遵循的普遍趋势（McLaughlin，1987：84—85）[①]，这里的观点是，预测仍然有效，因为它预测了时体形态的语义发展，这可能直接反映在自然产出数据中，也可能不直接反映在自然产出数据中。

获取学习者语义表征的一种方法是进行在线实验。如果学习者对过去的表征在语义上受到限制，那么在涉及过去时的判断任务中，在终结动词上的反应时间应该比非终结动词更快，准确性更高。Collins 和 Segalowitz（2002）对涉及一般过去时句子判断的任务进行了实验，发现结果部分支持 AH。可以对活动动词和进行体标记进行类似的研究。此外，L2 体研究中明显缺失的是理解性研究。与 L2 研究中通常使用的产出任务和线下笔试相比，这些研究在更直接地评估学习者的语义表征方面可能具有优势。

最后，必须考虑一个重要的方法论问题。Bardovi-Harlig（2002）讨论了在情态体研究中使用的两种不同分析方法：类别内分析法和类别间分析法。Bardovi-Harlig（1998）和其他人的研究中使用的**类别内分析法**（within-category analysis）关注每个情态体类别（如达成动词、状态动词等）中多少个实例使用了过去时标记，而本章使用的**类别间分析法**（across-category analysis）关注过去标记中包含多少不同类别的情状体。她认为类别内分析比类别间分析对发展变化

[①] 有关普遍预测的反例的讨论，请参见 Gass 和 Selinker（2001：151）。他们认为 L2 习得非常复杂，只有当例外超过规则时，才应修改预测。

更敏感。Bardovi-Harlig 的观点可能是正确的，但事实仍然是，在 L1 习得中，Shirai（1991）采用的类别间分析清楚地显示了发展效应。这种效应在许多涉及产出数据的 L2 研究中缺失，尽管并非全部缺失（例如，Rocca，2002），这需要解释。似乎在类别内分析的等式中包含基本形式是一个关键因素，因为基本形式的比率随着熟练程度的不同而发生非常巨大的变化，这使得类别内分析对发展变化更加敏感。然而，有必要进一步研究时体习得研究中常用的两种分析方法之间的差异。

致　谢

感谢 Kathleen Bardovi-Harlig、Kevin Gregg、Hiromi Ozeki、Rafael Salaberry、Natsue Sugaya 和本文集编辑的宝贵意见和讨论。余下的错误均由我本人负责。

参考文献

Andersen, R. W. (1983). Transfer to somewhere. In S. M. Gass & L. Selinker (Eds.), *Language transfer in language learning* (pp. 177-201). Rowley, MA: Newbury House.

Andersen, R. W. (1989). La adquisición de la morfología verbal. *Lingüística, 1*, 89-141.

Andersen, R. W. (1991). Developmental sequences: The emergence of aspect marking in second language acquisition. In T. Huebner & C. A. Ferguson (Eds.), *Crosscurrents in second language acquisition and linguistic theories* (pp. 305-324). Amsterdam: Benjamins.

Andersen, R. W. (1993). Four operating principles and input distribution as explanations for underdeveloped and mature morphological systems. In K. Hyltenstam & A. Viborg (Eds.), *Progression and regression in language* (pp. 309-339). Cambridge, England: Cambridge University Press.

Andersen, R. W., & Shirai, Y. (1994). Discourse motivations for some cognitive acquisition principles. *Studies in Second Language Acquisition, 16*, 133-156.

Andersen, R. W., & Shirai, Y. (1996). Primacy of aspect in first and second language acquisition: The pidgin/creole connection. In W. C. Ritchie & T. K. Bhatia (Eds.), *Handbook of second language acquisition* (pp. 527-570). San Diego, CA: Academic Press.

Bardovi-Harlig, K. (1992). The relationship of form and meaning: A cross-sectional study of tense and aspect in the interlanguage of learners of English as a second language. *Applied Psycholinguistics, 13*, 253-278.

Bardovi-Harlig, K. (1998). Narrative structure and lexical aspect: Conspiring factors in second language acquisition of tense-aspect morphology. *Studies in Second Language Acquisition, 20*, 471-508.

Bardovi-Harlig, K. (2000). *Tense and aspect in second language acquisition: Form, meaning, and use.* Oxford, England: Blackwell.

Bardovi-Harlig, K. (2002). Analyzing aspect. In R. Salaberry & Y. Shirai (Eds.), *The L2 acquisition of tense-aspect morphology* (pp. 129-154). Amsterdam: Benjamins.

Bardovi-Harlig, K., & Bergstrdöm, A. (1996). The acquisition of tense and aspect in SLA and FLL: A study of learner narratives in English (SL) and French (FL). *Canadian Modern Language Review, 52*, 308-330.

Bardovi-Harlig, K., & Reynolds, D. W. (1995). The role of lexical aspect in the acquisition of tense and aspect. *TESOL Quarterly, 29*, 107-131.

Bates, E. A., Bretherton, I., & Snyder, L. (1988). *From first words to grammar: Individual differences and dissociable mechanisms.* Cambridge, England: Cambridge University Press.

Bickerton, D. (1981). *Roots of language.* Ann Arbor, MI: Karoma.

Bloom, L., & Harner, L. (1989). On the developmental contour of child language: A reply to Smith & Weist. *Journal of Child Language, 16*, 207-216.

Bloom, L., Lifter, K., & Hafitz, J. (1980). Semantics of verbs and the development of verb inflection in child language. *Language, 56*, 386-412.

Bybee, J. L., Perkins, R., & Pagliuca, W. (1994). *The evolution of grammar: Tense, aspect, and modality in the languages of the world.* Chicago: University of Chicago Press.

Collins, L. (2002). The roles of L1 influence and lexical aspect in the acquisition of temporal morphology. *Language Learning, 52*, 43-94.

Collins, L. & Segalowitz, N. (2002, April). *Representing and accessing knowledge in a second language: the case of temporal morphology.* Paper presented at the annual meeting of the American Association for Applied Linguistics, Salt Lake City, UT.

Erbaugh, M. (1978). Acquisition of temporal and aspectual distinction in Mandarin. *Papers and Reports on Child Language Development, 15*, 30-37.

Gass, S., & Selinker, L. (2001). *Second language acquisition: An introductory course.* (2nd ed.). Mahwah, NJ: Lawrence Erlbaum Associates.

Gavruseva, E. (2002). Is there primacy of aspect in child L2 English? *Bilingualism: Language and Cognition, 5*, 109-130.

Hakuta, K. (1974). Prefabricated patterns and the emergence of structure in second language acquisition. *Language Learning, 24*, 287-297.

Housen, A. (1995). *It's about time: The acquisition of temporality in English as a second language in a multilingual educational context.* Unpublished doctoral dissertation, University of Brussels, Brussels, Belgium.

Housen, A. (2002). The development of tense-aspect in English as a second language and the variable influence of inherent aspect. In R. Salaberry & Y. Shirai (Eds.), *The L2 acquisition of tense-aspect morphology* (pp. 155-197). Amsterdam: Benjamins.

Huang, C. (1993). *Distributional bias of verb morphology in native and non-native English discourse.* Unpublished master's thesis, University of California, Los Angeles.

Huang, C. (1999). Tense-aspect marking by L2 learners of English and native English speakers: Inherent lexical aspect and unitary vs. repeated situation types. *Issues in Applied Linguistics, 10*, 113-130.

Huang, J., & Hatch, E. (1978). A Chinese child's acquisition of English. In E. M. Hatch (Ed.), *Second language acquisition: A book of readings* (pp. 118-131). Rowley, MA: Newbury House.

Karmiloff-Smith, A. (1986). Stage/structure versus phase/process in modeling linguistic and cognitive development. In I. Levin (Ed.), *Stage and structure: Reopening the debate* (pp. 164-190). Norwood, NJ: Ablex.

Klein, W., Dietrich, R., & Noyau, C. (1995). Conclusions. In R. Dietrich, W. Klein, & C. Noyau (Eds.), *The acquisition of temporality in a second language* (pp. 261-

280). Amsterdam: Benjamins.

Krashen, S. D. (1978). The monitor model for second language acquisition. In R. Gingras (Ed.), *Second language acquisition and foreign language teaching* (pp. 1-26). Arlington: Center for Applied Linguistics.

Krashen, S., & Scarcella, R. (1978). On routines and patterns in language acquisition and performance. *Language Learning, 28*, 151-167.

Kumpf, L. (1984). Temporal systems and universality in interlanguage: A case study. In F. R. Eckman, L. H. Bell, & D. Nelson (Eds.), *Universals of second language acquisition* (pp. 132-143). Rowley, MA: Newbury House.

Lee, E. (2001). Interlanguage development by two Korean speakers of English with a focus on temporality. *Language Learning, 51*, 591-633.

Li, P., & Shirai, Y. (2000). *The acquisition of lexical and grammatical aspect.* Berlin: Mouton de Gruyter.

MacWhinney, B. (1978). Processing a first language: The acquisition of morphophonology. *Monographs of the Society for Research in Child Development 43* (Serial No. 174).

Makino, T. (1981). *Acquisition order of English morphemes by Japanese adolescents.* Tokyo: Shinozaki Shoin.

McLaughlin, B. (1987). *Theories of second language learning.* London: Edward Arnold.

Olsen, M. B., Weinberg, A., Lilly, J., & Drury, J. (1998). Mapping innate lexical features to grammatical categories: Acquisition of English *-ing* and *-ed.* In M. Gernsbacher & S. Derry (Eds.), *Proceedings of the 20th annual conference of the Cognitive Science Society.* Mahwah, NJ: Lawrence Erlbaum Associates.

Peters, A. M. (1983). *The units of language acquisition.* Cambridge, England: Cambridge University Press.

Ramsay, V. (1990). *Developmental stages in the acquisition of the perfective and the imperfective aspects by classroom L2 learners of Spanish.* Unpublished doctoral dissertation, University of Oregon, Eugene.

Robison, R. (1990). The primacy of aspect: Aspectual marking in English interlanguage. *Studies in Second Language Acquisition, 12*, 315-330.

Robison, R. (1995). The Aspect Hypothesis revisited: A cross-sectional study of tense and aspect marking in interlanguage. *Applied Linguistics, 16*, 344-370.

Rocca, S. (2002). Lexical aspect in child second language acquisition of temporal morphology: A bidirectional study. In R. Salaberry & Y. Shirai (Eds.), *The L2 acquisition of tense-aspect morphology* (pp. 245-280). Amsterdam: Benjamins.

Rohde, A. (1996). The aspect hypothesis and the emergence of tense distinctions in naturalistic L2 acquisition. *Linguistics, 34*, 1115-1137.

Rohde, A. (2002). The aspect hypothesis in naturalistic acquisition: What uninflected and non-target-like verb forms in early interlanguage tell us. In R. Salaberry & Y. Shirai (Eds.), *The L2 acquisition of tense-aspect morphology* (pp. 199-220). Amsterdam: Benjamins.

Salaberry, R. (1999). The development of past tense verbal morphology in classroom L2 Spanish. *Applied Linguistics, 20*, 151-178.

Salaberry, R. (2000). The acquisition of English past tense in an instructional setting. *System, 28*, 135-152.

Sasaki, M. (1987). Is Uguisu an exceptional case of "idiosyncratic variation"? Another counterexample to the "natural order" [in Japanese]. *Chugoku-Shikoku Academic Society of Education Research Bulletin, 32*, 170-174.

Shirai, Y. (1991). *Primacy of aspect in language acquisition: Simplified input and prototype.* Unpublished doctoral dissertation, University of California, Los Angeles.

Shirai, Y. (1992). Conditions on transfer: A connectionist approach. *Issues in Applied Linguistics, 3*, 91-120.

Shirai, Y. (1994). On the overgeneralization of progressive marking on stative verbs: Bioprogram or input? *First Language, 14*, 67-82.

Shirai, Y. (1995). Tense-aspect marking by L2 learners of Japanese. In D. MacLaughlin & S. McEwen (Eds.), *Proceedings of the 19th annual Boston University Conference on Language Development* (Vol. 2, pp. 575-586). Somerville, MA: Cascadilla Press.

Shirai, Y. (1997a). Linguistic theory and research: Implications for second language teaching. In G. R. Tucker & D. Corson (Ed.), *The encyclopedia of language and education, Vol. 4: Second language education* (pp. 1-9). Dordrecht: Kluwer Academic.

Shirai, Y. (1997b, October). *The L2 acquisition of Spanish and the Aspect Hypothesis.*

Paper presented at the colloquium "The acquisition of aspect in natural and academic L2 Spanish" at the 17th annual Second Language Research Forum, Michigan State University.

Shirai, Y. (2000, September). The aspect hypothesis: A universal of SLA? Paper presented at the 20th Second Language Research Forum, University of Wisconsin, Madison.

Shirai, Y. (2002). The Aspect Hypothesis in SLA and the acquisition of Japanese. *Acquisition of Japanese as a Second Language, 5*, 42-61.

Shirai, Y., & Andersen, R. W. (1995). The acquisition of tense/aspect morphology: A prototype account. *Language, 71*, 743-762.

Shirai, Y., & Kurono, A. (1998). The acquisition of tense/aspect marking in Japanese as a second language. *Language Learning, 48*, 245-279.

Slabakova, R. (2001). *Telicity in the second language.* Amsterdam: Benjamins.

Slobin, D. I. (1985). Crosslinguistic evidence for the Language-Making Capacity. In D. I. Slobin (Ed.), *The crosslinguistic study of language acquisition, Vol. 2: Theoretical issues* (pp. 1157-1249). Hillsdale, NJ: Laurence Erlbaum Associates.

Smith, C. S. (1997). *The parameter of aspect* (2nd ed). Dordrecht: Kluwer Academic.

Stauble, A. (1984). A comparison of the Spanish-English and Japanese-English interlanguage continuum. In R. W. Andersen (Ed.), *Second languages: A cross-linguistic perspective* (pp. 323-353). Rowley, MA: Newbury House.

Terauchi, M. (1994). Keitaiso no syuutoku [The acquisition of morphology]. In SLA Kenkyukai (Ed.), *Daini gengo syuutoku riron ni motozuku saisin no eigo kyooiku* [Current English language teaching based on second language acquisition theory] (pp. 24-48). Tokyo: Taishukan.

Vendler, Z. (1957). Verbs and times. *Philosophical Review, 66*, 143-160.

Wenzell, V. E. (1989). Transfer of aspect in the English oral narratives of native Russian speakers. In H. W. Dechert & M. Raupach (Eds.), *Transfer in language production* (pp. 71-97). Norwood, NJ: Ablex.

第二部分 证据和影响

第六章　纵向产出数据中语法化将来表达的出现

Kathleen Bardovi-Harlig
印第安纳大学

　　第二语言时-体系统（tense-aspect system）已被证明是形式-意义关联（form-meaning associations）研究中富有成果的领域。一些研究表明，第二语言学习者对形式的掌握程度超过了对目标语言形式-意义关联的掌握程度（Bardovi-Harlig，1992a；Dietrich，Klein 和 Noyau，1995）。其他的研究集中在中介语的时间语义上，要么从意义开始研究学习者使用什么形式来表达时间（以意义为导向的方法（meaning-oriented approach）），要么从形式开始，研究形式随着中介语的发展而产生什么意义（以形式为导向的方法（form-oriented approach）；见 Shirai，本文集第 5 章）。这两种方法都导致对中介语中形式-意义关联的理解不断加深以及这些联结是如何随着对第二语言的持续接触而发展和变化。本章使用以意义为导向的方法来研究将来的表达。

　　将来时，就像过去时（在二语习得中得到了充分的研究）一样，时间上从此时此刻转移。从语义上讲，"不在此处，不在现在"指的是话语时间与事件时间不同步。在过去时中，话语时间在事件发生时间之后，或 E → S（Reichenbach，1947）。将来时用 Reichenbachian 的术语可以表示为话语时间先于事件时间，或 S → E。然而，时间性只是构成将来时的概念之一。时-体系统的跨语言研究认为，与过去时和现在时的纯粹时间关系不同，将来时也包含情态。情态常与说话人对可能性的假设或评估有关，在大多数情况下，它表示说话人对所表达命题的真实性有信心（或缺乏信心）；这就是认知情态（Coates，1983，1987；Lyons，1977；Palmer，1986；Perkins，1983）。情态也与义务和必要性有关；这是道义情态。两者都与将来时的表达有关。对将来的情态解读可能部分归因于这样一个事实：正如 Dahl（1985：103）指出的那样，"我们不能直接感知将来或'记住'它"，因此每次对将来的调用也是对情态的调用，包括可能性／概率、意图、欲望或意志（Bybee，1985）。正如 Dahl（1985：103）所观察到的：

通常，当我们谈论将来时时，我们要么是在谈论某人的计划、意图或义务，要么是在根据世界的现状做出预测或推断。作为一个直接的结果，一个指代将来时的句子几乎总是与一个非指代将来时间的句子在情态上有所不同。这就是为什么在谈到将来时时，时态和语气之间的区别变得模糊的原因。

在列举的与将来时相关的情态解读中，语言学家认为，跨语言中最常见的是意向性（intentionality）（Bybee，1985；Bybee，Perkins 和 Pagliuca，1994；Dahl，1985；Fleischman，1982）。事实上，Dahl（1985）将意向性纳入将来时原型的一部分，这一特征得到了 Bybee 等的支持。此外，Dahl 的跨语言调查表明，将来时最典型的用法涉及句中说话人计划的动作。（事实证明，这是学习者日记（learner journal）中将来时的一个显著特征。）因此，在对将来时概念表达的任何研究中，都期待看到一系列情态以及将来时的表达。这反映在儿童的第一语言习得中（例如，Fletcher，1979；Pawlowska，1999）。通过这种方式，将来时习得的研究将 SLA 研究从时-体系统领域扩展到了类型学研究中的 TMA（时-态-体）系统。

过去时表达中的习得顺序

时-体发展中探究最为深入的领域是与过去时相关的时间表达。过去时研究确定了三个主要的发展阶段：语用、词汇和形态（Bardovi-Harlig，2000；Dietrich 等，1995；Meisel，1987）。在时间表达的最早阶段，即语用阶段，对时间或时间关系没有明确的参照。学习者通过四种方式建立时间参照：通过依靠其他说话者的贡献（支架式话语（scaffolded discourse）），通过从特定语境中推断的参照（隐式参照），通过对比事件，以及通过遵循叙述中的时间顺序（Meisel，1987；Schumann，1987）。在词汇阶段，对过去时的参照首先通过使用词汇表达来明确表达，包括状语（例如，昨天、然后和之后）和连接词（例如，and，because，and so）（Meisel，1987）。在仅依赖状语阶段之后，出现动词形态。随着时态标记成为时间参考越来越可靠的指标，形态阶段本身可以被视为一系列较小的阶段。所有学习者，无论是受过教育还是未受过教育，都会经历语用和词汇阶段。有些学习者也会经历形态阶段（参见 Bardovi-Harlig，2000，第 6 章）。

目标语：英语的将来时

语言拥有多种表达将来时的方式并不少见。英语也不例外，但这种对多种将来时的倾向超越了印欧语系语言。正如 Bybee 等（1994）所指出的，这可能是因为历史发展以及情态和将来时类别之间的转变。除了例 1 中的综合型或 will-将来时之外，许多语言的将来时都是由动作动词派生的，典型的是例 2 中的 come 或 go。Bybee 和她的同事将其称之为 go- 将来时。将来时也经常用带有副词的现在时表示，如例 3—5 所示。

1. I will leave for Spain tomorrow.（明天我将出发去西班牙。）(will-将来时)

2. I am going to leave for Spain tomorrow.（明天我将出发去西班牙。）(go-将来时)

3. I leave for Spain tomorrow.（我明天出发去西班牙。）(现在时表将来：现在时+副词)

4. I am leaving for Spain tomorrow.（明天我将出发去西班牙）(现在进行体)

5. Maria is to sing in Aida tomorrow night.（明晚 Maria 将在 Aida 演唱。）

正如 Comrie（1985）所指出的，用一般现在时表示将来指的是既定的事件。It rains tomorrow（明天下雨）通常没有将来的解释。类似地，Bybee 等（1994）进一步指出，不仅是现在时，还有带将来副词的现在时，它们一起作用指代一个计划好的事件，因为不带副词的 "I fly to Chicago"（我飞去芝加哥）不能用于指计划好的事件。①

将来时包括两种主要形式，will- 将来时 and go- 将来时，以及目标语言中的三种次要形式（包括例 5 中的 is to 结构），再加上许多意向性表达，将来时表达的早期阶段是什么样的？

本研究解决了 L2 英语中的以下问题：

1. 将来是如何在中介语中表达的？

（a）从跨语言语义文献中定义的将来概念开始，与该概念相关的形式有哪些？

---

① 副词可能出现在对话者的话轮中，如 "What's the plan for tomorrow?"（明天什么计划？）"I fly to Chicago."（我飞去芝加哥。）

(b) 每种形式用于传达将来的频率如何？

2. 将来表达相对于彼此的出现顺序是怎样？

3. 哪些因素或原则可以解释在英语学习者中介语中出现的形式-意义关联？

本研究继续对 16 名 ESL 学习者的中介语发展进行分析。在许多分析过程中，从不同的角度对他们的过去时间参考系统的发展进行了描述，包括以形式为导向的框架（此类框架记录了一般过去时、过去进行体、现在完成体和过去完成体的出现及发展），以及以意义为导向的方法进行了描述（此类方法记录了各种语言工具的使用，包括状语、时-体形态和其他表达时间概念的语言手段）。（Bardovi-Harlig, 2000 总结了这些发现。）这项研究旨在回答前面的问题，并作为描述这些学习者的时-态-体系统（包括将来和过去时间参考）的第一步。

方　法

代表四种语言背景的 16 名学习者（5 名阿拉伯语、6 名日语、2 名韩语和 3 名西班牙语）参加了一项纵向研究；平均观察时间为 11.5 个月（7 个月到 17.5 个月不等）。学习者参加了印第安纳大学英语语言培训中心的强化英语课程。学习者为初学者，被安排在共 6 个级别中的第一级教学班级。[①] 他们每周上 23 小时的课，接受听、说、读、写和语法方面的教学。他们处于混合语言环境中（R. Ellis, 1990），在宿主环境中接受教学，可以使用周围的语言，尽管他们与母语者和其他母语背景不同的非母语者的接触模式各不相同。学习者在发展的速度和最终熟练程度方面也表现出个体差异（Bardovi-Harlig, 2000）。

学习者参加的课程为期 7 周，为了收集数据，研究者监控学习者每节课的学习情况。观察期间共收集到书面语文本 1576 篇，口语文本 175 篇。大部分书面语文本由日记组成（1101 条）；另外 370 篇文章是作文，73 篇是考试中的作文，32 篇是基于无声电影的诱导记叙文（elicited narrative）。口语文本包括 102 篇引导式对话访谈，辅以 73 篇基于无声电影和随后对话的诱导记叙文。

这些语言样本是学习者在 ESL 学习过程中产出的真实语言使用示例。占书面语样本绝大多数的日记完全取决于学习者；论文和电影复述的话题分别由教师

---

① 参见 Bardovi-Harlig（2000）对每个学习者的更全面的描述，尤其是第三章和第六章。

和研究人员决定，但学习者写什么以及如何写则取决于他们自己。口语样本也是如此。全部任务均没有控制任何特定形式的产出（相对于话题而言）。由于学习者写作或谈论的话题以及完成的日记条目和作文的数量和长度不同，不同学习者的时-体形式的形符数量不同。对于将来时表达的示例尤其如此，因为收集纵向数据的研究目标是研究过去时的表达。

第二个数据来源是参与语法和写作的教师填写的教学日志（log）。教学日志记录了教学主题、课堂活动、反馈类型、家庭作业和教科书中的课程页码，以及教员编写的原始材料副本（Bardovi-Harlig，2000）。

分　析

每个学习者累积的语言样本都进行了分析。所有的将来时间语境均由两名经验丰富的标注者（研究人员和她的助手）编码，标注者间信度为 95%。不一致的地方通过讨论达成一致。1576 篇书面语文本中包括 2573 个将来时语境，175 篇口语文本中包括 1170 个将来时语境。①对将来时间语境中的每个谓词的动词、词汇标记（lexical marker）及其句法环境进行标注，标注过程和同一语料库中对过去时的研究类似（参见 Bardovi-Harlig，1992b，1994，2000）。这些类别是通过对中介语的分析而不是通过应用目标语的类别生成。动词标记包括形态（will、going to、现在时、进行体、原形）、情态（除了 will；尤其是 can、can't），以及以词汇方式表达将来时的动词（以下称为**词汇将来式**（lexical future），例如，want to、have to、like to、hope to）。词汇标记包括状语（例如，tomorrow、soon、in the future、when I am old）、名词（this year、this weekend）和在句法上与情态不同的情态指示词（maybe、I think；参见 Salsbury，2000）。句法环境包括由 if-then、认知动词（例如 think that）和 hope that 创建的主句和从属语境。我们也计算了整个样本和每个类别的副词与动词的比率（Bardovi-Harlig，1992b）。本章着重讨论表达将来时的动词方式。全年分为 24 个半月期，第一个采样周期为当月 1 日至 15 日（如 T3.0 所示），第二个采样周期为 16 日至月底（如 T3.5 所示）。所有语言样本均标识化名、产出时间、样本类型和学习者的母语。

---

① 口语文本中对将来的表达集中度高于书面语文本，表明对话访谈（即使考虑到口头电影复述任务）中的话题频率可能与占文本多数的日记或作文有所不同。

结　果

本节解决三个问题：用什么表达方式来表达将来？表达方式出现的频率是多少？形成的顺序是怎样？

对将来的表达和出现的频率

对将来时间语境的分析表明，在这些语境中出现了五个主要类别的动词标记（表 6.1）。它们是 will、going、原形（base）/现在时、进行体和词汇将来式。正如有关过去时的文献中所讨论的，无法区分英语中原形和现在时形式（present form），除非它们出现在第三人称单数的语境中。区分原形和现在时的问题在本语料库中特别重要，本语料库中大多数将来时的表达是学习者关于自己的陈述，因此使用了第一人称。那么，在本语料库中，现在时和原形被视为一个单一的类别，即原形/现在时。此外，从目标语的角度来看，其他动词形态和情态也有意想不到的用法，在表 6.1 中被归为"其他"。

如表 6.1 所示，口语和书面语样本中的主要形式 will 分别占所有将来时导向话语的 53% 和 60%。排在第二位的是书面语 22% 的将来语境和口语 16% 的将来语境中使用的词汇将来式。这一类以 hope to、want to、have to、like to 为主。这些表达清楚地传达了即将发生的事件，同时捕捉了将来的情态语气。going to 的出现频率仅为词汇将来式的一半，在书面语语料库的产出频率排名第三。

该群体表现出的将来时间表达分布也是个体学习者的典型特征（表 6.2）。表 6.2 列出了单一母语群体中创造将来语境的学习者从高到低的顺序。在书面语语料库中，除 Khaled 之外，其他学习者均用 will 作为将来表达的主要形式。只有 Khaled 在书面语中对词汇将来式的使用超过了他对 will 的使用。在对话中，will 是大多数学习者使用的主要形式，词汇将来式在 Hiromi、Noriko 和 Idechi 的产出样本中表现示出同等或更多的使用。除了一个学习者（Noriko）之外，每个学习者都尝试在书面语和口语语料库中至少使用一个 going to 形符。如表 6.1 所示，表 6.2 分别列出了 going to 的简化形式 gonna 和 will 的缩略形式 'll。只有五名学习者使用了 gonna，并且只在口语样本中使用。其中两个学习者占了 33 个形符中的 26 个。四名学习者在口语语料库中尝试了至少一个形符 'll；在口语不使用缩略形式的四人中的一人（Noriko）在书面语语料库中的缩略形式使用率最高。她一共产出了 20 个书面语形符，占小组使用的 41 个形符的一半。这表明缩

略词分别作为 *going to* 和 *will* 的（口语）变体可能还没有完全整合到语法中。目前，它们被认为是属于不同的类别。

表 6.1 未来时间的表达：口语和书面语样本的分组合计

	Will	'll	Going to	Gonna	原形/现在时	进行体	词汇将来式	其他	合计
书面语	1370	41	244	0	132	42	559	185	2573
（%）	（53）	（1.5）	（10）	（0）	（5）	（1.5）	（22）	（7）	（100）
口语	702	32	49	33	98	12	183	61	1170
（%）	（60）	（3）	（4）	（3）	（8）	（1）	（16）	（5）	（100）

表 6.2 学习者的时体使用详情

语料	学习者	L1	Pred	Will	Going to	原形	进行体	Gonna	'll	词汇将来式	其他
书面语	Guillermo	Sp	214	96	25	17	10	0	0	39	27
	Carlos	Sp	212	182	14	1	0	0	4	6	5
	Eduardo	Sp	193	103	30	7	8	0	3	36	6
	Khaled	Ar	269	81	41	20	2	0	0	114	11
	Saleh	Ar	184	137	3	5	1	0	0	28	10
	Abdullah	Ar	130	87	5	5	0	0	0	12	21
	Zayed	Ar	123	104	6	2	0	0	3	0	8
	Hamad	Ar	84	61	4	0	0	0	0	11	8
	Noriko	Jp	222	106	0	13	1	0	20	62	20
	Kazuhiro	Jp	163	67	11	13	2	0	0	57	13
	Hiromi	Jp	154	62	25	7	3	0	8	44	5
	Toshihiro	Jp	139	55	23	5	8	0	2	32	14
	Satoru	Jp	137	54	31	8	1	0	0	30	13
	Idechi	Jp	72	28	1	14	0	0	0	16	13
	Ji-An	Ko	174	77	21	10	6	0	1	50	9
	Sang Wook	Ko	103	70	4	5	0	0	0	22	2
	合计		2573	1370	244	132	42	0	41	559	185
口语	Guillermo	Sp	59	23	0	3	1	0	1	16	15
	Carlos	Sp	212	175	12	2	1	0	1	18	3
	Eduardo	Sp	28	10	7	2	1	3	0	5	0
	Khaled	Ar	80	48	4	1	1	12	7	5	2
	Saleh	Ar	137	121	0	1	0	0	8	5	2
	Abdullah	Ar	130	53	1	53	1	0	1	2	19

(续表)

语料	学习者	L1	Pred	Will	Going to	原形	进行体	Gonna	'll	词汇将来式	其他
	Zayed	Ar	68	50	1	1	0	3	1	9	3
	Hamad	Ar	162	108	7	6	2	14	5	18	2
	Noriko	Jp	44	19	0	3	0	1	0	19	2
	Kazuhiro	Jp	33	14	0	3	0	0	4	11	1
	Hiromi	Jp	72	22	9	1	1	0	1	34	4
	Toshihiro	Jp	18	4	0	0	2	0	0	7	5
	Satoru	Jp	30	11	7	3	1	0	0	8	0
	Idechi	Jp	39	12	0	10	0	0	1	15	1
	Ji-An	Ko	37	16	1	9	1	0	1	7	2
	Sang Wook	Ko	21	16	0	0	0	0	1	4	0
合计			1170	702	49	98	12	33	32	183	61

注：Pred=谓语动词，Ar=阿拉伯，Jp=日本，Ko=韩国，Sp=西班牙

若只关注语料库中出现的将来时的语法化标记，即 will、going to、原形/现在时和现在进行体，语法化手段使用率的差异更大。表 6.3 表明 will 显然是表达将来时的主要语法手段。Going to 可以说是唯一一种习得的专门用于表达将来时的其他语法形式。原形与中介语中的第一动词并存，尽管现在进行体在中介语中很早就习得（词素研究将 -ing 置于最早习得的词素中；Krashen，1977），但学习者很少使用它来表达将来时（如表 6.3 所示）。

在书面语样本中将 will 以 5.5∶1 的比率在数量上超过 going to，在口语样本中该比率达到 14∶1。相比之下，Longman 的《语料库语法》（Biber, Johansson, Leech, Conrad 和 Finegan，1999：489，表 6.6）报告在英式英语会话中 will 对 going to 的比率约为 2.5∶1（或每百万单词出现 5600 次 will 和 2200 次 going to），在美式英语会话中的比率大约为 1.6∶1（每百万单词出现 4800 次 will 和 3000 次 going to）（第 488 页，图 6.10）。这种比较表明了在这些学习者的中介语中 going to 未被充分使用的程度。①

---

① 对儿童 L1 英语产出数据的研究没有显示 will 和 going to 的习得顺序。然而，Broen 和 Santema（1983）报告，3.6 至 5.5 岁的儿童在对 will 和 going to 的理解方面没有表现出系统性差异。Gee 和 Savasir（1985）的产出数据显示，两个 3.2 至 3.5 岁的儿童使用 gonna 的数量远超 will（214∶112），这与在语料库研究中的成年二语学习者和母语者的口语和写作中发现的形式形成鲜明对比。儿童的语言发展可能与他们的社会和认知发展有关。

回到个体学习者概况，表 6.2 表明，虽然 will 被广泛使用，但 going to 的使用受到更多的限制。学习者自然分为两组。八名学习者在书面语和口语中使用 11 次 going to 或更少。八名学习者使用了 22 次或更多，从 22 次（Ji-An）到 45 次（Khaled）。使用率较高的小组包括研究中所代表的每种第一语言（阿拉伯语、日语、韩语和西班牙语）的学习者。没有一个学习者对 going to 的使用频率达到其对 will 的使用频率。

本节中的使用率代表研究期间的使用总量。下一节涉及学习者的个人纵向概况。

表 6.3　未来时间的语法化表达：口语和书面语样本的分组合计

	Will	Going to	原形 / 现在时	进行体	合计
书面语	1370	244	132	42	1788
（%）	（77）	（14）	（7）	（2）	（100）
口语	702	49	98	12	861
（%）	（82）	（6）	（11）	（1）	（100）

出现顺序

使用率表明，学习者使用 will 的形符整体上比 going to 更多。这些将来时的语法化表达的出现顺序（order of emergence）是什么？出现顺序用于跟踪学习者何时开始使用某种形式（Bardovi-Harlig，2000）。表 6.4 记录了每个学习者的将来时间语法化表达的出现顺序。表 6.4 中的形式（作为将来时的 will、'll、going to、gonna、或进行体）仅记录学习者产出样本中在将来语境下使用至少三个不同的动词（即类符而不是形符）的情况。在 going to 和 gonna 的案例中，一些学习者在观察期结束时没有达到三种不同的用法，但确实尝试了一些形式的某种用法。这些案例用括号中的数字（1 或 2）表示为 GOING TO 或 GONNA。通过这种方法，使用有限数量的 go- 将来时形符的学习者被包含在网格中。使用三种类型比 Pienemann（1998）使用一种形符来标记出现的顺序更为保守。重要的是，出现不是习得：出现标志着有效使用的开始，而不是终点。

16 名学习者中有 14 名清楚地显示出 will 出现在 going to 之前。另外两个学习者（Toshihiro 和 Hiromi）在同一个 15 天内也表现这样的结果。特别值得注意的是，在 T3.0 阶段，有 6 名学习者参加了考试，要求他们用将来时写一个句子。（此活动将在后面讨论。）如果 going to 作为第一形符出现在考试中，则在网格中输入"go to EXAM"（去考试）。因为出现了 going to，所以将其记录为自发使用。使用"0 gonna"（参见 Hamad，T2.0）表示使用不带 be 的 gonna。通过这种分析，许多学习者表现出形式-意义关联的出现，而表 6.2 中的使用数据表明，实际上很少有除 will 之外的其他形式出现。表 6.4 说明了 going to 的纵向分布和频率。表 6.5 显示学习者逐渐开始使用一种新的形式，并且这种使用在数月内扩展开来。该表还报告了类型和形符，以反映学习者使用 go- 将来时的词项范围。

上述学习者中出现的顺序在欧洲科学基金会语料库最高级英语学习者 Lavinia（Dietrich 等，1995）中也有发现。虽然与当前的学习者小组相比，Lavinia 的语料库中出现的时间有所延迟，但其顺序与本研究中的学习者相同。在大约 8 个月时，Lavinia 单独使用 shall。在 16 个月时，Klein 报告说"现在通常使用 will 或 shall 来标记将来时"（Klein，1995：45）。第一次出现表示将来的 going-to 发生在第 17 个月，到第 18 个月止，他们报告说"有许多形式表示将来，而且也在现在时中（is-going-to）"（第 46 页）。

表 6.4 语法化未来表达的出现

学习者	月数 0.5	1	1.5	2	2.5	3	3.5	4	4.5	5	5.5	6	6.5
Guillermo Spanish			WILL								GOING TO		
Carlos Spanish		WILL		GOING TO WRITE	GOING TO								
Eduardo Spanish	WILL	GOING TO											
Khaled Arabic	WILL										GOING TO		
Saleh Arabic					WILL	EXAM (WILL)							'LL
Abdullah Arabic			WILL			EXAM (GOING TO)							
Zayed Arabic				WILL							GOING TO		
Hamad Arabic				WILL 0 GONNA		EXAM GOING TO							GOING TO GONNA
Noriko Japanese		WILL											'LL
Kazuhiro Japanese		WILL			GOING TO								
Hiromi Japanese					WILL/'LL EXAM GOING TO								
Toshihiro Japanese			WILL GOING TO										
Satoru Japanese			WILL										
Idechi Japanese			WILL										GOING TO (1)
Ji-An Korean		WILL			EXAM GOING TO			GOING TO					
Sang Wook Korean					WILL	EXAM (GOING TO)							

7	7.5	8	8.5	9	9.5	10	10.5	11	11.5	12	12.5	13	13.5	14	14.5	15
	PROG AS FUTURE															
'LL																
	GONNA															
		GONNA														
															GOING TO (1)	T16.5 GOING TO
	GONNA		'LL													
						GOING TO (2)										
				'LL												

表 6.5　每半个月 *going to* 出现和使用的形符数量

学习者	月数 0.5	1.0	1.5	2.0	2.5	3.0	3.5	4.0	4.5	5.0	5.5	6.0	6.5	7.0	7.5
Guillermo Spanish		1									6	2		4	7
Carlos Spanish			7	5 Oral 1	5	1 Oral 4						1 Oral 3		1 Oral 2	
Eduardo Spanish				4	9	4 Oral 1				4		2 Oral 3			Oral 3
Khaled Arabic					2					1	5	Oral 2		3	4
Saleh Arabic						Exam (0)									
Abdullah Arabic						4 Exam (3)									
Zayed Arabic										1	1	2 Oral 2	1		1
Hamad Arabic			Oral 1			2 Exam (2)			Oral 1						
Noriko Japanese															
Kazuhiro Japanese	2				1					3		1		2	1
Hiromi Japanese						7 Exam (5)	3	2	1 Oral 4	Oral 1		Oral 1			
Toshihiro Japanese			2	2	3	1				6					
Satoru Japanese						3	1 write			2 (6 write)		Oral 1		2 write Oral 2	6 write Oral 4
Idechi Japanese													1		
Ji-An Korean						5 Exam (3)		8	4			1 Oral 1			
Sang Wook Korean						4 Exam (4)									

第六章 纵向产出数据中语法化将来表达的出现

8.0	8.5	9.0	9.5	10.0	10.5	11.0	11.5	12.0	12.5	13.0	13.5	14.0	14.5	15.0	合计	形符	类符
4	1														W/O	25/0	11/0
Oral 2	1														W/O	14/12	7/10
		11 (10 write)	2 write Oral 1	5 (2 write)	1 write	5	1								W/O	30/7	17/6
1															W/O	41/3	12/3
											1		1	T16.5 2	W/O	3/0	3/0
										Oral 1					W/O	5/1	3/1
			1	1											W/O	6/1	4/1
								Oral 4				Oral 1			W/O	4/7	4/6
			1												W/O	0/0	0/0
	Oral 1		2	1 Oral 2											W/O	11/0	6/0
				1	5	1	2								W/O	25/9	18/6
3 write	5 write	4 write	3 write	2 write		1 write									W/O	23/0	15/0
															W/O	31/7	4/5
															W/O	1/0	1/0
															W/O	21/1	15/1
															W/O	4/0	4/0

128 **教学**

要完全理解语法化将来表达的出现和发展，就必须考虑教学（instruction）的作用。鉴于出现的顺序、使用模式以及学习者在宿主环境中接受教学的事实，有必要考查哪些教学有助于 *will* 的早期出现和持续使用。从现有数据来看，教学输入似乎偏向于 *going to*，与习得数据中发现的模式形成鲜明对比。

本研究中对教学输入的简要调查分为三个部分。第一部分涉及与学习者在同一课程中的 ESL 教师的日常对话，虽然不是明确的教学，但确实构成了教学环境中输入的一部分。第二部分综述教学日志和教学材料。第三部分详细介绍了一项教学活动。

非正式输入。本语料库中记录的对话访谈表明，该课程中的 ESL 教师（也担任母语采访者）在某些情况下使用 *going to*，如以下例所示。如例 6 和 7 所示，母语对话者对 *going to* 的使用不会影响学习者对 *going to* 的使用。相反，他们继续使用 *will*：

6. Interviewer: I see. Everyone went to College Mall. Okay. And what are you going to do this weekend?（采访者：我明白了。大家都去 College Mall 了。好的。你这个周末打算做什么？）

Kazuhiro: Mmm, I will go to::, oh this weekend? Next-uh Saturday?（Kazuhiro：嗯，我会去::，哦这个周末？下周六？）

Interviewer: Right, uh-huh.（采访者：对，啊哈。）

Kazuhiro: Oh, oh, oh, I will go to picnic.（Kazuhiro：哦，哦，哦，我要去野餐。）

Interviewer: Oh, you're gonna go to a picnic. Where's the picnic?（采访者：哦，你要去野餐。在哪里野餐？）[T.5]

7. Interviewer: What are you going to do for Christmas Break?（采访者：圣诞节假期你打算做什么？）

Carlos: I will go back to my country on December 8.（Carlos：我将于 12 月 8 日回国。）[T3.0]

值得注意的三件事是：*going to* 的语境化使用是通过母语者对学习者的谈话来实现的，而教师以日常对话的形式提供的正面证据似乎对作为对话者的学习者没有什么直接影响。

教学日志。教学日志也表明，*going to* 是教学的重点，并且在正式报告中可能比 *will* 更受青睐。根据教学日志，在 1 级教学中，*be going to* 比 *will* 提前一个月引入（O'Neill 等，1981，*AKL: Beginning*），在课程大纲和教科书上，在第 2 级教学中 *be going to* 与 *will* 分开引入（O'Neill 等，1978，*AKL: Intermediate*）。该教科书系列将 *will* 和 *going to* 的差异最大化。根据教科书的介绍，*be going to* 是由诸如 tomorrow 和 next week 之类的状语暗示的一般将来时（general future）。*Will* 在礼貌请求和建议中使用，然后在四章之后作为将来时形式引入。相比之下，在 2 级中使用的第二本教科书（Azar，1985，*Fundamentals of English Grammar*）介绍了一条普遍规则，即将来时的 *will* 和 *going to* 之间没有区别："当被用来对将来做出判断时，*be going to* 和 *will* 是一样的"（第 51 页）。其中有两个例外：*be going to* 用于事先预想的计划，*will* 用于表达意愿或自愿。总的来说，整体教学大纲和教学日志表明，*going to* 在 *will* 之前引入，该顺序与在学习者产出数据中的发现相反。

教学细探：考试。形式的注意对个体学习者语言中 *going to* 的出现和后续使用中起什么作用？语料库提供了一个可以解决这个问题的自然实验证据。在第三个月（T3.0），六名学习者在第二次 IEP 课程（2 级）中参加了相同的语法课程。教学日志显示，2 级语法课用了 3 天时间来讲解将来时的表达（对比之前介绍的 *going to* 和 *will* 的用法），写作课也在同一周的某一天讨论了将来时的表达方式。在该周初，写作课上要求写一篇题为"五年后"的堂上作文。在该周结束时，学习者参加了一次语法测试。测试的一部分要求学生"写一段至少有五句话的段落，告诉我你这个周末将要做什么"。

学习者的作答各不相同。一位叫 Saleh 的学习者只使用 *will*，如例 8 所示。

8. Saleh，母语阿拉伯语，语法测试，4/6，T3.0

I will go to the Coleg mall.（我将去 Coleg 购物中心。）

I will buy anew T.V.（我将买一台新电视。）

I will go to the move.（我将去搬家。）

I will read a book.（我将读一本书。）

I will go to the pray.（我将去祈祷。）

I will listen to the rido.（我将听收音机。）

I will go to the dowen tawen.（我将去市中心。）
I will sleep.（我将去睡觉。）
I will viset my frindes.（我将拜访我的朋友。）
I will write my home woork.（我将写作业。）

Saleh 直到 T14.5 才开始自发使用 going to，在书面语语料库中使用一次，随后在 T16.5 使用两次。Saleh 没有 going to 的口语使用记录，如表 6.5 所示。

其他学习者使用的策略和他们在语法课上使用的稍微更一致一些：他们使用在考试前的教学活动中刚刚介绍过的形式，即使这些形式没有在指示中明确要求。然而，在考试中对 go- 将来时的使用标志着他们的语法中出现 going to 还是一种非自发使用形式的展现，不同学习者在该问题上存在差异。一位名叫 Hamad 的学习者偶尔在 T1.5 至 T6.5 之间会间断使用 going to 和 gonna，在 T9.5 之后使用次数增加（表 6.5）。由于 Hamad 在教学之前尝试 going to 和 gonna，所以这里不进一步讨论。

对于 Hiromi 和 Ji-An 这两名学习者来说，going to 的使用标志着语料库中自发使用的出现更广泛（表 6.5）。Hiromi 和 Saleh 一样，只使用了一种形式；但与只使用 will 的 Saleh 不同，Hiromi 只使用了 going to。其他学习者同时使用 will 和 going to，段落以 will 开头，正如 Ji-An 在例 9 所示的那样。如表 6.5 所示，Ji-An 在为期两周的考试中使用了 5 个 going to 形符。

9. Ji-An，母语韩语，语法测试，4-6，T3.0

I will meet my conversation partner at 12:30. I will study the Bible with Korean people on Friday afternoon. When I finish the Bible study, I am going to go discodeck with my friends. My sister and me are going to go Chinese restaurant. After we eat lunch, we are going to play bowling in Union.（12:30 我会和我的谈话伙伴见面。周五下午我会和韩国人一起学习《圣经》。当我完成《圣经》学习后，我会和我的朋友一起去迪斯科歌舞厅。我和姐姐会去中餐馆吃完饭，我们会去联盟打保龄球。）

至于其他学习者，Abdullah 和 Soon Wook 则似乎一直在为考试展示他们的语法知识。他们都在考试中使用 going to，但没有一个学习者在考试后使用。Soon Wook 在第 8 个月初时离开该课程，没有在语料库中再次使用 going to，也许太早离开而无法表现出自发使用。无论他最终是像 Saleh 那样没有尝试过自发使用 *going to* 形符，还是像 Abdullah 那样推迟了几个月才自发使用，都无法从这些数据中分辨出来。在教授将来时的那一周，Abdullah 使用了四次 *going to*，三次是在考试中，一次是在考试之前，之后没有进一步使用，直到 T10.0 的一次书面语中使用和在 T13.5 的一次口语中使用。这种模式并不是 *going to* 习得所特有的。Wiberg（出版中）也报告了意大利语学习者在考试中使用将来时形式，但即使在对话者提示时也没有使用。这种使用模式支持了显性知识和隐性知识之间的区别。

从以上总结来看，教学似乎不是 *going to* 出现时间或使用频率高低的决定因素。在 1 级和 2 级教学中，*going to* 引入较早且访问频繁，并被教师使用，这些构成了使用 *going to* 的充分正面证据。这些示例展示了一个具体案例，其中显性的练习输出对五分之三的学习者没有明显影响，这些学习者在教学之前都没有使用 *going to* 或 *gonna*。实际上，教学日志为更多的学习者描绘了一幅相似但不太详细的画面。所有学习者在 T1.5 都接受了 *going to* 的教学。这里讨论的六名学习者在 T3.0 接受了关于将来时的第二轮教学，包括 *will* 以及 *going to*；其余 10 名学员在 T2.5 接受了这样的教学。然而，即使在 T2.5 或 T3.0 阶段的第二次教学之后，多达一半的人也不会自发使用 *going to*（表 6.4 和 6.5）。

学习者建立并维护一个以 *will* 为主导的系统。在某些习得阶段，学习者似乎能够抵制教学提供的输入（Pienemann，1989，1998）。为什么重复的教学和重复的输入和接触不会改变中介语系统的平衡？其他因素似乎也在起着作用。

讨　论

本节讨论了将来时间的中介语表达出现的顺序和使用频率的潜在决定因素，即教学、成分复杂性、将 *will* 作为词汇标记的解释以及一对一原则（one-to-one principle）。这个讨论特别关注了一半的学习者：八个人表现出使用了 11 次或更少的 *going to*，Satoru 的书面语用法变得完全程式化。

形式复杂性

对模式的一种解释取决于所考虑形式的形式复杂性（formal complexity）。从形式上看，*will* 和 *going to* 是完全规则的。使用 *going to* 可能是一项更艰巨的任务，因为它比 *will* 更长，因此需要对更多的语音单位进行排序（参见 N. Ellis，1996）。学习者还须对助动词 *be* 进行屈折变化，这可能会增加这种结构的形式复杂性。通过 *going to* 相对于 *will* 的形式复杂性可能可以解释出现的初始顺序，但最终不能令人满意，因为同样的学习者确实学习了带有过去参照的组合时-体形式（按照顺序包括过去进行体、现在完成体和过去完成体；Bardovi-Harlig，2000）。本研究中所有 16 名学习者均明显进入了发展的形态阶段。因此，形式复杂性充其量只是解释为什么 *will* 在 *going to* 之前出现，而不是为什么 *going to* 在一半学习者的产出中相对延迟或使用不频繁。

Will 作为将来的词汇标记

另一个因素可能是导致过去时间表达发展的习得阶段中常见的形态前词汇阶段。许多研究报告，学习者在使用形态手段之前先使用词汇手段来表达时间关系（全面综述参见 Bardovi-Harlig，2000；Dietrich 等，1995）。如果学习者认为 *will* 是词汇性的而不是语法性的，那么 *will* 可能比 *going to* 更有优势。有三个事实表明，学习者可能将 *will* 理解为一种词汇表达：*will* 是一个自由语素（free morpheme），在学习者语料库中缺乏变体（语料库中的语音简化形式的形符很少，只有两个学习者使用），而且它出现得很早。*Will* 不仅在 *going to* 之前出现，它在英语中的习得可能比其他语言中的形态将来时的习得要早得多。在意大利语（相对于其他时-体形态，唯一一种已出版时-体形态出现顺序数据的其他语言）中，Giacalone Ramat（1992：305）将形态将来时的习得置于时-体形态的发展中，如例 10 所示[①]。

10. 现在时>（助动词+）过去分词>未完成体>将来时>条件句>虚拟语气

与 *will* 相比，就其延迟的时间而言，*going to* 表现得更像是形态将来时。将相同学习者的 *going to* 的出现与过去形态的出现进行对比（即过去进行体、现在完成体和过去完成体；Bardovi-Harlig，2000），发现对于所有学习者来说，*going to* 出现在过去进行体之后，但在过去完成体之前，大约在现在完成体前后。

[①] 其他关于意大利将来时的研究包括 Berretta（1990）和 Wiberg（出版中）。Moses（2002）报告了一个对法语的横向研究。

一对一原则

尽管 will 的词汇解释是合理的，但它可能不是唯一起作用的因素。Will 在中介语中的主导地位以及 going to 在创建过程中的难度也可能因为一对一原则造成的（Andersen，1984，1990，1993）。一对一原则指出，中介语系统"应该以这样一种方式构建，即用一种清晰不变的表面形式（或结构）来表达预期的潜在含义"（Andersen，1984：79）。正如 Andersen（1984）总结的那样，一对一原则"是一种**形式**对一种**意义**的原则"（第 79 页，原文强调）。从形式和意义的关联的角度来看，有趣的是，will 的出现遵循 Leech（1971：64）认为的将来表达"重要性顺序"，这表明 will 代表英语中的"中性"将来时（第 52 页）。

正如一对一原则所规定的，will 是易懂且不变的。Will 没有形态变化，正如形态缺陷情态动词的概念所指出的那样（即，英语情态动词不采用时态形态）。此外，在目前学习者的中介语中，也很少有语音变异（phonological variation），正如注意到的普遍不使用相关缩略词 'll 的现象一样。因此，will 的形式与其"将来"意义的关系已牢固建立。

Going to 要在系统中扎根的话，得具有不同于"一般将来时"的新含义，或者学习者允许某个单一含义的多种形式，或者学习者重新分析与 will 有关的含义[①]。学习者找到 going to 的一个或多个新含义的线索是副词-动词比率。在书面语语料库中，带有动词的副词与 going to 搭配使用比与 will 或原形/现在时或现在进行将来时的搭配使用要少。Going to 与副词一起的使用率最低，为 0.32，每 10 次使用 going to 就有 3 个副词；will 的为 0.47，即每 10 次使用 will 就有近 5 个副词；原形/现在时和现在进行体（这些形式很少使用，且这些形式具有其他的初始含义）表现出了将来副词短语的最高使用率，分别是 0.69 和 0.76。如果学习者将 going to 的使用预留为 Dahl（1985，2000）所说的"准备中"或即将使用，那么副词和词汇标记的使用率更低是有道理的。"即时性"的概念可以内置于与形式相关联的含义中。

进行体作为将来时的罕见使用是一对一原则的另一个例证。现在进行体的使

---

① Going to 也可能要经历其自身的语义扩展，从"I am going to school"中的"go to"的进行体（和字面）含义转变为作为 go- 将来时的使用。这对于普遍 go- 将来时形式的 L2 习得来说应该是跨语言的。我感谢 Yas Shirai 指出这一点（个人交流，2002 年 10 月）。

用率很低，这是因为现在进行体已经与"进行中"作为其主要含义相关联。尽管一方面观察者可能期望学习者在现有形式上加入双重语义，但事实并非如此。遵循一对一的原则，现在进行体在很大程度上停留在现在的范围而不是将来。许多最早的进行将来时出现在实义动词 go 中，例如 "I am going to Dinner"，这表明这些可能是 "going to +动词"形式为用进行体表示将来作铺垫。将进行体用来表示将来中，所含的副词与动词的比例在书面语语料库中最高，为 0.69，在口语语料库中为 0.75。

另一个关于一种新形式如何抓住与另一种形式相关联的意义的一部分的证据（在此案例中，going to 如何表达出一些 will 才能表达出的将来意义）来自惯用语 I am going to write (about) 的使用（Bardovi-Harlig，2002）。如表 6.5 中的 "write"一词所示，Satoru 的 31 个 going to 书面语形符中有 28 个是惯用语 I am going to write (about)。他第一次使用 going to 时使用了三种不同的形符和动词类型；之后，他开始将 going to 只与动词 write 搭配。相比之下，他在口语中使用了 7 个形符，在同一时间范围内有 5 种类型。另一位叫 Khaled 的学习者产出了 18 个 going to write 的形符，并且在大约 6 周的时间里只在惯用语 going to write 中使用 going to，然后在 T9.0 和 T1.0 之间产出 15 个形符。Khaled 在 T11.0 放弃了只在惯用语中使用 going to，开始与其他动词一起使用。其他三名学习者整体产出中惯用语的使用没有那么多（Guillermo，6 个形符；Eduardo，6 个形符；Carlos，5 个形符）。（参见 Bardovi-Harlig，2002 中对在本语料库中与 going to 相关联的惯用语使用的讨论。）

惯用语使用不仅在前面讨论的"准备中"的意义上提供了清晰的形式-意义关联，它还提供了清晰的话语功能。I am going to write about 出现在文章的开头。这种惯用语用法与目标结构 going to 的"即时性"或"准备中"的解读特别一致。作者使用这一惯用语时，通常会在几句话内开始撰写这篇文章（的正文）。

从另一个角度解释惯用语用法，中介语可以专门（如果是暂时的）使用 going to 来替代 going to write 惯用语，因为该系统已经有了一个承载将来意义作为交际的将来时形式。通过将 going to 分配给 going to write 惯用语和功能，学习者系统可以解决明显的语义对等问题。

研究中的学习者在最初使用 will 时似乎建立了一个时间对比系统。在初始阶段，will 表示将来时间，与过去（各种时-体形式表达了讲话时间、事件时间和参照时间之间的不同关系）和原形／现在时形成对比。在中介语的这一阶段，将来的语法化表达似乎缺乏时间语义学家所描述的作为将来时间关键特征之一的情态特征。以 will 作为唯一的将来时标记，不存在包括意向性、可能性、概率、欲望或意志的语法化情态标记。如果 going to 可以描述为准备中或其他计划阶段的编码事件（Azar, 1985; Dahl, 2000），那么在后期阶段引入 going to 不仅是对时间表达的补充，也是对情态表达的补充。Going to 对确定性的情态程度进行编码，这种确定性在一个只有 will 的系统中不存在。因此，正如已经描述的那样，中介语系统的扩展以适应 going to 不仅代表了时间表达的扩展，而且代表了从时间系统向情态系统的转变；也就是说，从时-体系统到时-态-体系统的转变。这种解释在现阶段的研究中是有点推测性的，但它勾勒出了一个进一步研究的方向。

结 论

本研究聚焦两种表达将来的形式的使用，探讨了处于发展初期的时-态-体系统中 will 优于 going to 占主导地位的原因。其他领域仍有待研究。与意义为导向的方法一样，应考虑所有形态、词汇和句法的表达手段，正如语料库的原始编码所示。进一步的研究应该能显示将来情态的最早表达至少有一部分存在于学习者对词汇将来式的使用中；这可能导致一个相对较早的中介语阶段，在该阶段 will 承载着表示将来时间的意义，而词汇将来式和副词短语则承载情态意义。

第二个研究领域是考察 will 的语义域在出现和建立 going to 时如何（或是否）发生变化。理想情况下，这种探究应该扩展到包括与儿童语言习得分析中使用的活动类型类似的话语类型（参见 Gee 和 Savasir，1985；Pawlowska，1999，儿童 L1 英语；Wiberg，2002，成人 L2 意大利语）。学习者写的关于他们自己的日记以及围绕学习者自身活动的对话构成了本研究的大部分书面语和口语文本，日记和对话为学习者提供了充分的机会来表达除了将来之外的意图和意志。文本可以进一步分为个人和非个人文本，也可以以第一人称和其他人称进行分析。文本类型在过去为导向的时-体形式分布中起着重要的作用，也可能影响将来的表达。

尽管诸如此类的研究揭示了中介语中时-态-体系统的发展，但它们也有助于促进对影响二语习得的因素进行更广泛的讨论。教学的影响、复杂性、学习者输入分析以及一对一原则与语言发展的任何领域都相关。学习者经常面临多种形式，而这些形式在他们看来可能是"相同的含义"，他们在早期阶段设法构建一种经济有效的中介语。他们如何构建初始阶段以及早期系统是如何向目标语的形式-意义关联扩展的，值得继续研究。

参考文献

Andersen, R. W. (1984). The one-to-one principle of interlanguage construction. *Language Learning, 34*, 77-95.

Andersen, R. W. (1990). Models, processes, principles and strategies: Second language acquisition inside and outside the classroom. In B. VanPatten & J. F. Lee (Eds), *Second language acquisition-foreign language learning* (pp. 45-78). Clevedon, England: Multilingual Matters.

Andersen, R. W. (1993). Four operating principles and input distribution as explanations for underdeveloped and mature morphological systems. In K. Hyltenstam & A. Viberg (Eds.), *Progression & regression in language: Sociocultural, neuropsychological, & linguistic perspectives* (pp. 309-339). Cambridge, UK: Cambridge University Press.

Azar, B. S. (1985). *Fundamentals of English grammar.* Englewood Cliffs, NJ: Prentice Hall.

Bardovi-Harlig, K. (1992a). The relationship of form and meaning: A cross-sectional study of tense and aspect in the interlanguage of learners of English as a second language. *Applied Psycholinguistics, 13*, 253-278.

Bardovi-Harlig, K. (1992b). The use of adverbials and natural order in the development of temporal expression. *IRAL, 30*, 299-320.

Bardovi-Harlig, K. (1994). Reverse-order reports and the acquisition of tense: Beyond the principle of chronological order. *Language Learning, 44*, 243-282.

Bardovi-Harlig, K. (2000). *Tense and aspect in second language acquisition: Form, meaning, and use.* Oxford, England: Blackwell.

Bardovi-Harlig, K. (2002). A new starting point? Investigating formulaic use and input. *Studies in Second Language Acquisition, 24*, 189-198.

Berretta, M. (1990). Il futuro in italiano L2. *Quarderni del Dipartimento di Linguistica e Letterature Comparate (Università di Bergamo), 6*, 147-188.

Biber, D., Johansson, S., Leech, G., Conrad, S., & Finegan, E. (1999). *Longman grammar of spoken and written English.* London: Longman.

Broen, P. A., & Santema, S. A. (1983). Children's comprehension of six verb-tense forms. *Journal of Communication Disorders, 16*, 85-97.

Bybee, J. L. (1985). *Morphology: A study of the relation between meaning and form.* Amsterdam: Benjamins.

Bybee, J., Perkins, R., & Pagliuca, W. (1994). *The evolution of grammar: Tense, aspect, and modality in the languages of the world.* Chicago: University of Chicago Press.

Comrie, B. (1985). *Tense.* New York: Cambridge University Press.

Coates, J. (1983). *The semantics of the modal auxiliaries.* London: Croom Helm.

Coates, J. (1987). *Epistemic modality and spoken discourse. Transactions of the Philological Society* (pp. 111-131). Oxford, England: Blackwell.

Dahl, Ö. (1985). *Tense and aspect systems.* Oxford, England: Blackwell.

Dahl, Ö. (2000). *Tense and aspect in the languages of Europe.* Berlin: de Gruyter.

Dietrich, R., Klein, W., & Noyau, C. (1995). *The acquisition of temporality in a second language.* Amsterdam: Benjamins.

Ellis, N. C. (1996). Sequencing in SLA: Phonological memory, chunking, and points of order. *Studies in Second Language Acquisition, 18*, 91-216.

Ellis, R. (1990). *Instructed second language acquisition.* Oxford, England: Blackwell.

Fleischman, S. (1982). *The future in thought and language.* Cambridge, England: Cambridge University Press.

Fletcher, P. (1979). The development of the verb phrase. In P. Fletcher & M. Garman (Eds.), *Language acquisition* (pp. 261-284). Cambridge, England: Cambridge University Press.

Gee, J., & Savasir, I. (1985). On the use of *will* and *gonna:* Toward a description of Activity-types for child language. *Discourse Processes, 8*, 143-175.

Giacalone Ramat, A. (1992). Grammaticalization processes in the area of temporal and modal relations. *Studies in Second Language Acquisition, 14*, 297-322.

Klein, W. (1995). The acquisition of English. In R. Dietrich, W. Klein, & C. Noyau (Eds.), *The acquisition of temporality in a second language* (pp. 31-70). Amsterdam: Benjamins.

Krashen, S. (1977). Some issues related to the monitor model. In H. Brown, C. Yorio,

& R. Crymes (Eds.), *On TESOL '77* (pp. 144-158). Washington, DC: TESOL.

Leech, G. N. (1971). *Meaning and the English verb.* London: Longman.

Lyons, J. (1977). *Semantics.* London: Cambridge University Press.

Meiscl, J. (1987). Reference to past events and actions in the development of natural language acquisition. In C. W. Pfaff (Ed.), *First and second language acquisition processes* (pp. 206-224). Cambridge, MA: Newbury House.

Moses, J. (2002). *The expression of futurity by English-speaking learners of French.* Unpublished doctoral dissertation, Indiana University.

O'Neill, R., Anger, L., & Davy, K. (1981). *AKL: Beginning.* London: Longman.

O'Neill, R., Kingsbury, R., Yeadon, T., & Cornelius, E. T., Jr. (1978). *AKL: Intermediate.* London: Longman.

Palmer, F. R. (1986). *Mood and modality.* Cambridge, England: Cambridge University Press.

Pawlowska, M. (1999). A parallel development in the history and acquisition of *be going to* in English. *Studia Anglica Posnaniensia, XXXIV*, 201-210.

Perkins, M. R. (1983). *Modal expressions in English.* Norwood, NJ: Ablex.

Pienemann, M. (1989). Is language teachable? Psycholinguistic experiments and hypotheses. *Applied Linguistics, 10*, 52-79.

Pienemann, M. (1998). *Language processing and second language development: Processability theory.* Amsterdam: Benjamins.

Reichenbach, H. (1947). *Elements of symbolic logic.* Berkeley, CA: University of California Press.

Salsbury, T. (2000). *The grammaticalization of unreal conditionals: A longitudinal study of L2 English.* Unpublished doctoral dissertation, Indiana University, Bloomington.

Schumann, J. (1987). The expression of temporality in basilang speech. *Studies in Second Language Acquisition, 9*, 21-41.

Wiberg, E. (2002). Information structure in dialogic future plans: A study of Italian native speakers and Swedish preadvanced and advanced learners of Italian. In R. Salaberry & Y. Shirai (Eds.), *Tense-aspect morphology in L2 acquisition* (pp. 285-321). Amsterdam: Benjamins.

第七章　认知语言学与第二语言习得：
类型学框架中的运动事件

Teresa Cadierno
南丹麦大学
Karen Lund
丹麦教育大学

本章讨论了认知语言学（cognitive linguistics）如何为第二语言习得（SLA）的研究（更具体地说，学习者如何在 SLA 中建立形式-意义联结的研究）提供一个富有成效的范式。通过关注认知类型学这一特定的研究领域来说明认知语言学对 SLA 的可能贡献。具体而言，本章考察 Talmy 的运动事件（motion event）类型学框架（1985，1991，1996）在研究二语学习者在二语中是如何解释和表达运动上所起的作用，展示这一研究方式如何构成理论基础和可检验假设的基础，这些假设是关于来自不同类型的 L1 学习者在解释和表达 L2 中的运动事件时所做的形式意义映射类型。这些假设的形成基于（a）Talmy 的类型学框架；（b）Slobin 及其合作者对 L1 习得的实证研究（Berman 和 Slobin，1994）和（c）Slobin 的**因言而思假说**（thinking for speaking hypothesis）（Slobin，1996a），构成了沃尔夫语言相对论假说（Whorfian relativity hypothesis）关于语言和思维的关系的修改版。

本章分为以下几部分：第一部分介绍了这一研究领域的理论背景。包括对其中心原则（central tenet）的一般性介绍，并介绍了 Talmy 的类型学框架以及 Slobin 关于 L1 习得的实证研究和他的因言而思假说。第二部分讨论了 Talmy 和 Slobin 的工作对 SLA 的影响，并在此基础上结合丹麦语和西班牙语的典型形式-意义模式，提出一系列关于不同类型的 L1 和 L2 学习者（即，学习西班牙语的丹麦学习者和学习丹麦语的西班牙语学习者）对运动方式的解释和生成的假设。本章还将讨论研究这些假设的可能的研究方法。术语**形式**和**意义**可理解为：形式指语言的语言单位，包括词汇单位和语法单位（即形态和句法）。所有语言形式或表达都被视为符号单位,由语音和语义表征的关联组成。因此,意义是指一个符号单位的语义结构,它反过来又等同于概念化。这种形式和意义的概念贯穿始终。

认知语言学:中心原则

认知语言学是 20 世纪 80 年代兴起的一种从功能的角度研究语言的方法[①],它替代了生成学派的主流语言学理论,生成学派强调语言的形式属性,并将语言视为独立于人类认知的自主系统。然而,认知语言学并没有构成一个完全同质化的框架,因为它的跨学科性质借鉴了各种学科(例如,认知科学、认知心理学、神经科学和人类学)。尽管在认知语言学中已经确定了不同的研究方法和方式(Cuenca 和 Hilferty,1999;Ungerer 和 Schmid,1996),但它们都有一个特定的语言观,我们将对此进行简要讨论。

语言作为认知的组成部分

在认知语言学范式中,语言被视为与人类认知和一般认知过程有着内在联系。在这种观点中,"语言结构被视为与人类的概念知识、身体体验和话语的交际功能相关并受其驱动"(Gibbs,1996:27)。因此,认知语言学家遵循的策略是明确地寻找语言和认知之间可能的联系,这被称为"认知承诺(cognitive commitment)",即承诺提供与一般人类心理过程相一致的语言描述和解释(Lakoff,1990;Langacker,1987)。用 Langacker 自己的话(1968:1)来说,语言结构尽可能地"从更基本的系统和能力的角度(例如,感知、注意、分类)进行分析,而语言结构与这些系统和能力是不可分离的"。

语言在本质上的符号性

认知语言学领域认为语言本质上是符号性的,也就是说,作为"一组开放的语言符号或表达,每一个符号或表达都将某种语义表征与语音表征联系起来"

---

① 正如 Geeraerts(1988)和 Langacker(1987)等作者所指出的,尽管认知语言学出现在 20 世纪 80 年代,但一些潜在的假设并不是新的(例如 Berlin 和 Kay 在 1969 年以及 Rosch 在 1978 年开展的关于原型和类别的研究)。

（Langacker，1987：11）。换言之，所有语言表达（即词汇、形态和句法）都被视为符号单位，由用于交际目的的常规形式-意义映射组成。正是这种将语言作为符号的概念使认知语言学成为研究 SLA 中形式-意义联系的很好的范式。

这一语言概念的一个重要结果就是意义在语言描述中的核心作用。在认知语言学中，意义等同于概念化（即心理体验），被视为具身思维与环境相互作用的动态活动。对概念化的解释要宽泛，包括新颖和既定的概念（embodied mind），感觉运动和情感体验的所有方面，以及对社会、语言和文化背景的理解（Langacker，1996）。因此，语言的意义被视为百科全书的范围；关于实体的所有已知信息都可以被视为对指定实体表达的意义有贡献。这意味着语义学和语用学之间，以及语言知识和语言外知识之间的明显区别是无法获取的（Langacker，1987）。

总之，语言意义被视为一种认知具身现象，其基础是人类身体存在的经验（Johnson，1987；Lakoff，1987）。语言意义被认为是主观的，它反映了说话者对世界经验的理解方式，以及他们选择理解和讨论这些经验的方式。[①]

认知语言学在四个基本方面不同于形式主义的语言研究方法（例如生成方法）：（a）生成语言学将语言能力视为语言研究的正确主题，而认知语言学强调考察语言行为的重要性，从而考虑语言的功能；（b）生成语言学采用语言的模块化观点（即认为语言在很大程度上独立于其他心理和认知能力），而认知语言学将语言视为一般认知的一个组成部分，因而反映了概念结构；（c）生成语言学将语法（尤其是句法）视为一个独立的系统（即独立于语义），而认知语言学将语法视为一个内在的符号系统，因此语法是有意义的（因此，语义被视为与语法密不可分）；（d）生成语言学采用基于真值条件并通过某种形式逻辑描述的客观主义观点，而认知语言学采用概念主义观点，将语言意义视为一种心理现象，具有百科全书式的性质。

因此，认知语言学被认为是研究 SLA 的一个很有前景的语言学范式，因为它提供了一些其他形式主义语言学方法由于自身的基本假设而无法提供的见解，

[①] Langacker（1987，1996）指出了识解（construal）的几个方面：详略度，即在不同程度的详略度和细节上构想实体或情境的能力；背景，即在一个结构提供的背景下构想另一个结构的能力；视角（perspective），包括视点（vantage point）和方位（orientation）等因素；一个概念的不同子结构的相对突出程度，包括凸显度（prominence）、轮廓和图形-背景一致等概念。

即详细分析学习者相较于母语（L1）的二语（L2）语义结构，以及解释语义结构如何与一般认知能力（例如，分类能力、图形（figure）/背景（ground）组织能力以及在不同详略度（specificity）水平上构想情景的能力）相关。本章后续将对此部分进行更详细的讨论，讨论世界上不同的语言如何对运动进行编码。

运动事件：Talmy 的类型学框架

空间域是认知语言学研究中备受关注的一个概念域。研究人员（如 Lakoff, 1987; Johnson, 1987）提出，我们对空间关系的理解是基于具有动觉基础的普遍图像图式，并且可以追溯到对世界的身体体验（即，从出生开始，人们就发展出一种先通过视觉感知和解释空间关系然后再通过行动感知和解释空间关系的能力）。Johnson（1987：xiv）将这些意象图式（image schema）定义为"一种通过感知相互作用以及动觉程序获得的对我们的经验给以连贯和结构的反复出现的动态模式"。这里特别相关的是始源-路径-终点图式，它是我们理解运动的基础（Johnson, 1987; Lakoff, 1987），由三个部分组成：始源（source）（起点）、路径（path）（从始源到终点的路线）和终点（goal）（预期目的地）。

然而，有趣的是，尽管我们对运动的理解是基于一个普遍的意象图式，但语言在不同的语义成分是如何被词汇化的方面表现出系统性的差异。Talmy（1985, 1991, 1996）从跨语言的角度探讨了运动领域中形式和意义之间的系统关系。Talmy（1985）将运动事件定义为包含运动或保持静止位置的情境，由以下六个语义成分组成：

（a）运动：运动本身的存在；（b）图形：移动的或概念上可移动的实体；（c）背景：图形移动的对象，可能包括移动的始源、媒介和终点；（d）路径：图形相对于背景所遵循的路线；（e）方式：运动发生的方式；和（f）原因：发生的原因。

Talmy（1985）提供了以下两个例子来说明这些成分：*The pencil rolled off the table*（铅笔从桌子上滚下来），和 *The pencil blew off the table*（铅笔从桌子上吹落）。在这两个句子中，*the pencil*（铅笔）作为图形，*the table*（桌子）作为背景，它们在这些例子中表示运动的始源，而小品词 *off*（落）表示路径。*rolled*（滚动）和 *blew*（吹）这两个动词都表示运动，另外前者表示运动的方式，后者表示运动的原因。

语言在如何将运动事件的语义成分打包成语言形式方面有所不同。根据发生的词汇化模式的类型，Talmy 提出了一个类型学框架，该框架描述了世界上不同语言在描述运动事件时的典型形式-意义映射模式。他根据路径信息在词汇上的打包方式确定了两大类语言：卫星框架语言（satellite-framed language）（S 语言）和动词框架语言（verb-framed language）（V 语言）。在 S 语言（例如英语、丹麦语和汉语）中，动词在一个卫星中（动词小品词）（例如，*The bottle floated out of the cave*（瓶子从洞穴里漂浮出来）），通常将运动与方式或运动与运动原因合并，而路径则被编码在动词之外。另一方面，在 V 语言（例如西班牙语和土耳其语）中，动词通常将运动和路径合并，而方式和原因则在状语或动名词中分开表示（例如，La botella salió de la cueva flotando 'The bottle left the cave floating'（瓶子漂浮着离开洞穴））[①]。

一语习得中的运动事件

Berman 和 Slobin（1994）和 Slobin（1996a，1996b，1997，2000）在 L1 语言习得中就 Talmy 的类型学框架开展了实证研究。他们的研究考察了这些类型上的差异是否对本族语者对动作事件的概念化和表达产生影响。因此，他们的研究包括来自 S 语言（英语、德语）和 V 语言（希伯来语、西班牙语和土耳其语）的儿童和成人。数据是通过"青蛙故事"（一本无字图画书）启发任务收集的（Mayer，1969）。

研究结果表明，卫星框架与动词框架两种类型学模式对两种语言类型的母语者在表达运动事件的修辞风格上有明显的影响。虽然 S 语言的说话者倾向于将更多的叙事注意放在沿着路径的运动动态上，但 V 语言的说话者倾向于将更多的注意放在场景设置上（例如，*The deer threw them off over a cliff into the water*（鹿把他们从悬崖上扔到水中）vs. *Lo tiró. Por suerte, abajo, estaba el río. El niño cayó en el agua* '[The deer] threw him. Luckily, below, was the river. The boy fell into the water'（[鹿]把他扔了。幸运的是，下面是河。男孩掉进了水里））（Slobin，

---

① 这些词汇化模式反映了一般趋势，而不是绝对差异。有一些 S 语言，例如英语（但不包括丹麦语），包含将运动和路径合并的拉丁动词（例如 enter、ascend、descend）。同样，像西班牙语这样的 V 语言含有将动作和方式混合的动词（例如，*correr* 'to run'（跑），*nadar* 'to swim'（游泳），*saltar* 'to jump'（跳））。最后一个观察结果将在本章的第二部分更详细地讨论。

1996b）。在英语中，说话者通过在单个运动动词后附加几个卫星来详细阐述路径描述，从而使设置留待推断（即悬崖在水面上）；另一方面，在西班牙语中，说话者提供了舞台设置信息，因此留下轨迹的细节有待推断（即，他从某个高处进入水中）。在两种语言类型中运动方式的语义成分表达方面也存在重要差异，这一问题将在本章的第二部分进行讨论。

因言而思

Slobin（1996a）解释了儿童在学习不同类型语言时所发现的系统性差异，认为这反映了他所说的"因言而思"的不同模式。"因言而思"假说认为，有一种思维与语言密切相关，即在说话过程中，或在签名、写作或听力过程中的实时思维。"因言而思"涉及挑选对象与事件的特征，这些特征符合事件的某些概念化并且易于在语言中编码。

根据认知语言学家的观点，Slobin 的假说假设人们在不采用视角的情况下无法用语言表达经验。Slobin 特别强调语言起着重要作用，因为一种语言中的特定语言结构可能有利于特定的视角。用 Slobin 自己的话说，"世界没有呈现要语言编码的'事件'。相反，在说话或写作的过程中，经验通过语言过滤成言语化的事件"（Slobin，2000：107）。

因此，Slobin 的"因言而思"假说构成了沃尔夫关于语言相对论和决定论假说的修正和更为谨慎的版本，因为它强调的是在形成话语的行为中发生的心理过程，而不是语言对一般认知的可能影响。[①]在这方面，Slobin 的假说遵循了人类学语言学的传统，如 Boas（1911）的著作所例证的那样，Boas 认为"任何话语都是一个概念的选择性图式化——在某种程度上，图式化取决于说话者特定语言的语法化意义，是为了口头表达的目的而产生的"（引自 Slobin，1996b：75—76）。

根据 Slobin（1996a）的说法，当儿童习得母语时，会学习特定的"因言而思"方式。因此，每种语言都训练其母语者在谈论事件时对事件的特定细节给予不同的关注。正如 Slobin（1996a）所指出的，这种在儿童时期进行的训练会严重阻碍成人 SLA 的重构。

---

① Lucy（1992，1996）等其他研究人员对语言对人类非语言认知的影响提出了更强有力的主张。

二语习得中的运动事件

本章第二部分的目标有二：（a）讨论 Talmy 的类型学框架和 Slobin 的"因言而思"假说和他在 L1 习得方面的研究对 SLA 研究的影响；本文讨论的背景是跨语言影响在 SLA 的作用；（b）说明这两条研究路线如何为研究 SLA 中的形式-意义联结提供有用的理论基础，更具体地说，它们如何成为理论上有动机的假设的基础，然后对这些假设进行实证检验。第二个目标通过关注运动事件的特定语义成分（即运动方式）来说明。这部分讨论首先描述了两种不同类型语言（即丹麦语和西班牙语）的形式-意义映射，然后提出了一系列关于西班牙的丹麦语学习者和丹麦的西班牙语学习者对运动方式的解释和产出的假说。

Talmy 和 Slobin 的研究对 SLA 的启示

根据 Talmy 和 Slobin 的研究，考虑两个相关的问题：L2 学习者是如何在与 L1 类型不同的 L2 中表达运动事件的？这些类型的学习者与母语和二语类型相同的学习者相比表现如何？这些类型的学习者与 L1 和 L2 类型模式相同的学习者相比表现如何？根据 Slobin 的"因言而思"假说，一个合理的初步假说是，学习 L2 将涉及学习另一种"因言而思"方式，即学习如何将运动事件的语义成分映射到 L2 的表面形式，以及学习哪些特定的运动事件的细节必须在输入中得到关注并在 L2 中表达。因此，与"因言而思"假说一致的一般假说将假设学习者的 L1 类型学模式将（至少在最初阶段）构成在 L2 中建立的形式-意义映射的出发点。这一假说意味着，独立于 L1 和 L2 的类型学模式，学习者倾向于将 L1 的形式-意义模式转移到 L2 中。然而，从描述性的角度来看，该过程会导致不同的迁移模式；在 L1 和 L2 类型相似的情况下，两种语言之间的正迁移是可以预期的，而在 L1 和 L2 类型不同的情况下，负迁移是可以预期的。

运动方式

正如 Talmy（1985，1991，1996）类型学框架所指出的那样，方式的语义成分在卫星框架语言和动词框架语言中表现出不同的词汇化模式。根据 Talmy 的框架，S 语言中的方式通常与动词中的运动相结合，而在 V 语言中，方式通常以单独的表达方式表达（例如，*The bottle floated out of the cave*（瓶子从洞穴里漂浮出来）vs. *La botella salió de la cueva flotando* 'The bottle went out of the cave floating'（瓶子漂浮着离开洞穴））。然而，为了充分解释两种语言类型的不同词汇化模式，有必要考虑另一个语义成分，即跨界（boundary-crossing）(Slobin, 1996b, 1997)。跨界是指路径是否涉及界限的跨越（例如，表示非跨界的 *inside* 和表示跨界的 *in* 之间的区别）。

表 7.1 丹麦语 L1 中的形式-意义映射

图形	运动	路径	背景
	方式	+/-跨界	
	动词	卫星	介词短语
Han	*løb*	*ind*	*i huset*
'He	ran	into	the house'
Han	*løb*	*inde*	*i huset*
'He	ran	inside	the house'

注：BC=Boundary-crossing（跨界），PP=Prepositional Phrase（介词短语）

表 7.2 西班牙语 L1 中的形式-意义映射

图形	运动	背景
	方式（只在-跨界时）	
	动词	介词短语
Él	*corrió*	*hasta la casa*
'He	ran	up to the house'
Él	*corrió*	*en la casa*
'He	ran	inside the house'

图形	运动	背景	方式
	路径		
	+跨界		
	动词	介词短语	分离/忽略
ÉL	*entró*	*en la casa*	*(corriendo)*
'He	entered	the house	(running)'

注：BC=Boundary-crossing（跨界），PP=Prepositional Phrase（介词短语）

我们将使用丹麦语（S语言）和西班牙语（V语言）对S语言和V语言在运动方式方面的词汇化模式进行分析。根据本卷的主题，该分析将基于两种语言的形式-意义映射。如表7.1所示，丹麦语中的方式通常与动词中的运动相结合，从而导致运动动词的方式多种多样。路径和+/-跨界通过复杂的卫星系统映射到卫星上，这表明易位功能和定位功能之间的对立（例如，*ud/ude* 'out（易位）/outside', *ind/inde* 'into（易位）/inside', *op/oppe* 'up（易位）/upstairs', *ned/nede* 'down（易位）/downstairs', and *hjem/hjemme* 'home/at home'）。另一个例子是 *Han løb ind i huset* 'He ran into the house'（他跑进了屋子），相对于 *Han løb inde i huset* 'He ran inside the house'（他跑进了屋子），它表示跨界。那么，在丹麦语中，如果不表达运动是否涉及跨界，通常不表达路径。

另一方面，如表7.2所示，只有在非跨界情况下，西班牙语中的方式才能与动词中的动作合并（例如，*Corrió hasta la casa* 'He ran to the house (without entering)'（他跑向了屋子（没进去）），*Corrió en la casa* 'He ran inside the house'（他跑进了屋子里））。当涉及跨界时，这种合并是不可能的。如果要在同一个话语中表达方式和跨界，方式必须映射到单独的短语上，要么是动名词要么是介词短语（例如，*Entró en la casa corriendo* 'He entered the house running'（他跑着进了屋））。这通常会导致省略方式，除非方式是焦点所在。西班牙语动词在非跨界的情况下，可能会将方式和动作混为一谈，这表明不能从绝对意义上理解Talmy的类型学分类；跨界是运动事件的跨语言描述中的必要语义成分。

S语言和V语言特有的形式-意义映射对词汇中包含的动作动词的方式类型以及这些动词的使用频率产生影响。因此，S语言（例如英语和丹麦语）与V语言（例如西班牙语）相比，拥有更大的运动方式动词词库（例如，*deslizarse* = *creep*、*glide*、*slip*、*slither*；*saltar* = *bound*、*jump*、*dive*、*hop*、*spring*）。正如Slobin（2000）所指出的，语言有两个层次的方式动词词汇：中性的日常动词，如walk（走）、fly（飞）、clamp（夹）、run（跑），以及更具表现力或特殊的动词，如dash（急奔）、swoop（俯冲）和scramble（爬）。由于S语言的第二层比V语言更广泛、更复杂，因此，S语言的使用者比V语言的使用者接受了更多的方式区分培训。此外，S语言使用者使用动作动词的频率高于V语言使用者（Slobin，2000）。

两种语言类型中运动方式的语义成分的不同地位也反映在从一种语言类型到另一种语言类型的翻译中（Slobin，2000）。西班牙语译者倾向于省略动作方式，而英语译者则在西班牙语原文的基础上增加动作的方式。例如，*They plunged across the road into the long grass on the other side*（他们穿过马路进入另一边的长草）（摘自 Doris Lessing 的 *A proper marriage*（《良缘》））被翻译为 *Cruzaron el camino hacia la hierba alta del otro lado* 'They crossed the road towards the long grass on the other side'. 相比之下，Cervantes 的以下句子，*Cuando don Quijote salió de la venta* 'when don Quijote left the inn'，被翻译成德语为 *Als Don Quijote aus der Schenke ritt* 'when Don Quijote rode out of the inn'。

关于运动方式的理解与产出的假说

以丹麦语和西班牙语的类型学映射模式和 Slobin 对一语习得和翻译的研究为例，讨论关于将丹麦语作为 L2 的西班牙学习者和将西班牙语作为 L2 的丹麦学习者如何理解和表达 L2 中运动方式的几点预测。预测分为运动方式映射和跨界映射。根据 Slobin 的"因言而思"假说，这些预测假设学习者的 L1"因言而思"模式将是 L2 模式的理解和产出的出发点。因此，这些假说重点关注 SLA 的初始阶段。更高级的学习者是否仍会受到 L1"因言而思"模式的影响，或者他们是否会随着他们对 L2 接触的增加而学习新的形式-意义模式，这是一个悬而未决的问题。因此，对高级学习者的研究将有助于揭示 Slobin 在 SLA 中"因言而思"假说的作用。

西班牙语 L1-丹麦语 L2：运动-方式映射。鉴于西班牙语缺乏运动方式动词（尤其是第二层动词）的细化词汇，因此，其使用者没有接受训练以分类方式区分不同的运动方式，那么可以提出几个假说。

首先，关于理解，我们预测 L2 的第二层方式动词中存在的语义细化方式区分不会首先被学习者加工。该动词将倾向于仅针对运动进行解码。例如，一个学习者听到 *Tyven sniger sig rundt inde i stuen* 'The thief creeps around inside the room'（小偷在房间里四处走动）这个句子时，他将倾向于首先解码运动（即小偷在房间内四处走动）并忽略方式信息。在这种情况下，学习者对运动的理解将基于结构本身的含义。[①] 另一方面，当遇到第一层的方式动词（即在学习者的 L1 中也常

---

① 这种解释与构式语法方法（Goldberg, 1995）一致，该方法指出语法构式本身具有意义。

用的动词）时，学习者最初会倾向于加工动词中的方式信息（例如，*Hun løber i parken* 'She runs in the park'（她在公园里跑步））。然而，一般来说，无论他们的 L1 类型如何，对于初学者都可以做出同样的预测，因为所有初学者都倾向于使用高覆盖率的词项（例如，Harley，1993；Harley 和 King，1989）。①这表明，对于处于语言习得初始阶段的学习者来说，不可能弄清楚输入中对 L2 第二层方式动词缺乏关注的程度究竟是由于普遍的学习原理还是受 L1 类型学模式的影响。但是，这个问题对于更高级的学习者来说，就可以弄清楚。根据 Slobin 的"因言而思"假说，我们预测 S 语言和 V 语言的高级学习者加工第二层方式动词的方式会有所不同。

其次，关于产出，假设学习者最初会使用丹麦语中的少量方式动词（而不是任何第二层方式动词）。这种倾向会将单个或少量的方式动词过度概括到所有交际语境中，这意味着词汇中可用的丰富的 L2 方式动词没有得到充分利用。例如，学习者将只使用一个动词来表示行走（例如，在所有与所涉及的行走方式无关的行走语境中使用 *gå* 'to walk'，在丹麦语中可以表示为 *slentre* 'stroll'（散步），*spadsere* 'go for a short stroll'（去散散步），*saunter' stavre* 'totter'（蹒跚），*traske* 'trudge'（跋涉），或 *vakle* 'stagger'（踉跄））。过度使用动作动词的方式类型取决于输入频率、感知凸显性和原型性等因素。

与理解的情况一样，这些针对 L1 为 V 语言的学习者的预测也适用于 L1 为 S 语言的初学者（即，他们倾向于使用数量有限的高覆盖率词项）。然而，对于更高级的学习者来说，根据 Slobin 的"因言而思"假说，这两个受试群体之间的差异是可以预期的。

西班牙语 L1-丹麦语 L2：跨界映射。鉴于西班牙语不允许在跨界情况下将方式和动作映射到动词上，而丹麦语则允许在跨界和非跨界情况下将方式和动作映射到动词上，因此提出了以下假说。

首先，在理解方面，预计学习者一开始会将丹麦语的跨界表达理解为非跨界，从而建立不正确的形式-意义联结。例如，如果学习者听到 *Han løber ind i huset* 'He runs into the house'（他跑进屋子）这个句子（这是一个跨界的情况），他们会错误地将其理解为 *Él corre dentro de la casa* 'He runs inside the house'（他

---

① 感谢本章的匿名评审者提供的见解。

跑进屋子里），也就是说，没有跨界。因此，丹麦语的西班牙学习者倾向于将跨界和非跨界表达都理解为非跨界。这种基于 L1 的理解可能会通过以下事实得到巩固：丹麦语利用跨界和非跨界表达之间的细微语音差异（例如，+/-喉塞音，+/-重音和元音长度）。然而，根据 Slobin 的"因言而思"假说，在 V 语言和 S 语言的初学者之间会发现差异，因为后者不需要学习 L2 中的新映射模式。

关于产出，假设学习者最初不会在跨界情况下将动词中的方式和运动合并，而是使用单独表达方式的 L1 模式。例如，尽管结构复杂，但学习者可能更喜欢诸如 *Han kom løbende ind i huset* 'He came running into the house'（他跑来进了屋子）而非 *Han løb ind i huset* 'He ran into the house'（他跑进了屋子）之类的表达方式，因为在西班牙语中，他们会说 *Entró en la casa corriendo* 'He entered the house running'.（他跑着进了屋子）与理解的情况一样，V 语言和 S 语言的初级学习者之间的差异也是可以预期的。

丹麦语 L1–西班牙语 L2：运动–方式映射。鉴于丹麦语包含一个细化的运动方式动词词汇和大量西班牙语中不存在的第二层动词，因此我们预测学习者将倾向于在西班牙语 L2 中添加方式信息。

因此，关于理解，学习者会倾向于在他们对西班牙语动作动词的理解中添加方式信息。例如，如果学习者听到 *El ladrón entró en la casa* 'The thief entered the house'（小偷进了屋子）这个句子，他们可能会将 *entró* 理解为同时编码动作和方式，从而遵循丹麦语 L1 模式 *Tyven brød ind i huset* 'The thief broke into the house'（小偷闯入了屋子）。基于 Slobin 的"因言而思"假说，并考虑到两种语言词汇中运动方式的编码程度不同，可以预测 S 语言和 V 语言的初级学习者之间存在差异。

关于产出，学习者可能会在给定的语境中添加某种在目标语中不常用的方式信息。例如，如果学习者想要表达 *Folk strømmede gennem gaderne* 'People streamed through the streets'（街道上行人川流不息），他们可能会说 *La gente pasaba por las calles como un río* 'People passed through the streets like a river'（行

人像河流一样穿过街道)①。与理解的情况一样，V 语言和 S 语言的初学者之间的差异也是可以预期的。

丹麦语 L1-西班牙语 L2：跨界映射。鉴于丹麦语的方式和动作合并到包含跨界和非跨界情况下的动词中，因此提出以下假说。

关于理解，学习者可以将 *Corrió en la casa* '(He) ran inside the house'（（他）跑进了屋子里）这样的西班牙语非跨界表达理解为既指代非跨界情况，也指代跨界情况；也就是说，其意思要么是 'He ran inside the house'（他跑进了屋子里）（没有跨界）或 'He ran into the house'（他跑进了屋子）（有跨界）。根据 Slobin 的"因言而思"假说，我们预期 S 语言和 V 语言的学习者之间会存在差异，因为后者不需要学习新的 L2 映射模式。

关于产出，假设学习者会在跨界情况下将方式和动作结合（这在西班牙语中是不可能的）。那么，学习者可能会造出 *Ella corrió en la casa* 'She ran inside the house'（她跑进了屋子里）这样的西班牙语句子来表示'She ran into the house'（她跑进了屋子）。与理解的情况一样，S 语言和 V 语言的初学者之间的差异也是可以预期的。

如预测所示，在进行实证研究时，重要的是数据收集需包括对照组。因此，例如，丹麦语二语学习者应该拥有同时代表 V 语言和 S 语言的母语（例如，西班牙的丹麦语学习者和英国的丹麦语学习者）。从具有不同 L2 熟练程度的学习者那里收集数据也很重要，但是从更高级的学习者那里收集数据对于研究"因言而思"假说的作用强度是特别有意义的。例如，如果非常高级的西班牙丹麦语二语学习者与英国丹麦语二语学习者相比，第二层方式动词的词库有所减少，那么"因言而思"假说将得到强有力的支撑。另一方面，如果两个学习者群体之间没有显著差异，这意味着母语类型学模式仅在 SLA 的初始阶段产生影响。因此，随着语言水平的提高，"因言而思"假说可能需要重新思考。

---

① 这是在一部常用的《丹麦语-西班牙语词典》（Hansen 和 Gawinski，1996）中发现的例子，该词典由丹麦母语者编写。

结　论

本章的总体目标是展示认知语言学如何为 SLA 研究，特别是 L2 学习者如何在二语中建立形式-意义联结提供一个有前景的语言学范式。关于总体贡献，有人认为认知语言学是研究 SLA 中形式-意义联结的一个非常有前景的范式，因为语言结构是一种传达意义的符号工具。意义在该理论中的核心作用以及语义与语言结构密不可分的观点使其特别适合有兴趣研究学习者在习得 L2 过程中形成的形式-意义映射类型的 L2 研究人员。此外，它将语言视为认知的一个组成部分，并致力于从更一般的认知过程和能力（例如，感知、分类、图式化、隐喻、意象和注意等）的角度来分析语言，这一观点使得在语言的语言学方法和认知方法之间建立联系成为可能——正如 Tomasello（1998）所论证的那样——从而使得在 SLA 的语言学方法和认知方法之间建立联系成为可能。

这两种关于语言本质的观点（一种是关于语言结构与语言意义不可分割的观点，另一种是关于语言与认知不可分割的观点）使得语言观更加完整。正如 Slobin、Tomasello 和其他 L1 习得研究者的研究所示，这种综合的观点已经在 L1 语言习得中产生了富有成效的研究计划（参见 Berman 和 Slobin，1994；Neimeier 和 Achard，2000；Slobin，1996a，1996b，2000）。这样的观点对于 SLA 的研究也将是富有成效的。SLA 研究同样可以从认知语言学提供的语义和概念结构的细化分析中受益，并以此为出发点分析学习者的 L1 和 IL 系统。

最后，认知语言学对 SLA 研究的重要贡献在于，它允许对学习者语言的不同层面（即词汇、形态和句法）进行更综合的分析。认知语言学将词汇、形态和句法视为受共同认知原则和过程影响的符号结构的相互关联的连续体，这种观点可能有助于为 L2 学习者的中介语提供一个更加统一的图景。

关于认知类型学对 SLA 研究的具体贡献，有人认为这一研究方法为系统研究 L2 学习者如何在 L2 中谈论运动提供了一个有用的框架，该领域尚未在 SLA 研究中得到太多关注（但参见 Inagaki，2001 和 Montrul，2001，从不同的理论角度进行的两项最新研究；Becker 和 Carroll，1997，关于欧洲语境中空间关系表达的广泛调查）。Talmy 的类型学框架结合 Slobin 在 L1 习得方面的实证研究以及他的"因言而思"假说可以构成理论动机假说的基础，然后可以对这些假说进行实证检验。这一研究路线具有丰富的启发性预测能力，因此符合任何理论方法的重要功能之一，即通过提供可以产生假设的坚实基础来刺激研究的能力

（McLaughlin，1987）。

此外，有人认为，这一研究方向有助于系统地研究 SLA 中的跨语言影响，并有助于揭示跨语言影响与学习者 L1 和 L2 之间的相似程度和差异程度之间的复杂关系。此外，正如 Odlin（1989）所指出的，基于语言类型学的研究有助于研究迁移，因为它可以研究系统性影响并有助于更清楚地理解迁移、发展顺序和 L2 习得自然原则之间的复杂相互作用。

最后，应该强调的是，SLA 研究和认知类型学之间的联系并不是单向的，而是双向的。SLA 领域不仅可以从认知类型学的研究中受益，SLA 研究的结果也有助于进一步理解语言和思维之间错综复杂的关系，从而有助于目前关于语言相对论和决定论的争论。

参考文献

Becker, A., & Carroll, M. (1997). *The acquisition of spatial relations in a second language.* Amsterdam: Benjamins.

Berlin, B., & Kay, P. (1969). *Basic color terms: Their universality and their evolution.* Berkeley: University of California Press.

Berman, R. A. & Slobin, D. I. (1994). Development of linguistic forms: English. In R. A. Berman & D. I. Slobin (Eds.), *Relating events in narrative: A crosslinguistic developmental study.* Hillsdale, NJ: Lawrence Erlbaum Associates.

Cuenca, M. J., & Hilferty, J. (1999). *Introducción a la lingüística cognitiva.* Barcelona: Ariel Lingüística.

Geeraerts, D. (1988). Cognitive grammar and the history of lexical semantics. In B. Rudzka-Ostyn (Ed.), *Topics in cognitive linguistics* (pp. 647-677). Amsterdam: Benjamins.

Gibbs, R. W. (1996). What is cognitive about cognitive linguistics? In E. H. Casad (Ed.), *Linguistics in the redwoods: The expansion of a new paradigm in linguistics* (pp. 27-53). Berlin: Mouton de Gruyter.

Goldberg, A. E. (1995). *Constructions: A construction grammar approach to argument structure.* Chicago: Chicago University Press.

Hansen, J. W., & Gawinski, B. (1996). *Dansk-spansk ordborg.* Norbok: Munksgaard

Ordbøger.

Harley, B. (1993). Patterns of second language development in French immersion. *French Language Studies, 2*, 159-183.

Harley, B., & King, M. L. (1989). Verb lexis in the written compositions of young L2 learners. *Studies in Second Language Acquisition, 11*, 415-439.

Inagaki, S. (2001). Motion verbs with goal PPs in the L2 acquisition of English and Japanese. *Studies in Second Language Acquisition, 23*, 153-170.

Johnson, M. (1987). *The body in the mind: The bodily basis of meaning, imagination and reasoning.* Chicago: University of Chicago Press.

Lakoff, G. (1987). *Women, fire and dangerous things: What categories reveal about the mind.* Chicago: University of Chicago Press.

Lakoff, G. (1990). The invariance hypothesis: Is abstract reason based on image schemas? *Cognitive Linguistics, 1*, 39-74.

Langacker, R. W. (1968). *Language and its structure; some fundamental linguistic concepts.* New York: Harcourt.

Langacker, R. W. (1987). *Foundations of cognitive grammar: Vol. 1. Theoretical perspectives.* Palo Alto, CA: Stanford University Press.

Langacker, R. W. (1996). Cognitive grammar. In K. Brown & J. Miller (Eds.), *Concise encyclopedia of syntactic theories* (pp. 51-54). Oxford, England: Pergamon.

Lucy, J. (1992). *Grammatical categories and cognition: A case study of the linguistic relativity hypothesis.* Cambridge, England: Cambridge University Press.

Lucy, J. (1996). The scope of linguistic relativity: An analysis and review of empirical research. In J. Gumperz, J. John & S. C. Levinson (Eds.), *Rethinking linguistic relativity* (pp. 37-69). Cambridge, England: Cambridge University Press.

Mayer, M. (1969). *Frog, where are you?* New York: Dial Press.

McLaughlin, B. (1987). *Theories of second language learning.* London: Edward Arnold.

Montrul, S. (2001). Agentive verbs of manner of motion in Spanish and English as second languages. *Studies in Second Language Acquisition, 23*, 171-206.

Niemeier, S., & Achard, M. (Eds.). (2000). Language acquisition [Special Issue]. *Cognitive Linguistics, 11*.

Odlin, T. (1989). *Language transfer: Cross-linguistic influence in language learning.* Cambridge, England: Cambridge University Press.

Rosch, E. (1978). Principles of categorization. In E. Rosch & B. B. Lloyd (Eds.), *Cognition and categorization* (pp. 27-48). Hillsdale, NJ: Lawrence Erlbaum & Associates.

Slobin, D. I. (1996a). From 'thought and language' to 'thinking for speaking'. In J. Gumperz, J. John, & S. C. Levinson (Eds.), *Rethinking linguistic relativity* (pp. 70-96). Cambridge, England: Cambridge University Press.

Slobin, D. I. (1996b). Two ways to travel: Verb of motion in English and Spanish. In M. Shibatani & S. A. Thompson (Eds.), *Grammatical constructions: Their form and meaning* (pp. 195-219). Oxford, England: Clarendon.

Slobin, D. I. (1997). Mind, code, and text. In J. Bybee, J. Haiman, & S. A. Thompson (Eds.), *Essays on language function and language type: Dedicated to T. Givón* (pp. 438-467). Amsterdam: Benjamins.

Slobin, D. I. (2000). Verbalized events: A dynamic approach to linguistic relativity and determinism. In S. Niemeier & R. Dirven (Eds.), *Evidence for linguistic relativity* (pp. 107-138). Amsterdam: Benjamins.

Talmy, L. (1985). Lexicalization patterns: Semantic structure in lexical forms. In T. Shopen (Ed.), *Language typology and syntactic description: Vol. 3. Grammatical categories and the lexicon* (pp. 36-149). Cambridge, England: Cambridge University Press.

Talmy, L. (1991). Path to realization: A typology of event conflation. *Proceedings of the 7th annual meeting of the Berkeley Linguistics Society* (pp. 480-519). Berkeley, CA: Berkeley Linguistic Society.

Talmy, L. (1996). The windowing of attention in language. In M. Shibatani & S. A. (Eds.), *Grammatical construction: Their form and meaning* (pp. 235-287). Oxford: Clarendon.

Tomasello, M. (1998). *The new psychology of language: Cognitive and functional approaches to language structure.* London, England: Lawrence Erlbaum & Associates.

Ungerer, F., & Schmid, H. J. (1996). *An introduction to cognitive linguistics.* London, England: Longman.

第八章　超越语法：L2 行为中的行为因素

Elaine C. Klein

纽约城市大学皇后学院和研究生中心

第二语言（L2）英语学习者经常表现出例 1 和例 2 所示的词汇和形态句法错误：

1. a. * Which movie are the girls talking?（*女孩们在谈论哪部电影？）
   b. * That's the movie the girls are talking.（*这就是女孩们正在谈论的电影。）
2. a. *She paint the house yesterday.（*她昨天把房子油漆了一遍。）
   b. *She painting the house every year.（*她每年都把房子油漆一遍。）

此外，研究人员还向 L2 学习者和非常精通双语的人展示了如例 3 所示的句子：

3. Someone shot the maid of the actress who was on the balcony.（有人枪杀了在阳台上的女演员的女仆。）

当被要求决定谁在阳台上时——女演员还是女仆？来自特定母语（如西班牙语）的受访者倾向于选择女仆，这与选择女演员的英语母语者形成鲜明对比。

在例 1 所示的例子中，L2 学习者似乎在对疑问句（例 1a）和关系从句（例 1b）中需要携带介词的动词的知识上表现出差距。在例 2 中，他们对时态和体的知识受到质疑：例 2a 代表了一个众所周知的产出不足问题，省略了屈折过去时（-ed）结尾，而当需要一般现在时（-s）时，例 2b 可以说代表了进行体标记（-ing）的产出过剩（或供应过剩）。另一方面，例 3 的例子表明，对输入的解释偏离了关系从句"依附"的预期目标语言规范，这可能会限制非母语者和流利的双语者在第二语言中达到与母语者相同的水平。

这里讨论的问题是，如例 1 和例 2 所示，偏离母语者行为是否与 L2 的形式-意义关系知识的差距（即能力缺陷）有关。或者说，建议通过参考行为因素来更好地解释这种行为以及例 3 所示的行为,特别是当 L2 学习者试图对越来越难的目标语言输入做出反应时。有人认为,L2 学习者语法中出现的形态句法错误往往与句法以外的因素有关;分清句法现象与"界面"现象(即句法与其他语法领域的相互作用)以及学习者的加工效应可以帮助解释形式-意义联结的缺失,这些缺失导致 L2 的产出错误和对目标语言输入的误解。语法结构是由输入驱动的,因此,为了理解学习者的输入如何成为新学习的吸收(intake)的过程,这种研究无论从理论上还是从教学上都是重要的(Corder,1967)。因此,影响此过程的微妙行为因素是本章的重点[①]。

例如,众所周知,当输入超出 L2 学习者的当前加工能力时,常常会出现行为缺陷,在行为系统中造成过载,导致非目标行为。Valian、Scarpa 和 Prasada(2001)在对英语第一语言发展的研究中提供了一个示例,其中例 4 和例 5 中所示谓词之间的区别如下:

4. a. The cat is eating some food.(小猫在吃一些食物。)
   b. The cat is eating a sock.(小猫在咬一只袜子。)
5. a. The dog chews a bone.(小狗在嚼一根骨头。)
   b. The dog chews a crayon.(小狗在嚼一支蜡笔。)

例 4a 中的直接宾语 *some food* 和例 5a 中的直接宾语 *a bone* 完全可以从它们各自的动词中预测并与之兼容[②]。这些与例 4b 和例 5b 中语用上反常的直接宾语 *eat a sock* 和 *chew a crayon* 形成对比。在句子加工的研究中发现,这种"合理性线索"(与语义或语用关系有关,这里是动词与其宾语之间的关系)对于母语需要不同程度的加工资源(参见相关的成人加工研究,如 Babyonysev,2001)。

---

① 本章报告的部分研究得到了纽约城市大学(CUNY)合作激励资助计划对作者、Gita Martohardjono 和 Virginia Valian 的资助。我感谢我在纽约城市大学研究生中心二语习得实验室的同事和研究助理,感谢他们在本章描述的一些研究中所做的工作。我特别感谢 Virginia Valian 和 Eva Fernández,我在本章中引用了他们的重要研究。本章的部分内容也在 2000 年 3 月于温哥华举行的美国应用语言学协会(AAAL)和教授非母语的英语教师(TESOL)年会上发表。我感谢我的合作研究员 Eniko Horvath 和 T. Leo Schmidt,以及提供了有用的意见和建议的观众。所有错误和遗漏均由我负责。

② Valian 等指出这一点源于 Katz(1987),Katz 认为动词的语义本身包括具有特定语义属性的直接宾语。

一个有趣的问题是，发展中的 L1 和 L2 动词和句子成分是否更容易在带有奇怪的宾语等特征的输入后出现故障，从而导致动词形态学中的常见错误，如例 6 所示：

6. a. The cat eating/is eat a sock.（小猫在咬一只袜子。）
   b. The dog chew a crayon.（小狗在嚼一支蜡笔。）

本章将回到解决这一问题和相关问题的研究，这些问题涉及不同类型的输入对 L2 输出的影响。重要的是，有一种观点认为，理解输入效应所需的经验证据必须来自高度受控的研究，Hulstijn（1997）、E. C. Klein 和 Martohardjono（1999）以及其他人认为这种研究在 L2 研究中至关重要。只有通过这些研究，才能考察影响 L2 输入加工和解释的因素的确切性质，反过来又会影响进一步的语法建构和重构。

本章分为以下几节：第一节概述了本文提出的论点的理论框架，即普遍语法（UG）习得模型。第二节介绍了三个基于 UG 的假设，它们为例 1 到例 3 中所示的非目标行为提供了替代性解释。在本章的第三节，我们为每种类型的非目标行为提供了实验证据：首先，省略介词；然后，时和体方面的错误；最后，偏离母语者的关系从句依附[①]。有人认为，这三种类型的行为都可以由前面提出的一个假设来解释。结论部分讨论了对 L2 理论、研究和教学法的一些重要启示。

二语习得的普遍语法模型

一个潜在的假设是，语言发展源于一组被称为普遍语法（UG）的普遍原则和参数，母语和非母语学习者天生就具备这些原则和参数（参见 White，1989 对 L2 中 UG 的讨论）。这些原则提供了构建语言发展其余部分的框架，为学习者针对目标语法发展的假设提供了制约。其他成分在 UG 上构建：语言特定输入进入语法分析器（parser），由加工原则支配，这些加工原则的普遍性仍有疑问（这个问题稍后讨论）。正是在这一点上，形式-意义联结才开始形成。类似地，语法分析器的输出受可学习性原则的控制，这些原则指导加工后的输入，因为加工后的

---

① 所描述的所有实验最近都在纽约市立大学亨特学院和纽约市立大学研究生中心的第一和第二语言习得和加工实验室中进行（或目前正在进行中）。

输入对语法有帮助。重要的是，输入必须是可加工的，以便它以某种方式充当重构语法的触发器——也就是说，推动语法朝着目标前进，有时是个漫长而艰巨的过程。（有关此过程的解释和说明，请参见 E. C. Klein 和 Martohardjono，1999）

重要的是，UG 模型做出了重要的区分。构成语法知识（即学习者的潜在能力）的属性，由 UG 和学习者在各个发展阶段的心理表征组成。另一方面，过程问题与构成语法构建过程的机制有关，涉及输入、加工、可学习性和触发——学习者如何从一个知识状态进入下一个知识状态，或者只是在同一状态停留一段时间。因此，属性与能力有关，而过程涉及行为系统。

这里讨论的问题是，L2 学习者所表现出的特定的非目标性行为是一个属性问题、语言知识的缺乏还是一个过程问题，归因于行为系统。重要的是，人们承认任何观察到的学习者语言总是通过行为来衡量的；没有其他办法。然而，出于理论和其他原因，尝试区分学习者知道但无法获取或使用的内容与学习者不知道的内容是至关重要的。下一节为最初作为例 1—3 呈现的三种非目标类 L2 行为产品提供替代假设，现在作为例 7—9 显示：

7. a. Which movie are the girls talking?（女孩们在谈论哪部电影？）
   b. That's the movies the girls are talking.（这就是女孩们正在谈论的电影。）
8. a. She paint the house yesterday.（她昨天把房子油漆了一遍。）
   b. She painting the house every year.（她每年都把房子油漆一遍。）
9. Someone shot the maid of the actress who was on the balcony.（有人枪杀了在阳台上的女演员的女仆。）

Q: Who was on the balcony?（谁在阳台上？）A: The maid.（女仆。）

假　设

图 8.1 显示了解释例 7—9 中所示的非目标类 L2 行为的潜在假设。

在 UG 模型下，这种行为可能是由于能力缺陷或行为缺陷造成的。在能力方面，有两种类型的缺陷：右侧指缺乏句法之外的语言知识（例如，语音、语义等）。本章只考虑"句法"缺陷，这意味着学习者被假设在他们的语法中缺乏相关的形式-意义联结的（形态）句法知识。例 7 中省略的介词实例说明了这一点。

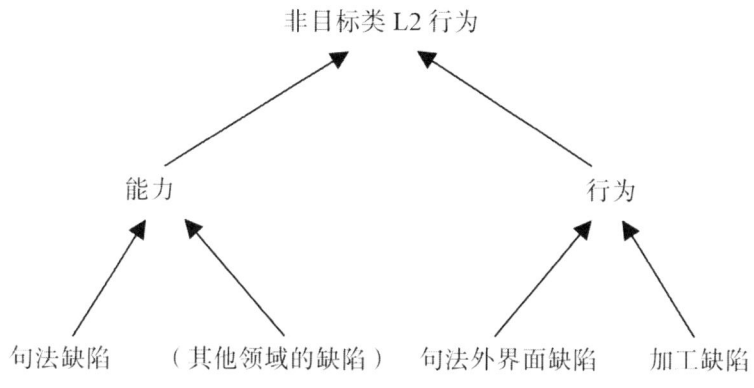

图 8.1 描述非目标类行为的潜在假设

在行为方面,也有两种可能性:一种是由于所谓的**界面缺陷**(interface deficits)。这里假设 L2 学习者具有所需的结构知识,但是(形态)句法与词汇、语义、语音或语用复杂性的界面导致行为系统过载,从而导致 L2 学习者支吾其词并且经常出错。这解释了例 8 中的时和体的偏差。

在行为方面还有**加工缺陷**(processing deficits),此时学习者也被假设拥有所需的(形态)句法知识。然而,由于已知和不太已知的加工效应,他们表现出异常行为。例如,一项任务可能会使工作记忆容量紧张,因此难以实时执行,或者学习者的加工资源可能会在任务期间从语言的形式属性转移。另一种可能性是,唠叨的 L1 加工策略对学习者提出了她无法抗拒的要求。例 9 中的关系从句依附偏差被证明是这种类型的加工缺陷。

最近对例 7 到例 9 中行为的实验研究表明,上述假设如何帮助独特地解释每个行为。

实验证据与解释

零介词现象

在一系列的研究中,E. C. Klein 及其同事(E. C. Klein,1993a,1993b,1995a,1995b,2001;E. C. Klein & Casco,2000)报告了成人(例如 E. C. Klein,1993a,1995b)和儿童(E. C. Klein,1993b)L2 英语学习者中介词的省略现象。在所谓的零介词研究中,首先测试学习者的介词补语动词的次范畴化知识，要求接受诸如例 10a 的陈述性示例以及 10b 的拒绝示例：

10. a. The young girls are talking about the movie.（年轻女孩们在谈论这部电影。）

b. *The young girls are talking the movie.（*年轻女孩们在谈论这部电影。）

如果受访者证明了所需的子范畴化知识，并且接受了如例 11a 和 11b 中所示不带介词的相关问句或关系从句，则认为他们表现出零介词现象（null prep phenomenon）：

11. a. *Which movie are the girls talking?（女孩们在谈论哪部电影？）

b.*That's the movie the girls are talking.（*这就是女孩们正在谈论的电影。）

零介词反应模式已在英语 L2 和法语 L2 中得到了充分证明（Jourdain，1996）。重要的是，零介词出现在来自各种母语的非初级语言学习者的语法中，他们的母语不具有这种结构，从而消除了语言迁移作为解释这个谜团的原因。

现在的问题是为什么学习者在他们的 L2 语法中有零介词，特别是因为证据似乎显示（有一些争议）零介词问句在世界自然语言中是不允许的。例 12 中的 Haitian Creole 示例展示了典型的零模式，其中例 12a 的陈述句中的动词需要介词，而例 12b 所示的相关关系从句中允许省略介词（来自 E. C. Klein，1993a：35）：

12. a. *Twa   zanmi-yo   ap   pale   de   sinema   sa   a.*
   Three friend-pl   are   talking about movie this-top
   'The three friends are talking about this movie.'
   （三位朋友正在谈论这部电影。）

b. *Men sinema Ø   que   twa zanmi-yo ap pale a.*
   Here is movie (about) that/which three friend-pl are talking top
   'Here's the movie the three friends are talking about.'
   （这就是三位朋友正在谈论的电影。）

相比之下，在例 13a 所示的问句形式中，介词的省略是不合语法的，这需要例 13b 中的前置（或前移）介词：

13. a. *∅　　Ki　sinema　twa　zanmi-yo　ap　pale　　a.
 (About) what movie three　friend-pl　are　talking　top
 'What movie are the three friends talking about?'
 （三个朋友在谈论什么电影？）

   b. De　ki　sinema　twa　zanmi-yo　ap　　pale　　a.
 　　About　what　movie　three　friend-pl　are　　talking　top
 （三位朋友在谈论什么电影）

这种模式已在世界上几种语言中尤其是在它们的方言中得到证实。其中包括巴西葡萄牙口语、波多黎各和委内瑞拉西班牙语、加泰罗尼亚语，以及现代希腊语、奎丘亚语、魁北克语和蒙特利尔法语的一些方言（E. C. Klein，1993b：126）。

事实上，E. C. Klein（2001）与 Dekydtspotter、Sprouse 和 Anderson（1998）之间就世界上是否存在允许零介词问句的语言进行了辩论，如果假设 L2 学习者不应表现出自然语言中禁止的行为，这是一个重要的问题（E. C. Klein，1995a）。Dekydtspotter 等和 E. C. Klein 都提出了一项分析，试图解释 UG 中的 L2 零介词语法。

简言之，Dekydtspotter 等（1998）提出了一种不移位分析来解释问句中的零介词，表明学习者在这些结构的形成过程中没有移动所需的元素。根据他们的分析，Dekydtspotter 等认为当英语需要 Wh- 移位来形成问句时，零介词表明这些学习者正在展示不移位语法。（参见 E. C. Klein，1993b 中关于介词前移和悬空结构（standing construction）所涉及的句法的详细探讨，即母语者对应的零介词。[①]）研究人员指出，学习者因为"计算复杂性"而不使用 Wh- 移位，这导致他们使用不太复杂（不移位）的语法。[②]

然而，这样的解释也意味着 L1 学习者应该表现出类似的零介词，而他们并没有（E. C. Klein 和 Casco，2000）。为了更好地解释这些 L1/L2 差异，E. C.

[①] 在以下示例中，例 i 表示所谓的前移结构，而例 ii 是相关的介词悬空形式，两者都是标准美式英语中被接受的（即正确的）结构：
　i. About which movie are the girls talking?（女孩们在谈论哪部电影？）
　ii. Which movie are the girls talking about?（女孩们在谈论哪部电影？）
[②] 这与 Lebeaux（1988）关于第一语言发展的建议并无不同（我的理解）。

Klein（2001）提出了另一种分析，该分析假设许多 L2 学习者可以选择零运算符（null operator）移位以及所需的 Wh 移位。（参见 E. C. Klein，2001 关于零运算符移位的详细信息和必要条件。）学习者这样做是因为对语言的先前经验（即零运算符移位是不寻常的），这导致他们在 L2 问句中经历了一个独特的发展阶段——一个在早期的 L1 发展中没有出现的阶段。重要的是，在这个（通常）临时阶段（即，零运算符的移位而不是外显运算符（overt operator）的移位），L2 学习者由于与 UG 相关的原因而被迫放弃介词，这解释了为什么零介词出现在 L2 而不是 L1 的问句中。

句法缺陷解释

无论零介词现象是通过不移位假设还是零运算符假设来解释，L2 学习者在句法知识上都表现出明显的差距。也就是说，英语需要外显和强制性的 Wh- 移位来形成问句，而具有零介词语法的学习者在他们的语法中还没有这种强制性规则，即使对于简单的问句也是如此。因此，句法缺陷解释了零介词现象的大多数情况。

本章的其余部分报告了一些新的关于时态和体以及关系从句的习得研究，这些研究借鉴了行为领域中的句法之外的解释，以解释这里关注的其他非目标类 L2 行为的例子。

时与体

Horvath、E. C. Klein 和 Schmidt（2000）

Horvath、E. C. Klein 和 Schmidt（2000）在一项关于时态形态发展的研究中研究了界面对 L2 英语时态的影响。

研究问题。研究人员就不同因素对时态动词的解释和产出准确性的影响提出了以下问题：

1. 语境化的影响是什么？有人假设，嵌入故事语境中的时态动词可能会阻碍而不是促进准确性。根据 VanPatten（1990），假设这是因为当聚焦意义时，加工资源常常从语言形式转移。

2. 实义副词（lexical adverb）及其位置的影响是什么？根据文献中的许多其他 L2 研究（例如，Bardovi-Harlig，1999，2000；W. Klein，1993；Lee、

Cadierno、Glass 和 VanPatten，1997），Horvath 等试图通过更可控的实验设计来证明和阐明实义副词有助于时态的理解和产出，并且扩展 Hinkel（1997）的研究，Hinkel 发现副词越接近给定的时态动词，L2 学习者对该动词时态的解释就越准确。

3. 音系学的影响是什么？继 Wolfram（1984，1985）、Bayley（1994）和其他研究者在 L2 时态研究中发现音系的影响之后，Horvath 等研究了 L2 学习者的反应是否受到输入中英语过去时动词词尾的词素变体的影响，如 watched（看）中的[t]，played（玩）中的[d]，visited（参观）中的[ɪd]。

重要的是，实验受试的选择是基于一个简单的去语境化完形填空任务，在该任务中受试已经证明拥有现在时（第三人称单数[-s]）和过去时[-ed]的知识，词汇和句子长度对学习者的加工负荷最小。这是为了确定学习者对英语时态系统中涉及的形式-意义联结的知识，避免与可能妨碍这一知识运用的困难材料或程序产生混淆。

受试。实验组的受试是 54 名成人英语学习者，他们的英语水平中等且母语各不相同。[①] 受试被随机分配到三个输入条件中的一个，其中每个条件根据实义副词的存在与否以及它们与目标动词的邻近程度而有所不同：

条件 1：没有实义副词
条件 2：实义副词与目标动词有一定的距离（即不在目标句中）
条件 3：每个目标句中都有实义副词

材料和程序。执行感知任务和生成任务，每个任务都包含一个以过去时为前景的故事，但其中包括相同数量的简单现在时句子作为表达习惯状态或动作的背景信息。问题是为了看受试在多大程度上能够理解和区分每个故事中这两种时态的形式和含义。对于理解任务，受试通过回答清单完成；对于产出任务，要求受试根据提示生成句子（详见 Horvath 等，2000）。

重要的是，与大多数其他关于语篇中时态的研究不同，目标句是经过仔细控制的：（a）过去时动词在语音上是平衡的，（b）所有目标动词后面都跟着一个元音，以突出过去时的结尾，（c）每当副词出现在一个条件下时，在另一个条件下

[①] 英语水平由密歇根英语水平测试（MTEP）确定。还有一个以英语为母语者的第二语言对照组。

用相同的词以及一个与副词有相同音节数的非副词来平衡,如例 14 和 15 所示:

14. He played at the Green Grass Golf Course yesterday.（他昨天在绿草高尔夫球场打球。）(Cond. 3)

15. He played at the Green Grass Golf Course by himself.（他一个人在绿草高尔夫球场打球。）(Cond. 1)

最后,(d) 支持过去时的副词也通过句子位置（例如,开头位置与末尾位置）来平衡。

结果。

*语境化影响。*那些在前测中表现接近完美的学习者在这一话语任务上的表现几乎没有那么好。当需要现在时的时候,（*预期的*）过去时存在强烈的过度泛化现象,并且母语者和非母语者之间的差异在两项任务的方差分析（ANOVA）差异显著:对于感知任务 $F(2, 51) = 9.63$,$p < .001$;对于产出任务:$F(2, 51) = 4.963$,$p < .01$。

*词汇与位置影响。*与其他研究一样,实义副词有助于时态的加工和产出:条件 3 的受试在每个目标句子中都有实义副词的情况下,在两项任务上都明显优于其他两个条件的受试。方差分析（ANOVA）表明这些影响的程度:在三个条件的感知任务中,$F(2, 51) = 9.63$,$p < .001$,Scheffé 事后分析（post-hoc Scheffé）把影响归因于条件 3:$p < .002$;在产出任务中,$F(2, 51) = 4.963$,$p < .01$,Scheffé 事后分析也把影响归因于条件 3:$p < .01$。因为条件 1 和条件 2 之间没有区别,所以只有位置副词（条件 3 中的那些）是有益的。

*音系影响。*在感知任务的条件 1 中,学习者仅依赖屈折形态,对以清音 [t] 结尾的动词的反应正确率明显低于含浊音 [d]:（df = 17）,$t = 2.5$,$p < .02$ 和带有浊插入音（voiced epenthetic）[ɪd] 的动词（df = 17）,$t = -2.64$,$p < .01$。然而,两个浊音结尾之间的差异并没有达到显著性。

这项研究很重要,因为它显示了话语语境、词汇支持的程度和邻近度以及音系是如何清晰地影响 L2 时态理解和产出的多样性的。回想一下,本实验中的 L2 学习者已经在一项加工负荷较轻的任务中展示了他们对时态形式和意义的知识,也就是说,没有由形态句法与另一个语法领域之间的界面强加的额外负担。

虽然不在研究设计中,Horvath 等也怀疑潜在的语义影响受试做出时态区分的准确性。这导致了接下来描述的后续研究。

Horvath 和 Klein（2000）

在这项早期的准实验研究中，Horvath 和 E. C. Klein（2000）考察了 L2 英语中时态的偏好和可接受性在多大程度上受到动词直接宾语的细微语义差异的影响，其中形式的细微变化导致相应的意义差异。如例 16 和例 17 所示：

16. a. She visited an art gallery in her hometown.（她参观了家乡的一家美术馆。）
    b. She visits an art gallery in her hometown.（她参观家乡的一家美术馆。）
17. a. She visited art galleries in her hometown.（她参观了家乡的美术馆。）
    b. She visits art galleries in her hometown.（她参观家乡的美术馆。）

可以看出，例 16 中的句子与例 17 中的句子形成对比，其中例 17 的任何一种形式，a 或 b，都是完全**自然的**。另一方面，例 16b 有点奇怪，除非制造了特定的语境（例如，*She visits art galleries in her hometown whenever she visits her mother*（每次探望母亲的时候，她都会去参观家乡的美术馆））。继 Dowty（1979）和后来 Enc（1991）在语义学方面的早期研究之后，这些对比可以通过相关 NP 的**具体性**（specificity）区别来解释。因此，在例 16 中，艺术画廊是不确定的但**具体的**（+具体），并且例 17 中的艺术画廊复数也是不确定的，尽管**不是具体的**（-具体）。①

根据 Dowty（1979：54），这种具体性的对比似乎激发了人们对英语过去时态和现在时态的**偏好**。例如，-具体的宾语 NP 在时态方面是中性的；也就是说，它的动词可以表示一个完成的事件或行动，这在英语过去时态中很常见。它也可以表示从过去延伸到现在的事件或动作，就像英语现在时通常所做的那样。这解释了为什么即使没有添加语境，在例 17 中的过去时或现在时也是完全自然的。

相比之下，例 16 中的宾语是+具体。因此，根据 Dowty 的说法，他们偏向于过去时，过去时通常与已完成的事件或动作相关（如例 16a）而不是正在进行的活动（如例 16b）。类似地，在例 18 中，+具体的特征仍然存在，但确定性增

---

① 还应该提到的是，其他语义学家做出了略微不同的区分，例如，将+具体等同于**个性化的**，将-具体等同于**泛型的**，但本质上是相同的。

加了，表现出了预期的偏好模式：

18. a. She visited the art gallery in her hometown.（她参观了家乡的那家美术馆。）= preferred
    b. She visits the art gallery in her hometown.（她参观家乡的那家美术馆。）

虽然英语中的现在时似乎只与复数宾语一起使用时才是自然的（如例 17b 中），因为这些宾语是非具体的或泛型的，但重要的是要注意，例 16 至 18 中所有的现在时示例都是英语中**合乎语法的**句子。也就是说，前面出现的形式-意义区分导致了语言中对自然性的细微程度的偏好，而不是语法上的差异。

Horvath 和 E. C. Klein（2000）的先导研究调查了英语母语和非母语使用者对这些细微差别的认识程度：当 NP 宾语的详略度在三个条件下呈现时（如例 19 所示），说话人在使用偏好以及对过去时态和现在时态的接受程度上是否存在差异：

19. a. -具体，其中直接宾语（DO）以其复数形式出现，并且是非具体的：
    With her painting class the new girl _____ art galleries in her hometown.
    （visit）
    （新来的女孩和绘画班的同学一起_____家乡的那家美术馆。）
    （参观）
    b. +具体，其中 DO 的限定词是不确定的，并且是具体的：
    With her painting class the new girl _____ an art gallery in her hometown.
    （visit）
    c. ++具体，其中 DO 的限定词是确定的，并且非常具体：
    With her painting class the new girl _____ the art gallery in her hometown.
    （visit）

受试。受试与之前研究中的受试相似，这次有两个不同水平的小组（总 N = 42）；熟练的双语者以及以英语为母语的人也被纳入对照组（对照组：N = 17）。再次对 L2 学习者进行了前试，以确保其在简单的完形填空任务中的现在时和过去时知识。

材料和程序。有两项任务。第一项任务是完形填空偏好任务，要求受试填写他们选择的动词形式以确定他们变体的偏好，如例 19 中所示，这些变体在整个笔试中是随机的。具体来说，研究的目的是找出非母语者在假设母语者（或者精通双语者）不使用一般现在时时，是否会使用一般现在时，就像在+具体条件下一样。如果选择现在时，那么可以预见它应该处于-具体条件中，表明正在进行的活动。

第二个任务是可接受性判断任务，受试被赋予特定动词的现在和过去形式，并且必须判断和排列成对句子在英语中的可接受程度。因为现在时和过去时都是可以接受的，所以对照组的反应应该是这样的；另外，据预测，在+具体条件下，他们不会在将现在时列为比过去时更容易接受的时态，而非母语者则可能会这样做。

结果。重要的是，两个对照组在两项任务中的反应类似，它们之间没有显著差异。然而，在完形填空偏好任务中，方差分析（ANOVA）显示，L2 学习者的选择与两个对照组在所有条件下的差异显著：-具体，$F(3, 38) = 6.24$，$p < .002$；+具体，$F(3, 38) = 5.43$，$p < .003$；++具体，$F(3, 38) = 5.18$，$p < .004$。

不同熟练程度之间的差异也得到了证实，熟练程度较低的组与对照组的差异最大。熟练程度较低的组选择**非首选**形式的程度（即，+具体条件下的现在时（熟练程度较高的组和对照组几乎没有这样做））在这个任务中可能是明显的，出现轻微的趋势：+具体：$F = 2.76$，$p = .06$；++具体：$F = 2.34$，$p = .09$。这显然需要更多的受试与刺激来获得进一步的支持。

在可接受性判断任务中，两个对照组都认为过去和现在都是可接受的，并且在任何条件下它们之间均没有差异。然而，两个 L2 学习者组在所有条件下均与母语者组存在显著差异：-具体：$F(3, 38) = 4.21$，$p < .01$；+具体：$F(3, 38) = 4.97$，$p < .005$；++具体：$F(3, 38) = 5.47$，$p < .003$，同样，熟练程度较低组与对照组的差异最大。这次对非首选**形式**选择的分析显示，两个非母语组与对照组在统计学上存在差异，但令人费解的是这一差异仅在++具体条件下（即最不偏爱的变体），$F(3, 38) = 4.97$，$p < .005$。同样，这一差异是否值得认真对待需要进一步研究和更多数据的支持。

结论。在进一步的研究完成之前，我们初步得出结论：熟练的双语者在感知细微的语义偏向效应方面与母语者没有什么不同，而具体性和相关的体区分在时态的使用上存在语义偏向效应的影响。相比之下，本实验中的 L2 学习者还没有感知到这些细微的区别。因此，出现的 L2 缺陷不是由于缺乏时态的（形态）句法知识，而是由于（形态）句法与语义的界面所造成的复杂性。

Valian（2000）；E. C. Klein，Martohardjono 和 Valian（2001）

这些实验还研究了时态和体界面的结果，但方式不同。在这里，L1 学习者的行为直接与 L2 学习者的行为相比较。

目前正在进行的 L2 先导实验（E. C. Klein 等，2001）源自 Valian（2000）对 2 岁英语母语学习者的时和体进行的第一语言习得研究。

研究问题。1. 处于初级阶段的 L1 和 L2 英语学习者是否表现出过去时和现在时之间的区别？[①] 2. L1 和 L2 学习者如何比较他们的时态使用？

此外，本研究的目的是检查是否可以对 L1 和 L2 学习者使用相同的材料和程序进行比较。

受试。在 L1 研究中，受试是 21 名母语为英语的幼儿（年龄：24—35 个月；话语平均长度（MLU）：1.53—5.11）。在正在进行的英语二语先导研究中，成人受试包括 9 名说韩语的人和 10 名说俄语的人[②]，根据 MTEP（见第 185 页脚注①），俄语使用者的平均熟练程度高于韩国人。

材料和程序。测试的变量基于例 20 中成对区分的预测复杂性，代表 L1 研究（Valian，2000）中广泛描述的日益复杂的时/体关系：

20. a. Did/will =（预测）最简单（e.g. The daddy did/will bake cookies.）
    b. Was/is（系动词）= 中等容易（e.g. The swing was/is in the park.）

[①] 这个问题源于 UG 文献中备受争议的问题，即学习者的初始状态以及功能类别的节点是否从发展之初就被实例化。例如，这个问题被界定为强连续性假说的某种形式，即儿童在发展的早期阶段被认为具有类似成人的功能节点（例如，Boser, Lust, Santelman 和 Whitman, 1992；Hyams, 1994；Pinker, 1984；Poeppel 和 Wexler, 1993）。这与各种形式的成熟假说或弱连续性形成对比，其中假设了功能节点在习得过程中发展（例如，Clahsen, Eisenbeiss 和 Vainikka, 1994；Guilfoyle 和 Noonan, 1992；Radford, 1990）。

[②] 这些是迄今为止分析的唯一数据。这是一项更大规模的试验性研究，包括更多的成人 L2 受试、儿童 L2 受试和母语为俄语和韩语以外的 L2 学习者。

c. Was/is +ing（进行体）= 非常难（e.g. My sister was/is coloring.）

在这两项研究中，受试分别接受了两项任务的测试。在 Valian 独特的理解任务中，呈现一个物体或图片给学习者，学习者指向与给定提示相对应的物体或图片。每个请求都会引出现在时或过去时，从而测试学习者对英语时态系统所需的形式-意义联结的知识。（例如，道具：两个装有猴子的小塑料桶。实验者："我有两个装满猴子的篮子（清空一个）。告诉我哪个**是／曾经是**满的。"）

第二个任务是录音诱导模仿，学习者模仿例 20 中的句子。对于 L2 研究，该任务包括一个额外的条件来弥补学习者更长的记忆跨度。因此，任务在两个条件下呈现，即短条件（如例 20 所示）和长条件（其中在每个句子中添加一个介词短语作为修饰成分（adjunct））（例如，短条件：*My sister was/is coloring.* 长条件：*My sister was/is coloring with her crayon.*）。虽然目标的位置在两种条件下都保持不变，但介词短语放置在长条件中一半的句子中的句首位置，另一半放置在句末位置。通过操纵句子长度，该任务预计可以测试行为效果，因为更长的句子显然会带来更沉重的加工负载。

Valian 还对年龄在 2 岁以下和 2 岁以上的儿童进行了后续理解任务，其中实义副词被添加到刺激中。

初步结果。理解任务的结果表明，所有学习者都在一定程度上理解了时态的区别，尽管他们的行为因所呈现的语素而异：韩国人总体水平较低，类似于 2 岁的 L1 学习者，从最容易到最难的语素，如所预测的：*did/will* → *was/is* (系动词) *was/ing + ing.* 相比之下，更高级的操俄语者在这项任务上的表现几乎达到了天花板。

有趣的是，与母语研究一样，韩国学习者也没有表现出基于 MLU（母语实验中使用的熟练程度衡量标准）的差异。这表明时态区分的一般知识很早就发展了（即学习**区分**过去与现在的形式-意义映射），但时态和体系统发展所涉及的复杂性是逐渐发展的。

带实义副词的理解任务仅由 L1 研究中的受试完成。结果表明，实义副词的添加在 2 岁以下儿童中没有差异。然而，副词帮助 2 岁以上的儿童区分时态。这表明词汇支持并未整合到儿童早期的时态区分中，这与 L2 发展形成鲜明对比，在 L2 发展中这种支持从一开始就有帮助。

在短条件中，L1 和 L2 学习者的诱导模仿任务结果如下：预测模式适用于

L1 儿童和 L2 韩国人（L2 韩国人的模式更类似于儿童，而不像 L2 俄罗斯人，L2 俄罗斯人在所有动词类型上都是相同的）。有趣的是，没有 L2（或 L1）学习者达到任何动词类型的上限，这表明该任务（即在短条件下）对任何人来说都不太容易。

在长条件下，仅由 L2 学习者组参与的诱导模仿任务的结果令人惊讶。对于这两个学习者小组，所有动词类型和两种时态的行为都受到严重抑制，并且无法将结果制成表格。在两组中，长句的重复率平均只有 19%。

结论。总的来说，这些实验发现，不同年龄的 L1 和 L2 学习者可以使用相同的程序和材料进行有效的测试，这是对未来语言研究的重要发现。

理解任务的具体结果清楚地表明，处于早期发展阶段的 L1 和 L2 学习者在过去和现在时的形式-意义对应之间存在差异，这表明时态的功能投射从一开始就存在于他们的语法中。

L1 和 L2 学习者在发展的早期阶段似乎也非常相似，表现出对日益复杂的时/体关系的逐步了解（例如，*did/will* → *was/is*）。Valian（2000）提出，虽然孩子们很早就知道时态的句法和意义，但他们逐渐学会了将更复杂的形式-意义对应组合在一起。这些对应关系涉及时/体系统与语义学/语用学（与时间和体概念有关）之间的关系。似乎可以说初级 L2 学习者表现出类似的模式，尽管他们似乎与非常年轻的 L1 学习者不同，主要体现在认知上更成熟且更加年长的学习者（L1 和 L2）在多大程度上得到了词汇支持的帮助。

这些先导实验还表明，较长句子形式的额外加工负载会导致 L2 行为下降。这是出乎意料的，特别是因为 L2 研究中的大多数诱导模仿任务都标准化使用了大约 15 个语素的句子（最初是根据 Naiman，1974）。本实验中句子的最大长度为 13 个音节。对这种行为影响的研究显然将受益于更广泛的受控研究。

与 L2 研究[①]相比，L1 研究对与不同输入类型相关的行为因素的研究更为深入，因此本节最后简要介绍了先前介绍的一项此类研究及其后续研究。

---

① 例如，Bloom（1991）以及 Valian、Hoeffner 和 Aubry（1996）在零主语的 L1 研究中研究了这个问题。L2 研究中一个明显的例外是 Leow（1998），他研究了不同类型的输入对 L2 反应的影响。

Vlian、Scarpa 和 Prasada（2001）

回想例 4 和例 5 之前的对比，现在是例 21 和例 22，其中 b 版本在语用上难以从动词的含义中预测：

21. a. The cat is eating some food.（小猫在吃一些食物。）
    b. The cat is eating a sock.（小猫在咬一只袜子。）
22. a. The dog chews a bone.（小狗在嚼一根骨头。）
    b. The dog chews a crayon.（小狗在嚼一支蜡笔。）

2 岁的英语母语学习者（N = 24）在一项诱导模仿任务中对诸如此类的句子进行了测试，结果表明，当直接宾语可预测时，他们包含动词（以及主语）的频率高于直接宾语是语用反常的时候，后者承担更沉重的加工负载。

为了检验这种影响是否适用于年龄较大的受试者，Valian 及其同事按照 Forster（1970）的方法，使用快速序列视觉呈现任务（RSVP）对英语本族语和接近本族语者的类似句子进行测试。通过调整计算机屏幕上的输入速度，当受试看到并重复例 21 和 22 中的句子时，研究人员试图在成年人身上产生与儿童学习语言时明显的相同的加工问题。

迄今为止的结果表明，与学习英语母语的儿童不同，英语为母语和英语接近母语的成年人似乎在主语和动词的产出上没有任何困难，即使输入非常快。当动词短语与语用反常的宾语一起出现时，受试也不会结结巴巴，尽管他们的反应比出现可预测的宾语时要慢。因此，熟练的成人说话者似乎不能转变为发展语言的儿童或 L2 学习者，因为后者受到沉重的加工负载的严重影响。然而，一旦动词短语的成分非常牢固地建立起来，加工负载对行为的唯一影响就是会减慢它的速度。

另一种类型的可变性来自句子加工，这是显示二语行为表现因素的实验证据的最后一个例子。

关系从句依附

Fernández（2000，2002）

双语加工研究中的一个重要争辩涉及以下问题，其中包括：第一，如何解释熟练程度较高的双语者的所谓行为缺陷？这种缺陷在文献中表现为阅读时间较慢和错误较多，尤其是在双语者的非主导语言中（见 Cook，1997 关于该问题的概述）。第二，双语者如何加工两种语言？人们普遍认为，双语者以与语言相关的方式适当地加工输入，即基于他们正在接收的特定语言。因此，L2 中的形式-意义映射是仅通过环境语言而发展的。然而，最近有人提出双语者可以使用第一语言或主导语言所需的相同加工策略来加工两种语言。也就是说，形式-意义联结受到先前语言经验的影响。这些是 Fernández 调查的问题，但首先要考虑一些必要的背景。

语法分析器的作用。一般认为，一旦说话者识别出一连串的词，形式-意义联结就开始了。也就是说，这个输入串被推进到**语法分析器**中，并在语法分析器中为输入分配了一个结构。根据标准建议（综述参阅 Mitchell，1994），语法分析器很早就非常快速地开始了这项工作，并且开始构建一棵句法排序的树，优先选择最简单的树。如果输入的结构与语法分析器可能具有的任何偏好都不映射，则必须构建更复杂的树——这需要语法分析器花费时间和精力。也就是说，构建计算更复杂的树意味着更多的工作。

对于第二语言学习者来说，这些计算甚至更加困难，并且加工输入可能由于许多原因而受到阻碍，正如本章所述。一旦一串语言进入语法分析器，问题也随之而来，即语法分析器和学习者当前的语法之间会有多少交互，以及这些操作对于单语者和这些潜在的双语者是否类似。

普遍主义认为，语法分析器中的树构建涉及普遍原则，其中包括低依附原则（Frazier，1979；Frazier 和 Fodor，1978；Mitchell，1994；综述，参见 Frazier 和 Clifton，1996）。根据这一原则，语法分析器更喜欢"树上较低"（或最接近语言项目链接的一个或多个单词）的附件，这可以追溯到现在如例 23 所示的原始例子：

23. Someone shot the maid of the actress who was on the balcony.（有人枪杀了在阳台上的女演员的女仆。）

Who was on the balcony?（谁在阳台上？）The maid?（女仆？）The actress?（女演员？）

尽管这句话的形式-意义关系可能是模棱两可的（即关系代词 *who* 与其所指对象的联系），但语法分析器倾向于将代词及其关系从句 *who was on the balcony*

依附到较低的 NP（即 the *actress*［演员］），而不是较高的 NP（即 the *maid*［女仆］）。因此，低依附原则预测，所有语言的说话者都应该首先选择 the *actress* 来消除句子的歧义。另一方面，将关系从句依附到较高的 NP 是一种可能但不受偏爱的选择，因为它违反了后依附。因为不受偏爱，该结构对语法分析器来说应该更难处理，任何难以处理的东西都会导致语法分析器过载。这种过载会影响行为，包括更长的阅读时间，有时还会出现错误。

现在，如果语法分析器以普遍方式运行，那么可以预见所有的语言学习者，无论他们的母语是什么，最初都会选择低依附；由于与语法分析器的初始工作无关的额外或后句法因素（如语义、韵律或语用等因素），随后可能会出现高依附。另一方面，如果语法分析器不是以普遍的方式运行，而是它的策略因语言而异时，那么从一开始就可以预见跨语言的低依附和高依附差异。此外，如果 L2 学习者全程带着他们的 L1 加工程序，则可能很难或者不可能切换到以类似母语的方式解释 L2 所需的 L2 程序。

研究。Fernández（2000，2002）对这些问题进行了离线和在线测试。重要的是，加工研究者认为，离线任务利用了语法分析的后期阶段，其中涉及句法外因素。相比之下，在线任务试图利用非常早期的语法分析阶段，因为语法分析器将结构分配给输入作为形式-意义映射。两者对于发展图景都很重要。

受试。该研究中有相同数量的单语英语说话者（N = 40）和西班牙语说话者（N = 40），以及以英语为主（N = 28）和以西班牙语为主（N = 28）的西班牙语-英语双语者。

材料和程序。在离线实验中，在问卷任务中测试西班牙语和英语的单语者和双语者，其中所有目标句子都是模棱两可的，如例 23 所示。预计选择高依附的人会选择 *maid*，而选择低依附的人会选择 *actress*。

在线实验由一个自定进度的阅读任务组成，受试者阅读通过语法人称一致来消除歧义的句子，其中一些句子**被强制高依附**，另一些则**被强制低依附**（例如，Andrew had dinner yesterday with the *nephew* of the teachers that *was* in the communist party.（Andrew 昨天和共产党教师的侄子共进晚餐。）该句**被强制高依**

附，因为依附较低的动词 was 必须与依附较高的 NP（nephew）一致）。①

当受访者被强制要求依附到其语法分析器不喜欢的位置时，这将比强制依附与语法分析器的偏好可以映射时需要花费更多的时间。实验测量了阅读两种已消除歧义的句子类型所花费的时间——那些被强制低依附和强制高依附的句子——依附偏好由两种句子之间的阅读时间差异决定。

结果。在在线任务的单语者中，西班牙语和英语受试在被强制低依附的句子中的阅读时间均显著加快，$F1\,(1, 72) = 7.77$，$p < .01$；$F2\,(1, 20) = 6.15$，$p < .05$，与语言组无显著差异。这与离线任务的结果形成鲜明对比：在早期的实验中，两个语言组的行为显著不同。英语单语者偏爱低依附，西班牙语单语者偏爱高依附，$F1\,(1, 44) = 5.48$，$p < .025$；$F2\,(1, 10) = 56.05$，$p < .001$。如前文所述，这些差异被认为是由句法后因素（主要是语用和韵律）造成的，这些因素发生在语法分析器完成其初始工作之后。

在双语者中，结果并不那么清楚。在在线任务中，西班牙语／英语双语者的依附偏好没有显著差异，但也没有可靠的依附偏好（例如，与单语者一样的低依附）。总体而言，他们的阅读速度比单语者**慢**，这证实了他们的行为缺陷。Fernández 认为，这些较慢的阅读时间有助于解释双语者在这项在线任务中的无效结果，她认为这项任务不够敏感，不足以利用他们的早期加工。

在离线任务中，结果与单语者的结果类似：主导语言为西班牙语的双语者将他们的西班牙语偏好强加在英语句子上，就像西班牙语单语者所做的那样。同样，以英语为主导语言的双语者表现得像英语单语者一样，将他们的英语语法程序强加于西班牙语。这种影响是显著的，$F1\,(1, 40) = 9.04$，$p < .005$；$F2\,(1, 20) = 59.36$，$p < .001$。

结论。最初，这些结果表明语法分析器最早的树构建策略是普遍的，如西班牙语和英语单语者所示，他们一直倾向于低依附。更精细的测试将确定这是否也适用于双语者。

另一方面，离线实验支持其他显示西班牙语-英语双语者的跨语言语法分析差异的实验（例如，Cuetos 和 Mitchell，1988；Dussias，2001）。熟练的双语者

---

① 这种非常简单化的解释没有考虑到关系从句句法的任何细节，而只是针对所需的一致特征提出了相关的观点。

似乎将他们的 L1 策略用于非主导 L2 的语法分析任务，但只在初始分析进行之后。因此，关系从句依附的可变性是由于（某些）双语者的加工缺陷导致的，这些加工缺陷与母语加工程序有关。

实验证据总结

从上一节描述的实验研究中可以得出以下结论：学习者语法中的零介词可以用 L2 语法中的**句法缺陷**来解释。另一方面，L2 时态系统中与形式-意义映射相关的错误往往是由**句法之外**的因素引起的：具体而言，这种时态错误可能归因于形态句法与音系、语义、语用或语篇特征之间的界面，这些特征给学习者的行为系统造成过载。因此，许多错误被错误地归因于英语时态的 L2 知识空缺，更准确地说，它们可能是由于与行为相关的**界面缺陷**导致的。此外，**加工缺陷假说**可能潜在地解释了长（或复杂）句子输入解释中的时态错误，以及在英语母语者和非母语者之间的关系从句依附差异中发现的非目标类行为。

启　示

本章展示的证据对 L2 理论、研究和教学都有启示。理论上，L2 语法的可变性或缺陷可能比通常假设的要小。也就是说，L2 研究中对行为因素的进一步研究可能会改变这样一种观点，即 L2 学习者的表现如此糟糕，远远落后于 L1 学习者。事实上，非本族语者的表现似乎更差，他们的 L2 知识的获取和运用受变量的影响，这些变量没有被普遍或具体地理解透彻，也没有得到很好的研究。例如，本章展示了在研究文献中通常归因于 L2 知识空缺的行为影响。

对行为（更准确地说是加工）影响的后续研究，将有助于进一步理解在对输入进行语法分析时形式-意义联结形成的条件，以及加工后的输入如何影响 L2 学习者当前和后续语法。二语习得的理论还应该假设这种形式-意义联结是如何被检索和使用的，以及哪些语法特征对初级语言使用者来说是可用（或不可用）的，以及为什么。L1 和 L2 习得模式和成就的差异可能在于这些行为因素。

重要的方法论考虑定会推动该领域的研究：研究人员必须将**过程**与**属性**问题区分开来；在不同类型和难度级别的任务中，严格控制使行为系统超载的输入因素，操控从降低到增加的行为需求的输入；测试偏好和可选选项以及分类选项；

并以熟练的双语者作为对照。

最后，仔细控制的研究结果显然会为教学提供信息，因为对于需要填补知识空白的学习者和需要在日益复杂的输入和任务条件下使用 L2 知识进行实践的学习者之间，语言教学存在显著差异。

参考文献

Babyonysev, M. (2001). *The use of syntactic and semantic cues in parsing.* Paper presented at the Psycholinguistics Supper Club, the CUNY Graduate Center, New York, NY.

Bardovi-Harlig, K. (1999). From morpheme studies to temporal semantics: Tense-aspect research in SLA. *Studies in Second Language Acquisition, 21*, 341-382.

Bardovi-Harlig, K. (2000). Tense and aspect in second language acquisition: Form, meaning, and use. *Language Learning, 50*, (Suppl. 1).

Bayley, R. J. (1994). Interlanguage variation and the quantitative paradigm: Past tense marking in Chinese-English. In S. Gass, A. Cohen, & E. Tarone (Eds.), *Research methodology in second language acquisition* (pp. 157-181). Hillsdale, NJ: Lawrence Erlbaum & Associates.

Bloom, L. (1991). *Language development from two to three.* New York: Cambridge University Press.

Boser, K., Lust, B., Santelman, L., & Whitman, J. (1992). The syntax of CP and V-2 in early child German—(ECG)—the strong continuity hypothesis. *NELS Proceedings 22, GLSA, University of Massachusetts at Amhurst* (pp. 51-65).

Clahsen, H., Eisenbeiss, S., & Vainikka, A. (1994). Seeds of structure. A syntactic analysis of the acquisition of case marking. In T. Hoekstra & B. D. Schwartz (Eds.), *Language acquisition studies in generative grammar* (pp. 85-118). Amsterdam: Benjamins.

Cook, V. (1997). The consequences of bilingualism for cognitive processing. In M. B. deGroot & J. F. Kroll (Eds.), *Tutorials in bilingualism: Psycholinguistic perspectives* (pp. 279-300). Mahwah, NJ: Lawrence Erlbaum & Associates.

Corder, S. P. (1967). The significance of learners' errors. *IRAL, 5* (4), 161-169.

Cuetos, F., & Mitchell, D. C. (1988). Cross-linguistic differences in parsing: Restrictions on the use of the late closure strategy in Spanish. *Cognition, 30*, 73-105.

Dekydtspotter, L., Sprouse, R. A., & Anderson, A. (1998). Interlanguage A-bar dependencies: Binding construals, null prepositions, and universal grammar. *Second Language Research, 14*, 1-33.

Dowty, D. (1979). The aspectual classes of verbs. In *Word, meaning and montague grammar* (pp. 50-131). Boston: Reidel.

Dussias, P. E. (2001). Sentence parsing in fluent Spanish-English bilinguals. In J. L. Nicol (Ed.), *One mind, two languages: bilingual language processing* (pp. 159-176). Oxford, England: Blackwell.

Enç, M. (1991). The semantics of specificity. *Linguistic Inquiry, 22*, 1-25.

Fernández, E. (2000). *Bilingual sentence processing: relative clause attachment in English and Spanish.* Unpublished doctoral dissertation, the CUNY Graduate Center, New York, NY.

Fernández, E. (2002). Relative clause attachment in bilinguals and monolinguals. In Heredia & Altarriba (Eds.), *Bilingual sentence processing. Advances in psychology* (Vol. 134, pp. 187-215). Amsterdam, NL: North Holland Elsevier.

Forster, K. (1970). Visual perception of rapidly presented word sequence of varying complexity. *Perception and Psychophysics, 8*, 215-221.

Frazier, L. (1979). *On comprehending sentences: Syntactic parsing strategies.* Unpublished doctoral dissertation, University of Connecticut, Storrs, CT.

Frazier, L., & Clifton, C. (1996). *Construal.* Cambridge, MA: MIT Press.

Frazier, L., & Fodor, J. D. (1978). The sausage machine: A new two-stage parsing model. *Cognition, 6*, 291-325.

Guilfoyle, E., & Noonan, M. (1992). Functional categories and language acquisition. *Canadian Journal of Linguistics, 37*, 241-272.

Hinkel, E. (1997). The past tense and temporal verb meanings in a contextual frame. *TESOL Quarterly, 31*, 289-314.

Horvath, E., & Klein, E. C. (2000, March). *Semantic bias in grammatical tense development.* Paper presented at the annual conference of Teachers of English to

Speakers of Other Languages (TESOL), Vancouver, BC.

Horvath, E., Klein, E. C. & Schmidt, T. L. (2000, March). *The influence of lexical redundancy on L2 development of tense.* Paper presented at the annual conference of the American Association of Applied Linguistics (AAAL), Vancouver, BC.

Hulstijn, J. (1997). Second language acquisition research in the laboratory: Possibilities and limitations. *Studies in Second Language Acquisition, 19*, 131-144.

Hyams, N. (1994). V2, null arguments and COMP projections. In T. Hoekstra & B. D. Schwartz (Eds.), *Language acquisition studies in generative grammar* (pp. 2156). Amsterdam: Benjamins.

Jourdain, S. (1996). *The case of null-prep in the interlanguage of adult learners of French.* Unpublished doctoral dissertation, Indiana University, Bloomington, IN.

Katz, J. J. (1987). Common sense in semantics. In E. LePore (Ed.), *New directions in semantics* (pp. 157-234). London: Academic Press.

Klein, E. C. (1993a). A problem for UG in L2 acquisition. *Issues in Applied Linguistics, 2*, 33-56.

Klein, E. C. (1993b). *Toward second language acquisition, a study of null prep.* Dordrecht: Kluwer Academic.

Klein, E. C. (1995a). Evidence for a "wild" L2 grammar. When PPs rear their empty heads. *Applied Linguistics, 76*, 88-117.

Klein, E. C. (1995b). Second versus third language acquisition: Is there a difference? *Language Learning, 45*, 419-465.

Klein, E. C. (2001). (Mis)construing null prepositions in L2 intergrammars. A commentary and proposal. *Second Language Research, 17*, 37-70.

Klein, E. C., & Casco, M. (2000). Optionality in English non-native grammars: Differences between L1 and L2 acquisition. *Proceedings of the 23rd annual Boston University Conference on Language Development* (pp. 349-360). Sommerville, MA: Cascadilla Press.

Klein, E. C., & Martohardjono, G. (1999). Investigating second language grammars. Some conceptual and methodological issues in generative SLA research. In E. C. Klein & G. Martohardjono (Eds.), *The development of second language grammars. A generative approach* (pp. 3-36). Philadelphia: Benjamins.

Klein, E. C., Martohardjono, G., & Valian, V. (2001). *How is second language acquisition like first language acquisition?* Paper presented at the Psycholinguistics Supper Club, the CUNY Graduate Center, New York, NY.

Klein, W. (1993). The acquisition of temporality. In C. Perdue (Ed.), *Adult language acquisition: Cross-linguistic perspectives* (Vol. 2, pp. 73-118). Cambridge, England: Cambridge University Press.

Lebeaux, D. (1988). *Language acquisition and the form of the grammar.* Unpublished doctoral dissertation, University of Massachusetts, Amhurst.

Lee, J. F., Cadiemo, T. Glass, W. R., & VanPatten, B. (1997). The effects of lexical and grammatical cues on processing past temporal reference in second language input. *Applied Language Learning, 8*, 1-21.

Leow, R. (1998). The effects of amount and type of exposure on adult learners' L2 development in SLA. *Modern Language Journal, 82*, 49-68.

Mitchell, D. C. (1994). Sentence parsing. In M. Gernsbacher (Ed.), *Handbook of psycholinguistics* (pp. 375-335). New York: Academic Press.

Naiman, N. (1974). The use of elicited imitation in second language acquisition research. *Working Papers on Bilingualism, 2*, 1-37.

Pinker, S. (1984). *Language learnability and language learning.* Cambridge, MA: Harvard University Press.

Poeppel, D., & Wexler, K. (1993). A full competence hypothesis of clause structure in early German. *Language, 69*, 1-33.

Radford, A. (1990). *Syntactic theory and the acquisition of english syntax.* Oxford, England: Basil Blackwell.

Valian, V. (2000). *Young children's understanding of tense and time.* Unpublished manuscript, Hunter College and the CUNY Graduate Center, New York, NY.

Valian, V., Hoeffner, J., & Aubry, S. (1996). Young children's imitation of sentence subjects: Evidence of processing limitations. *Developmental Psychology, 32*, 153-164.

Valian, V., Scarpa, J. & Prasada, S. (2001). *Direct object predictability: Effects on young children's imitation of sentences.* Unpublished manuscript, Hunter College, the CUNY Graduate Center, and Dartmouth College.

VanPatten, B. (1990). Attending to content and form in the input: An experiment in consciousness. *Studies in Second Language Acquisition, 12*, 287-301.

White, L. (1989). *Universal grammar and second language acquisition.* Philadelphia: Benjamins.

Wolfram, W. (1984). Unmarked tense in American Indian English. *American Speech, 59*, 229-253.

Wolfram, W. (1985). Variability in tense marking: A case for the obvious. *Language Learning, 35*, 229-253.

第三部分　研究和课堂

第九章　教学对第二语言学习的影响：课堂二语习得研究述评

Catherine J. Doughty

夏威夷大学

SLA 理论学者对教学干预在 SLA 中的潜在价值持不同的观点：一些学者认为，除了提供有利于 SLA 的环境（如可理解输入或触发输入）外，教学不会产生任何影响。另一些学者则认为相关的、有原则的教学（principled instruction）有时是有效的，甚至是必要的，并据此通过一个案例来证明正确的教学的好处。因此，课堂 SLA 研究者研究了不同类型教学干预的相对效果，特别是教学如何帮助学习者建立对中介语发展至关重要的形式-意义联结。课堂 SLA 研究中的一个基本问题是成人 SLA 是否主要涉及隐性或显性的语言加工。与之相关的问题是，在 L2 学习者获得形式-意义联结所需信息的方法中，最有效的教学方法是隐性还是显性的。

不干预的论点

如本文所述，关于教学效果的一种观点是，学习者只能自己建立形式-意义联结：

1. 课堂环境下的外语学习似乎部分遵循了其他类型语言习得的自然过程。似乎有一套普遍而共同的原则，这些原则足够灵活，能够适应语言学习的大量条件。这些观察结果进一步表明，在课堂上操纵和控制学生言语行为的可能性实际上非常有限（Felix，1981：109）。

2. 课堂教学所能做出的唯一贡献是提供课堂外可能无法获得的可理解性输入（Krashen，1985：33—34，和 passim）

隐含在这些观点之下的两个论点激发了 Long 和 Robinson（1998）所称的强不干预立场：（a）SLA 是由指导第一语言习得的相同的普遍语法（UG）驱动的，

(b) SLA 与第一语言习得一样，是完全偶然的。在第一个论点中，关于教学对 SLA 产生影响的可能性也存在着不同的观点（见 White，2003）。Schwartz（Schwartz，1993；Schwartz 和 Sprouse，1996）认为，第二语言习得涉及参数化普遍原则的重置（"完全迁移完全访问假说"）（"full transfer full access hypothesis"），仅由正面证据（即输入）触发，负面证据不起作用（例如，关于在 L2 中不可能发生的教学）。①第二个论点为 SLA 的 UG 解释，它允许并且需要负面证据，如教学提供的证据，但教学的需要严格限于触发证据信息不足的情况。更具体地说，当 L2 在语言的某个方面是 L1 的真子集时，L2 学习者将不得不放弃源于他们 L1（White，1987，1991）的过于笼统的假设，这不能仅仅基于正面证据。因此，通过 SLA 的 UG 解释可以看出，在形成形式-意义联结时，教学要么完全不必要，要么基本不必要。

第二个不干预的论点，即 Krashen（1982，1985）SLA 监控理论（Monitor Theory of SLA）中的输入假说（Input Hypothesis）。该假说引用所谓的"非接口"（noninterface），即涉及"学得"和"习得"知识之间的任何潜在关系，反对传统的教学程序（语法教学、语言分级、纠错等）（Krashen 和 Scarcella，1978）。Krashen（1982，1985）认为，有意识学习语言的形式-意义联结在记忆表征上与无意识习得语言的形式-意义联结是不同的，只有后一种类型的知识才能运用到自然语言的使用中，而且，这两个独立的知识系统之间不可能存在交互作用（即所谓的**习得／学得**区别）。非接口的观点认为，**学得**的知识永远不会成为**习得**的知识。

根据 Doughty 和 Williams（1998c）的观点，不干预观点中的非负面证据和非接口观点几乎完全反对培养形式-意义联结的 L2 教学，这是不成熟的，原因至少有以下三点。首先，即使 SLA 受 UG 约束，但仅受 UG 约束的语言要素是有限的。如果教学适当地调动学习者的认知加工能力，在 L2 理解和产出过程中将意义与形式联系起来，那么二语习得的效率可能会更高（另见 Doughty，2001）。其次，尽管存在自发的和刻意的二语行为，但二者之间的知识类型以及二者在二语习得和使用过程中是否存在联系是 SLA 中有争议的问题，尚未得到解决，更不用说人类认知的其他领域（Berry，1997；Berry 和 Dienes，1993；

---

① 当然，应该记住的是，UG 对 SLA 的描述仅限于语言的核心语法，而教学对 SLA 的其他方面的影响却只字不提。

Stadler 和 Frensch，1998）。最后，与儿童语言习得形成鲜明对比的是，成人 SLA 只能在个体内部和个体之间变化，大部分习得是相对不成功而且总是不完整的，因此如果基于足够的样本，可以得出非本族语者总是可以被识别为非本族语者（见 Hyltenstam 和 Abrahamsson，2003；Long，1993）。总之，现在宣布暂停第二语言教学还为时过早。相反，Doughty 和 Williams（1998c）采取的立场是审慎的：

> 我们不认为把学习者留给他们自己的习得机制来学习是最好的计划。这是否意味着从业者应该采取相反的观点，即[教学]一直适合所有的学习者？我们不这样认为，在两极之间，需要做出许多后续的教学决策。首先，必须指出的是，成人第二语言习得并非在没有教学的情况下不可能发生……；对于许多学习者来说，很明显，大部分是可以的。然而，我们的兴趣不局限于什么是可能的，而是在课堂上习得第二语言的常规限制外，确定什么将构成**最有效**和**最高效**的教学计划。（第 197 页，已添加强调）

二语教学的有效性与效率

Long（1983）首先认真地提出了第二语言教学是否会产生影响的问题，他通过回顾一些直接检验 Krashen 当时颇具影响力的关于**学习/习得**区分的实证研究，试图初步回答这个问题。在那些早期的研究中，只进行了较为笼统的比较，例如，比较参加过或没有参加过 L2 课程受试者的二语熟练程度，或者比较不同组合的受试者的二语熟练程度。总的来说，主要的研究结果表明，对于那些课堂是学习第二语言的唯一途径的人来说，"教学"是有益的。此外，当在固定的接触量上增加不同的教学量时，正面的结果可以解释为，要么更多的教学是有益的，要么更多的教学只是作为更多的二语接触服务于二语习得。然而，当在固定量的教学中加入不同的接触量时，这些发现与教学加接触的发现一起被解释为二语教学本身益处的证据。最后，尽管研究数量很少，但当研究独立地改变教学量和二语接触量时，正面的结果与所有其他发现一起，为二语教学的影响提供了证据。

尽管根据现有的证据，Long 确实得出结论，第二语言教学确实会产生影响，但至少存在三个基本的研究方法问题。第一，教学和接触之间的比较过于笼统：不知道教学和接触是否为 SLA 提供了不同的条件，更不用说在调查过程中可能发生了哪些具体的 SLA 过程（认知或其他）。第二，没有将教学或接触环境下的二语习得与真正的对照组进行直接比较。第三，研究变量中既没有教学类型，也没有 SLA 的任何特定方面。在没有任何关于二语教学类型本身和相关 SLA 过程信息的情况下，研究结果的无效发现总是解释为由于质量差或教学不匹配。此外，无法推断出中介语发展过程中产生的形式-意义联结的心理语言学过程。

几年后，Long（1988）重新考虑了教学是否产生影响的问题，但这一次是在 SLA 的四个可操作领域内并涵盖了其他研究。到目前为止，这四个 SLA 领域虽未被完全理解，但是是众所周知的：二语习得的过程；二语习得的顺序；二语习得的效率和最终的二语成就水平（L2 attainment）。

SLA 过程包括迁移、概括、细化、稳定、不稳定、省略和过度提供等等，可能与本文集的关注点最相关的是注意和 L2 形式与意义的映射问题（见 DeKeyser，2003；Doughty，2001；Hulstijn，1997，2003；Odlin，2003；Romaine，2003；Segalowitz，2003）。到 1990 年，甚至到现在，在教学环境中调查 SLA 过程的实证研究比例仍然很小（Doughty，2003b）。研究结果表明，尽管受过指导和未受过指导的学习者群体遵循相似的习得路径，但观察到的 SLA 过程不尽相同。例如，尽管两组语素的出现顺序大致相同，但自然环境下的学习者倾向于在较低熟练程度时省略强制性语素，而课堂学习者往往会过度使用（Pica，1983），这可能是教学的结果。

第二个领域与 SLA 的"路径"有关。例如，在否定、疑问、关系化和语序的习得中已经确定了明确的发展顺序（即固定的一系列阶段）。L1 以复杂的方式（例如，加速或延迟）影响路径的进展（Zobl，1982），教学也是其中一个影响因素（Doughty，1991；Pienemann，1989），但这两方面的影响仅体现在子阶段或通过的速度方面。换句话说，阶段没有被跳过，路线本身也不能改变（Pienemann，1989），这种现象被称为发展准备。尽管如此，越来越多的证据表明，课堂 SLA 的"速度"比自然环境下的 SLA 的"速度"要快。然而，有时学得快遗忘得也快（Lightbown，1983），这可能取决于二语教学引发的学习模式，这一问题将在后面的章节中进一步讨论。

在第二语言的最终成就水平方面，研究表明，也许是由于自然环境下的学习者和课堂环境下的学习者所接触到的输入类型不同，或者是由于负面反馈，课堂环境下的学习者在目标语言方面取得了更大的进步。例如，当向学习者提供的输入包括进入隐含层级（例如，关系化）系统的标记示例（marked examples）（即不经常）时，他们能够习得系统的标记和无标记方面的知识（Doughty，1988；Eckman，Bell 和 Nelson，1988；Gass，1982）。未接受过课堂教育的学习者可能永远无法获得有标记的输入，往往只习得系统层级结构中的无标记成分（Pavesi，1986）。

在这四个领域的证据虽然很少，但却是以下假设的基础，即正确类型的二语教学是有效的。在过去的十年里，人们对各种类型的课堂 SLA 研究产生了极大的兴趣（Chaudron，2001；Lightbown，2000），尤其是教学研究的实验或准实验效应（Doughty 和 Williams，1998a，1998b；Norris 和 Ortega，2000）。鉴于越来越多的研究者对课堂语言学习感兴趣，他们也在二语习得理论和研究方法方面接受了充分的培训，因此有理由对持续的进步持乐观态度（参见 Chaudron，2003；Doughty，2003b；Norris 和 Ortega，2003，关于二语研究和方法的详细讨论）。

课堂 SLA 研究现在转向了哪种教学方式最有利于 SLA 的问题，就像早期对 SLA 中教学与接触的总体益处的调查一样，对教学类型的相对有效性的初步比较也过于笼统。通常，在此类研究中，两种"教学方法"相互对比，结果总是相同的：两种方法之间没有差异（参见 Smith，1970）。这是因为，正如在普通教育研究中发现的那样，教学方法的变量实际上是一个复合变量（Clark，1985），即使对"方法"有一个整体描述（参见 Richards 和 Rodgers，1986），但教师的任何具体实施也会存在显著差异。此外，许多典型的教学实践是一系列所谓的方法的组成部分，实际上，可能是那些具体的二语教学过程对观察到的效果负责（因此，在比较采用相同关键技术的不同方法时，效果相互抵消）。因此，在教学研究类型中，方法不是合适的分析层面（Long，1980）。

过于笼统地对输入、接触和教学条件进行比较的问题是，在解释研究结果时，学习成果和教学治疗之间无法建立直接联系。为了解决这个问题，Doughty（1988）确定了教学效果研究中需要呈现的实验设计的三个关键要素：（a）必须为研究确定一个特定的学习目标（即，L2 的某些方面）；（b）教学治疗必须在心理语言学上是恰当的；（c）必须根据教学目标对 L2 的具体收益进行评估（例如，通过纳入对照组）。此外，由于前面提到的关于研究者对研究发现的解释困难，是因为研究者无法得知一段未详细说明的教学进而无法分析所造成，因此课堂 SLA 研究方案必须明确治疗的记录方式（例如，通过视频或录音、计算机提供治疗或详细的课堂观察以及标注者间可靠性检验）。

如果遵循这些程序，在研究后期的某个时间点，可以结合研究发现检查治疗的性质，或许可以更清楚地了解难以捉摸的 SLA 过程。例如，为了解释两个接受指导的小组在一项英语作为第二语言的关系从句发展的研究中取得的相似进步，Doughty 指出了计算机提供的治疗的两个编码特征，可能会使受试者的注意力以相同的心理语言学方面相关的方式转移到教学目标上（即提高输入中元素的显著性）（另见 Doughty 和 Long，2003）。除了有助于解释研究发现外，如果系统复制要成为课堂 SLA 研究的常规操作，则必须详细报告教学治疗的记录。**在生物体内**遵循这些指引绝不是一件简单的事情，到 1997 年，一些 SLA 研究者认为，在"正常"课堂中，对真正的 L2 学习者进行 SLA 研究"几乎是不可能的"（Hulstijn，1997：131—132），因此，他们建议对 SLA 问题的研究主要在实验室条件下进行。然而，这个提议引起了生态有效性（ecological validity）的争议，因为第二语言教学通常在课堂上进行。

不同类型 L2 教学的相对有效性

最近 SLA 教学实证研究的综述考察 L2 教学的整体有效性和不同类型教学的相对有效性（Norris 和 Ortega，2000[①]）。采用统计学上的元分析技术[②]也是迄今为止对课堂 SLA 研究最严格的评估。值得注意的是，Norris 和 Ortega 从已发表的应用型 SLA 文献中确定了 250 项潜在相关的研究，从中看出课堂 SLA 研究的现状比 20 年前 Long 发表第一篇综述时更为活跃。

如前所述，Norris 和 Ortega 的研究包括每项报告研究方法部分的仔细分析

---

① 这项出色的研究是作者还是夏威夷大学博士生时在一项 SLA 博士项目中开展的，此项目获得了两个奖项：ACTFL 的 Pimsleur 奖和 TESOL 研究奖。对 Norris 和 Ortega 研究发现进行讨论的伊始，重点是要进行两项观察：（a）元分析是一个数据驱动的过程，因此任何与 L2 教学概念化有关的问题都是归因于，至少部分归因于，正在考察的研究主体本身；（b）他们的元分析报告包含的内容远远超出了本概要所能考虑的范围，因此请读者查阅原始出版物。

② 即使对元分析技术的讨论超出了本章的范围，然而值得注意的是，这种方法不仅考虑了涉及的组间差异，而且还评估了效应量，从而使研究更加可信。

（这些研究方法被认为完全缺乏精确度，例如，关于教学治疗的实施和对恰当的研究设计的考虑），以及许多新的考虑因素（例如，教学治疗类型的比较、措施的影响以及教学治疗的持续时间和持久性）。遗憾的是，在最初的 250 项研究中，只有 77 项研究通过了最初的筛选以纳入元分析的编码阶段（即，研究在设计上是准实验性的或实验性的，自变量在报告中实施合理并且有 L2 目标特性）。此外，其中只有 49 项研究报告了足够的统计信息，这些研究纳入最后一轮元分析。因此，尽管工作量的增加和操作变量的改进，必须承认的是，课堂 SLA 研究的现状远远达不到报告的研究发现真实可靠的要求。出于这个原因，清楚了解元分析的结果及其解释对于评估课堂 SLA 的现状非常重要。

语言加工方面，从心理语言学方面分析教学治疗的操作是当今被认为最好的分析方法而不是"方法"的层面。教学治疗的实施有助于 L2 学习者提取语言形式，并将这些形式联结或"映射"（"mapping"）到意义和功能上。总体的问题是显性还是隐性的教学方法最好，以及应该在多大程度上和以什么方式（例如，由教师或材料或活动）将学习者的注意引导到映射中涉及的语言元素。显性教学包括所有向学习者解释规则，或者引导学习者通过关注形式寻找规则的教学类型（另见 DeKeyser，2003）。相反，隐性教学不会公开引用规则或形式，因为它假定学习者会提取这些信息。在教学过程中，在意义加工时可能会或者根本不会把注意导向孤立的语言形式上。这些注意类型可以理解为语言教学选项中形成的三种对比类型（Long，1988，1991，2000）：**全形式教学**（focus on forms）、**聚焦意义**（focus on meaning）、**聚焦形式**（focus on form）。

Long 提出了**聚焦形式**的定义：

> 聚焦形式明显地吸引了学生对语言元素的注意，因为这些语言元素在课程中偶然出现，而课程的首要重点是意义或交际。（Long，1991：45—46）

> 聚焦形式涉及教师和/或一个或多个学生由于理解或产生问题而偶尔转移对语言代码特征的关注（Long 和 Robinson，1998：23）

Doughty 和 Williams（1998b）对比了聚焦形式和其他两个类型，**聚焦意义与全形式教学**，如下所示：

> **全形式**教学和聚焦形式并**不**像通常认为的那样"形式"和"意义"是对立的。相反，聚焦形式**意味着**对语言形式要素的关注，而全形式教学**仅限于**

这种关注,聚焦意义**排除**这种关注。最重要的是,应该记住聚焦形式的基本假设,即当学习者把注意力集中到理解意思所需的语言工具上时,意义和使用必须是显而易见的①(Doughty 和 Williams,1998b:4)。

特定的教学程序可以沿着描述教学期间对形式关注的突出程度的连续体进行划分(参见 Doughty 和 Williams,1998c:258)。

基于 DeKeyser(1995)对显性教学的定义,Long 对注意焦点的三分法(tripartite distinction)以及 Doughty 和 Williams 对意义加工的教学干预程度的连续性,Norris 和 Ortega(2000)开始将他们回顾的研究中的每种教学类型分为(a)隐性或显性,以及(b)仅聚焦意义、全形式聚焦或仅聚焦形式,这些分类如表 9.1 所示。

表 9.1 教学类型研究中教学程序的分布

隐性(30%的教学类型)	
聚焦形式(18%的教学类型)	**全形式教学**(11%的教学类型)
・实验形式(form-experimental)(字谜) ・输入增强(input enhancement) ・大量输入 ・重铸(recast) ・其他的隐性	・矫正模型(corrective models) ・提前建模(pre-emptive modeling) ・传统隐性(traditional implicit)
显性(70%的教学类型)	
聚焦形式(26%的教学类型)	**全形式教学**(45%的教学类型)
・复合关注形式(增强+反馈) ・意识提升 ・输入加工 ・元语言任务的必要性(填字游戏) ・规则导向的聚焦形式	・规则导向全形式聚焦 ・花园路径 ・输入操练 ・元语言反馈 ・输出操练 ・传统显性(例如规则解释)

---

① 另一个术语有时出现在以效果为中心的教学(effects-of-instruction)的文献中:形式聚焦(form-focused)。例如,Spada(1997),使用这个术语来涵盖全形式教学和聚焦形式的两种教学。这个概念(即对注意形式的全部类型分组)的难点在于,Doughty 和 Williams 明确指出的心理语言学上的区别已经丢失。

实践中，破译 L2 教学的操作性仍然困难。尽管最初是以这些结构为指导，但 Norris 和 Ortega（2000）最终不得不求助于从研究本身推断出操作定义以编码教学类型变量（后面将回到这个问题）。注意是通过接触 L2 目标或经历 L2 任务而指向意义的，但没有以显性的方式尝试影响学习者注意力的转移。对形式和意义的关注可以通过"聚焦形式"标题下列出的八种方式中的任何一种实现（Norris 和 Ortega，2000：464）①。最后，当其余聚焦形式的条件都不适用时，当学习者的注意力仍然以某种特定方式集中在要研究的特定结构上时，这种方式被认为是全形式教学②。

在 Norris 和 Ortega 所做的许多重要比较中，以下几点是最令人感兴趣的：与接触相比，教学的整体有效性；隐性和显性教学类型的相对有效性；全形式教学、聚焦意义或聚焦形式-意义联结的相对有效性。关于五个教学类型变量（描述教学显性程度的两个变量和注意形式的三个层次）元分析的主要发现如表 9.2 所示。关于 L2 教学（任何类型）整体有效性的一般发现与之前比较二语教学与简单接触或意义驱动交际教学的有效性的发现一致（Long，1983，1988）：第二语言教学确实产生了影响，而且影响非常大（效应量 $d=0.96$，其中 0.80 被视为较大效应量）。然而，如下文所述，这一发现受到许多重要考虑因素的限制。

关于教学类型之间的差异，最明显的发现（根据 Norris 和 Ortega 的观点，也唯一值得信赖的发现）是 L2 显性教学明显优于隐性教学。此外，结合教学的性质和所采用的教学程序中对形式关注的突出程度，具体发现如下：显性的聚焦形式（大效应）>显性的全形式教学（大效应）>隐性的聚焦形式（中等效应）>隐性的全形式教学（小效应）③。遗憾的是，在这些类型的教学中使用的大约 20 种不同的教学程序中，主要由于缺乏足够的复制性研究，无法辨别任何有效模

---

① 这些是大量输入、强化、重铸、意识提升、输入加工、复合性聚焦形式、元语言任务本质和规则导向的聚焦形式。

② Norris 和 Ortega 也提到了在所分析研究的教学治疗中单独或组合使用的大约 20 种不同的教学程序，并将它们按照隐性/显性方法、以意义为中心的注意类型、形式-意义联结的注意类型以及全形式教学类型进行分组。不可能对这些单独的教学程序进行分析，因为没有对任何一种程序进行足够数量的研究。

③ 此顺序不应被解释为涉及相邻组合之间的统计存在显著差异。唯一真正的差异在于所有显性教学类型和所有隐性教学类型之间。此外，请参阅 Norris 和 Ortega，了解仅关注意义而非形式-意义联结的教学治疗方法。

式。因此，Norris 和 Ortega（2000）将他们的元分析结果解释为"L2 教学本身可以被认为是有效的，至少在领域内是可操作和可衡量的"（第 480 页）。该领域的有效性将在后续章节中考虑。

表 9.2　教学效果类型

治疗类型	发现	解释
控制组/对照组	18%的增益	任何练习效果、接触效果、成熟度
所有教学类型（与所有对照组相比）	审查的 49 项研究（98 次治疗）大效应量，但仅 70%包含对照组（例如，接触或控制）	"就目前为止在该领域中的运作而言，L2 教学是有效的"（Norris 和 Ortega，2000）
全部显性	大效应量	显性>隐性
所有隐性	中等效应量	
全部聚焦形式	大效应量	（FONF>FONFS）
全部全形式教学	大效应量	1. FONF 显性
隐性的聚焦形式	中等效应量	2. FONFS 显性
显性的聚焦形式	大效应量	3. FONF 隐性
隐性的全形式教学	小效应量	4. FONFS 隐性
显性的全形式教学	大效应量	

元分析阶段的另一个显著发现是，如果将课堂教学组和控制组（真实）或对照组（定义为非聚焦接触）进行对比，控制组/对照组从前测到后测的增益为 18%（另见 Doughty，1991；Hulstijn，1997）。此外，尽管受过指导的受试获得更大的进步，但受过指导的受试表现出的中介语变化程度不一，而控制/对照组的受试表现出的中介语变化程度更为均匀。尽管如此，在延迟后测中（在进行这项研究的研究中），受过指导的组在增益方面都比控制组/对照组的保持中等优势，并且变得更加同质化。

这些发现可以用多种方式解释。关于未接受针对性指导的小组取得的进步，最合理的解释是已经证明的教学的速度优势（即，未接受指导的受试提高了，但接受指导的受试提高更多，因此他们进步更快）和测试效果。这些可能性尚未被系统地加以区分。实验组中受试表现出的教学效果上的个体差异也可能是由于真正的个体差异因素（例如，语言学习能力），或认知学习风格和教学类型之间的不匹配造成。同样，尽管这些因素在最近的 SLA 文献中占有重要地位，它们并没有被常规纳入课堂 SLA 研究的设计中（参见 Dörnyei 和 Skehan，2003；Robinson，2003）。个体差异在延迟后测时消失了，这也需要解释。鉴于延迟后测时间间隔通常很短（平均为 4 周），可以预期在较长一段时间后所展示的教学效果不会保持不变，因为控制组受试已经赶上了（一个常见的发现），或者因为在这组研究中备受偏爱的特定类型的教学导致知识类型容易遗忘（如早期研究中所发现的那样）。

最后，由于已发表文献中的报告有所改进，Norris 和 Ortega 能够重新探讨 Long（1983）最初提出的接触和教学的差异效应的问题。在最近发表的研究中，接触被操作化为纯粹地接触或经历 L2 任务，没有任何聚焦形式或全形式教学，或两者都有少量。结果很明显：与接触相比，教学的效果仍然很大，但受过指导的受试和真正的控制组相比，教学效果要小。这一发现与已经讨论过的教学的速度优势是一致的。

研究偏向问题

为了正确解释课堂 SLA 研究结果的相对有效性，需要仔细检查现在形成课堂 SLA 研究基础的研究中教学治疗的可操作性，关键是要注意 Norris 和 Ortega 报告的研究偏向的积累。回顾一下直接从研究本身得出的教学类型的操作定义，不足的是该定义包含一组相当不系统的特征，如前所述，这些特征仅反映了当前研究的状态。事实上，Norris 和 Ortega 报告说，与元分析中考察的其他变量相比，使用这些类别对教学类型进行编码涉及高度的推理。

更重要的是，可能在迄今为止对每种 L2 教学方法进行的比较数量方面发现了强烈的偏向：在表 9.1 和 9.2 报告的 49 项研究中，有 98 种不同的教学治疗，因为一些研究将两种或多种类型的治疗与对照组或仅接触组进行比较。其中，在方法上 70% 是显性教学，只有 30% 是隐性教学。对关注形式的教学类型方面，56% 为全形式教学，44% 为以形式为中心教学。这种偏向在混合分类中也很突出：在全形式教学类型的治疗中，80% 的方法是显性的。而且，在以形式为中心的教学类型治疗中，58% 的方法是显性的。必须强调的是，鉴于显性的全形式教学完全脱离语境的性质，这种类型的教学促进了一种可以说与 SLA 无关的学习模式，无论是课堂教学还是其他的方式，因为结果仅仅是积累了语言的元语言知识。因此，在课堂 SLA 研究领域中，这种偏向是一个严重的问题。

教学效果研究设计中的第三个偏向与教学治疗的持续时间有关。Norris 和 Ortega 报告了四种长度的持续时间：极短（<1 小时）、短（1—2 小时）、中等（3—6 小时）和长（>7 小时）。典型的教学时间为 1—4 小时。一项研究提供了 50 小时的教学，但这种情况很少见（而且还涉及大量 L2 特征的教学）。在这些持续时间中发现的唯一真正的实证差异存在于长度为"短"和"中等"长度的治疗之间，其中 2 小时或更短时间的治疗更有效。然而，众所周知，密集但持续时间短的教学最容易被快速遗忘（Lightbown，1983）。

除了研究设计和 L2 教学治疗类型的概念化问题外，还有一个关于结果测量有效性的重大问题。这个问题至少有三个方面：(a) 倾向于只测试显性的、陈述性的知识（鉴于刚才概述的教学程序偏见，这并不奇怪）；(b) 对中介语变化不敏感；(c) 不关心所用措施的可靠性。本讨论只详细阐述前两项，但需要注意的是，只有 16% 的元分析研究报告了相关测量的可靠性估计（有关可靠性和其他研究方法问题的详细讨论，请参见 Norris 和 Ortega，2000，2003）。

课堂 SLA 的 49 项研究采用了 182 项测量（研究通常以不止一种方式测量结果），由 Norris 和 Ortega 根据测量所利用的 L2 知识类型进行编码。最引人注目的是，大约 90% 的教学类型研究实施了分离式或基于陈述性知识的测量，而不是要求在类似自发条件下对 L2 知识的实际运用。因此，评估 L2 知识类型的问题甚至比 Norris 和 Ortega 自己的解释所推测的更为严重。最根本的困难在于，大多数结果指标似乎并没有在任何有效意义上测量 L2 能力（参见 Doughty，2003b，尤其是附录 A）。从根本上说，由于不受约束的数据收集不太可能产生足以用于研究 L2 能力的样本，迄今为止，课堂 SLA 研究的偏向倾向于过度限制结果测量，以至于其结构效度受到严重损害。在 Chaudron（2003：764）的现有数据收集措施的连续体上（从自然主义到脱离语境），迄今为止用于教学类型研究的绝大多数都出现在右边，其中许多是测试元语言知识而不是可用的 L2 知识。

Norris 和 Ortega 将这些类型的测量称为"受限结构反应"（constrained-constructed responses），通常涉及给受试大量的语言结构，以及如何完成这些结构的一些指导（例如，填空，给出动词的不定式并要求使用直接宾语）。此外，这些测试看起来很像教学的主流方法，即显性的全形式教学。在研究的教学或评估阶段，这种脱离语境的全形式教学和元语言评估测量既不依赖于 L2 能力，也不依赖于 L2 行为。相反，它们只是把语言知识作为教学和要求的对象。此外，应该注意的是，即使 L2 目标是通过隐性的教学程序教授的，它们仍然倾向于以这种离散的、脱离语境的方式来测量。因此，更复杂的问题是，结果测量在性质上和数量上是绝对明确的，测量方法往往与教学类型不匹配。至少，应采用两种类型的测量方法，隐性和显性。否则，不仅构成了作答类型的极端偏向，而且严重威胁到采用这种测量的研究结果在解释上的有效性。

课堂 SLA 结果测量的有效性不仅受到脱离语境化和元语言知识挖掘的影响，而且还受到通常用于测量语言变化的分析框架的影响。中介语发展的测量标准往往是不恰当的，因为它们过于以目标语为导向。长期以来，儿童语言研究者一直在采用分析方法来精确跟踪 L1 的发展，不受与成人目标语比较的影响。众所周知，成人 SLA 在习得进程中同样是系统的和非线性的，而且很少达到目标语的准确水平，因此必须以对中介语敏感的方式进行研究。例如，Doughty 和 Varela（1998）表明，可以通过观察三种类型的证据来追踪 L2 教学效果：(a) 完全没有 L2 特征（零标记或原形）的情况降低；(b) 表达 L2 特征的尝试（以任何形式）增加；(c) L2 特征的暂时性过度运用，最后 (d) 准确性提高。测量中将目标语作为教学治疗成功的唯一标准，往往无法获得中介语发展的相关证据。

针对 L2 的特定方面的研究要求（以便能够衡量改进程度）可能在一定程度上导致显性的和以目标语为导向的教学和评估程序过度呈现，从而导致如前所述的严重研究偏向。虽然早期课堂 SLA 没有以任何方式实施教学治疗，但目前的情况是，L2 教学的设计和测量方式在心理语言学是无效的。换句话说，迄今为止，学习者通常参与课堂 SLA 研究的过程与 SLA 过程不相关。如果未来的研究要成功地探索更隐性的 L2 教学方法，就必须解决课堂 SLA 研究设计中的这一困境。

课堂 SLA 研究的未来方向

尽管课堂 SLA 研究已经取得了很大进展，并且引起了人们的极大兴趣，但仍有很长的路要走。可以做些什么来推进研究进程？至少必须解决六个研究方法问题，其中一些非常困难：

1. 研究建立形式-意义联结涉及过程的课堂 SLA 研究比例须增加。
2. 借鉴 SLA 的理论构念，过程的操作必须是系统的。
3. 编码程序不仅须考察实施的教学治疗，而且还须评估与 SLA 理论构念相关的教学过程。
4. 须显著提高课堂 SLA 中 L2、隐性教学方法的研究比例。
5. 以完全脱离语境的方式实施教学的研究仅促进语言操作或元语言加工和测量，不应被纳入课堂 SLA 的评估。更具体地说，此类研究不应包含在显性教学的范畴。
6. 教学须针对 L2 特征进行，以便跟踪习得这些特征的过程，并测量学习成果，但必须找到研究方案，消除对显性或元语言教学和测量程序的严重偏见。

图 9.1 展示了一个分析框架，其目的是在实施课堂 SLA 研究方案之前对其进行评估[①]。该框架在 Norris 和 Ortega 考察的一组课堂 SLA 研究中进行了试验，也适用于 Norris 和 Ortega 的元分析研究（即 1998—2002）中包含的最后一项研究发表以来出现的研究，并随后进行了修订（Doughty，2003a）。

该框架的核心目的是考察课堂 SLA 研究中治疗的构念效度，特别关注 L2 学习者的加工。在制定这一研究工具过程中的一个重要问题值得一提，需要列入待解决的问题清单：

7. 方案中必须包含特性，使课堂 SLA 研究者能够研究 SLA 过程，例如涉及学习者注意力分配（即导向、显性加工、隐性加工等）（Schmidt，2001），或任何与理论构念相关的其他过程。

在 L2 教学过程中形式-意义联结研究详细编码的第一阶段，我们针对目标结构对治疗进行了仔细检查，以确定治疗是否仅具有元语言性质，以及治疗是否涉及一个或多个教学程序。研究者选择目标特征的原因必须根据学习者的心理语言最优性来评估。这是一个艰难的困境，因为理想情况下，L2 教学应该在心理语言学需求出现的时候提供。然而，正确的测量需要研究人员预先确定目标特性。尽管如此，如果已经提前描述了 L2 学习困难，并且如果教学材料产生了对相关形式-意义联结的需求，那么这些可能是 SLA 的最佳条件，需要重点注意的是，学习者准备也要预先建立。编码第一阶段的另一个关键特征是，纯粹或过度的元语言治疗被排除在进一步考虑之外。元语言治疗是指那些涉及孤立地谈论语

---

① 当然，该框架也适用于已完成的研究。

言形式或语言系统，或者那些仅仅出于评估语法点示例而需要理解意义的教学活动。从编码程序中删除此类研究将有助于提高课堂 SLA 提出的观点的有效性，因为若发现有关已知与 SLA 不相关的教学过程，会在早期筛选出来。

该框架第二阶段的主要目的是建立 L2 教学治疗设计中所依据的 SLA 构念的有效性。存在三种可能性：第一，教学可能是基于 SLA 理论的一个有效原则，这是由研究者提出的。第二，有时某一特定研究的动机是一种教学动机，即使没有说明，仍然可以收集到有效的 SLA 构念。第二阶段还确定该结构是否已在 L2 教学治疗中真正可以实施。第三，有时，最终不得不得出结论，即底层结构（无论是否说明）无效，不应继续编码。

图 9.1 所示的编码框架第三阶段的目标是确定学习者在教学期间参与的心理语言加工的性质。除了考察教学是否整体促进隐性或显性加工外，还对教学过程中的加工进行了更详细的描述，包括三个阶段：教学前（例如，提醒、以特定方式引导加工、计划机会）；输入或输出加工（例如，理解、产出，以及一些被认为与建立形式-意义联结相关的微过程，见 IIIb2 和 IIIb3）；以及后加工或后续过程（例如，对错误的反馈）。

第一阶段

- **描述 L2 教学治疗**
1. 为什么 / 如何选择目标结构？示例：心理语言学最优性（学习问题、交际需求），教学法，以及要求没有事先接触的可能性。是否考虑了学习者的准备情况？
2. L2 教学治疗是纯粹的元语言或压倒性的元语言（定义=孤立地谈论语言系统和 / 或仅出于评估语法点示例的目的而理解意义）。如果是，**请在此处停止**，编码为元语言，并描述治疗和效果测量指标。
3. L2 教学治疗是一个单一 / 复合变量吗？如果是单一变量→Q5，如果是复合变量→Q4，然后 Q5。
4. 教学治疗涉及的一系列教学程序具体是什么（一步一步的程序）？（分别给每个程序编码）→Q5。
5. 对学习者的确切指示是什么（对于每个步骤，如果步骤不同）？

第二阶段

- **评估以上构念的有效性**
1. 理论构念（教学治疗）是否有效（定义=基于 SLA 研究 / 证据）？
   Y→简要描述理论动机，然后→Q3
   N→Q2

? →不知道
2. 构念是由教学法驱动的吗？
    Y→你能看到内在的 SLA 动机吗？
        如果是这样→Q4
        如果不是→无效
    N→无效
    ? →不知道
3. 该构念的实施是否符合理论构念／动机？
    Y→Q4
    N 描述，然后→Q4
4. 新的（或内在的）构念是否有效？
    Y→描述
    N→无效，描述

第三阶段

● **编码 L2 加工模式（编码／标签）**

III（a）从教学／教学程序／材料的设计目的来看

关于学习者对目标特征的关注，选择显性／隐性／偶然中**一项**：
> **显性**：尝试将学习者的注意力**转移**到目标特征上。
> **隐性**：（＋／－显著）没有试图引导或转移学习者对目标特征的注意。

III（b）从学习者加工的角度

将以下内容编码为 O（机会）和 E（证据）。对于每个 E 类型，提供编码所依据**证据**的简要说明。**注意**：与集合 1 不同，这些不是相互排斥的类别（初级学习模式除外）。注意是指目标特征单位意识。

1. **预加工** 选择警报或定向中的一项（后者包含前者）
    > **警觉**：（假设-意识）处理传入刺激的整体准备情况。
    > **定向**：（＋／－意识）准备以某种方式加工包含目标特征的材料，即超越简单的阅读或听（当与期望匹配时，编码为促进；当不匹配时，编码为抑制）

    对于涉及输出的研究：
    > **计划**（＋／－意识）：组织思想和语言以达到表达的目的

2. **加工-输入**
    > **理解**：理解包含目标输入材料的含义
    > **检测**（＋／－意识）：对目标特征的注意或认知注册

3. **加工-输出**（尝试用 L2 说／写某事的过程）
    > **表达**（＋／－意识）：说或写包含目标特征语境的话语的物理行为
    > **监控**（＋意识）：检查（＋／－试图修复）自己的计划或表达中的问题

4. **后加工**

> ➤ **认知比较**（+/-意识）：注意到或记录相似或不同之处
> ➤ **反馈**（目标特征输入或输出加工成功）描述
>
> 5. **元语言加工**：谈论或思考语言系统。
> 6. **初级学习模式**：通常根据材料的设置来推断，并且只有在研究方法包括有声思维或其他相关测量时才会进行编码。
>   ➤ **归纳学习**：根据输入得出系统
>   ➤ **演绎学习**：应用系统组织加工

图 9.1　L2 教学治疗的编码框架

由于基于学习者行为的认知加工的解释具有挑战性，因此本文从两个角度探讨 L2 学习者加工的编码问题。首先，可以根据为学习者加工设置的条件检查材料本身（见图 9.1，IIIa）。在某些情况下，很明显，这些条件会强制某种类型的加工（例如，选择一张图片来匹配话语的含义，选择取决于 L2 中做出的关键的正确理解）。然而，在大多数情况下，仅仅为学习者的加工设置正确的条件并不能保证这种加工的实际发生。因此，必须寻找表明学习者在 L2 教学期间的实际（与预期相反）加工的证据（图 9.1，IIIb）。遗憾的是，尽管在报告实证研究中使用的教学治疗的性质方面取得了相当大的进展，但从 1980 年到 2002 年期间的大多数研究方案中，几乎不存在将所报告的学习者的行为作为 L2 加工证据的解释。一些研究者将有声思维（think aloud）或回溯性报告（retrospective protocols）或汇报会议（debriefing sessions）纳入研究，或可以从中推断出一些加工行为。然而，由于在线有声思考已被证明会改变正常的 SLA 加工（Jourdenais，1998，2001），而汇报的方法由于对回溯的记忆要求，本身可能不准确，因此须开发除汇报之外的其他方法，以检测 L2 学习者加工的证据。也许编码框架试验的最重要结果是，从推断 L2 学习者心理语言加工的具体能力来看，课堂 SLA 研究仍处于初级阶段。

结　论

本文对课堂 SLA 实证研究做了综述，从 SLA 的速度、路径和最终成就等方面加深了对 SLA 教学效果本质的理解。相比之下，人们对于课堂 SLA 中建立形式-意义联结的关键过程仍然知之甚少。特别要注意的是，须将 L2 加工理论中提出的构念可操作化（详细讨论参见 Doughty，2003b），并确定什么样的证据足以推断二语加工是按照课堂 SLA 研究者的计划进行的。

在过去十几年的课堂 SLA 研究中，教学类型的研究一直是研究的重点，研究取得了一定的进展，许多研究方法上的问题不断浮出水面。综合 L2 教学方法和持续时间上的偏差，以及测量上的偏差，显性教学的明显优势被理解为累积研究偏差的产物。更具体地说，目前所能说的是，当通过语言操作任务来衡量非常短期、明确聚焦的教学效果时，它被证明是有效的。与其他类型的记忆知识一样，以这种方式学习的 L2 知识很快会被遗忘。此外，虽然没有足够的研究采用延迟后测，但少数研究表明，显性学习的知识确实会被遗忘，除非随后在一段时间内在输入中遇到该特征（Lightbown，Spada 和 White，1993；Spada 和 Lightbown，1993）。

总之，显性教学的效果被夸大了。此外，鉴于只有 30% 的研究采用了隐性教学技术，并且测量教学效果的方法严重偏向于受限结构、语言操作和陈述性知识的评估（90% 的测量），隐性教学的任何优势都有可能被低估了。换句话说，在目前有偏倚的研究条件下，任何观察到的隐性教学效果实际上都是显著的！

参考文献

Berry, D. (1997). *How implicit is implicit learning?* New York: Oxford University Press. Berry, D., and Dienes, Z. (Eds.). (1993). *Implicit learning: Theoretical and empirical issues.* Hove, England: Lawrence Erlbaum & Associates.

Chaudron, C. (2001). Progress in language classroom research: Evidence from *The Modern Language Journal,* 1916-2000. *Modern Language Journal, 85*, 57-76.

Chaudron, C. (2003). Data collection in SLA research. In C. Doughty & M. Long (Eds.), *The handbook of second language acquisition* (pp. 762-828). Oxford, England: Blackwell.

Clark, R. (1985). Confounding in educational computing research. *Journal of Educational Computing Research, 1*, 137-148.

DeKeyser, R. (1995). Learning second language grammar rules: An experiment with a miniature linguistic system. *Studies in Second Language Acquisition, 17*, 379-410.

DeKeyser, R. (2003). Implicit and explicit learning. In C. Doughty & M. Long (Eds.),

The handbook of second language acquisition (pp. 313-348). Oxford, England: Blackwell.

Dörnyei, Z., & Skehan, P. (2003). Individual differences in second language learning. In C. Doughty & M. Long (Eds.), *The handbook of second language acquisition* (pp.589-630). Oxford, England: Blackwell.

Doughty, C. (1988). *Effects of instruction on the acquisition of relativization in English as a Second Language.* Unpublished doctoral dissertation, University of Pennsylvania.

Doughty, C. (1991). Second language acquisition does make a difference: Evidence from an empirical study of SL relativization. *Studies in Second Language Acquisition, 13*, 431-469.

Doughty, C. (2001). Cognitive underpinnings of focus on form. In P. Robinson (Ed.), *Cognition and second language instruction* (pp. 206-257). Cambridge, England: Cambridge University Press.

Doughty, C. (2003a, March). *Designing psycholinguistically valid instructional treatments.* Paper presented at the annual meeting of the American Association of Applied Linguistics, Arlington, VA.

Doughty, C. (2003b). Instructed SLA: Constraints, compensation, and enhancement. In C. Doughty & M. Long (Eds.), *The handbook of second language acquisition* (pp. 256-310). Oxford, England: Blackwell.

Doughty, C. & Long, M. H. (Eds.). (2003). *The handbook of second language acquisition.* Oxford, England: Blackwell.

Doughty, C., & Varela, E. (1998). Communicative focus on form. In C. Doughty & J. Williams (Eds.), *Focus on form in classroom second language acquisition* (pp. 114-138). Cambridge, England: Cambridge University Press.

Doughty, C., and Williams, J. (Eds.). (1998a). *Focus on form in classroom second language acquisition.* Cambridge, England: Cambridge University Press.

Doughty, C., and Williams, J. (1998b). Issues and terminology. In C. Doughty & J. Williams (Eds.), *Focus on form in classroom second language acquisition* (pp. 1-11). Cambridge, England: Cambridge University Press.

Doughty, C., and Williams, J. (1998c). Pedagogic choices in focus on form. In C.

Doughty & J. Williams (Eds.), *Focus on form in classroom second language acquisition* (pp. 197-261). Cambridge, England: Cambridge University Press.

Eckman, F., Bell, L., & Nelson, D. (1988). On the generalization of relative clause instruction in the acquisition of English as a Second Language. *Applied Linguistics, 9*, 10-20.

Felix, S. (1981). The effect of formal instruction on second language acquisition. *Language Learning, 311*, 87-112.

Gass, S. (1982). From theory to practice. In M. Hines & W. Rutherford (Eds.), *On TESOL '81* (pp. 120-139). Washington, DC: TESOL.

Hulstijn, J. (1997). Second language acquisition research in the laboratory: Possibilities and limitations. *Studies in Second Language Acquisition, 19*, 131-143.

Hulstijn, J. (2003). Incidental and intentional learning. In C Doughty & M. Long (Eds.), *The handbook of second language acquisition* (pp. 349-381). Blackwell Handbooks in Linguistics. Oxford, England: Blackwell.

Hyltenstam, K., & Abrahamsson, N. (2003). Maturational constraints in SLA. In C. Doughty & M. Long (Eds.), *The handbook of second language acquisition* (pp. 539-588). Oxford, England: Blackwell.

Jourdenais, R. (1998). *The effects of textual enhancement on the acquisition of Spanish preterit and imperfect.* Unpublished doctoral dissertation, Georgetown University.

Jourdenais, R. (2001). Cognition, instruction, and protocol analysis. In P. Robinson (Ed.), *Cognition and second language instruction* (pp. 354-375). Cambridge, England: Cambridge University Press.

Krashen, S. (1982). *Principles and practice in second language acquisition.* Oxford, England: Pergamon.

Krashen, S. (1985). *The input hypothesis: Issues and implications.* London: Longman.

Krashen, S., & Scarcella, R. (1978). On routines and patterns in language acquisition performance. *Language Learning, 28*, 283-300.

Lightbown, P. (1983). Exploring relationships between developmental and instructional sequences in L2 acquisition. In H. Seliger & M. Long (Eds.), *Classroom-oriented research in second language acquisition* (pp. 217-243). Rowley, MA: Newbury House.

Lightbown, P. (2000). Classroom SLA research and second language teaching. *Applied Linguistics, 21*, 431-462.

Lightbown, P., Spada, N., & White, L. (Eds.). (1993). The role of instruction in second language acquisition. *Studies in Second Language Acquisition, 15* (Thematic Issue).

Long, M. H. (1980). Inside the "black box": Methodological issues in classroom research on language learning. *Language Learning, 1*, 1-42.

Long, M. H. (1983). Does instruction make a difference? *TESOL Quarterly, 17*, 359-382.

Long, M. H. (1988). Instructed interlanguage development. In L. Beebe (Ed.), *Issues in second language acquisition: Multiple perspectives* (pp. 115-141). Rowley, MA: Newbury House.

Long, M. H. (1991). The design and psycholinguistic motivation of research on foreign language learning. In B. Freed (Ed.), *Foreign language acquisition research and the classroom* (pp. 309-320). Lexington, MA: Heath.

Long, M. H. (1993). Second language acquisition as a function of age: Research findings and methodological issues. In K. Hyltenstam & A. Viberg (Eds.), *Progression and regression in language* (pp. 195-221). Cambridge, England: Cambridge University Press.

Long, M. H. (2000). Focus on form in Task-Based Language Teaching. In R. Lambert & E. Shohamy (Eds.), *Language policy and pedagogy* (pp. 179-189). Amsterdam/ Philadelphia: John Benjamins.

Long, M. H., & Robinson, P. (1998). Focus on form: Theory, research, and practice. In C. Doughty & J. Williams (Eds.), *Focus on form in classroom second language acquisition* (pp. 15-41). Cambridge, England: Cambridge University Press.

Norris, J., & Ortega, L. (2000). Effectiveness of L2 instruction: A research synthesis and quantitative meta-analysis. *Language Learning, 50*, 417-528.

Norris, J., & Ortega, L. (2003). Defining and measuring SLA. In C. Doughty & M. Long (Eds.). *The handbook of second language acquisition* (pp. 717-761). Oxford, England: Blackwell.

Odlin, T. (2003). Crosslinguistic influence. In C. Doughty & M. Long (Eds.), *The handbook of second language acquisition* (pp. 436-486). Oxford, England:

Blackwell.

Pavesi, M. (1986). Markedness, discoursal modes, and relative clause formation in a formal and an informal context. *Studies in Second Language Acquisition, 81*, 38-55.

Pica, T. (1983). Adult acquisition of English as a second language under different conditions of exposure. *Language Learning,* 33, 465-497.

Pienemann, M. (1989). Is language teachable? Psycholinguistic experiments and hypotheses. *Applied Linguistics, 10*, 52-79.

Richards, J., & Rodgers, T. (1986). *Approaches and methods in language teaching.* Cambridge, England: Cambridge University Press.

Robinson, P. (Ed.). (2003). *Individual differences and instructed language learning.* Amsterdam: Benjamins.

Romaine, S. (2003). Variation. In C. Doughty & M. Long (Eds.), *The handbook of second language acquisition* (pp. 409-435). Oxford, England: Blackwell.

Schwartz, B. (1993). On explicit and negative data effecting and affecting competence and linguistic behavior. *Studies in Second Language Acquisition, 15*, 147-164.

Schwartz, B. & Sprouse, R. (1996). L2 cognitives states and the full transfer/full access model. *Second Language Research, 12*, 40-72.

Schmidt, R. W. (2001). Attention. In P. Robinson (Ed.), *Cognition and second language instruction* (pp. 3-32). Cambridge, England: Cambridge University Press.

Segalowitz, N. (2003). Automaticity and second languages. In C. Doughty & M. Long (Eds.), *The Handbook of Second Language Acquisition* (pp. 382-408). Oxford, England: Blackwell.

Smith, P. (1970). *A comparison of the audio-lingual and cognitive approaches to foreign language instruction.* The Pennsylvania Foreign Language Project. Philadelphia: Center for Curriculum Development.

Spada, N. (1997). Form-focused instruction and second language acquisition: A review of classroom and laboratory research [State of the Art Article]. *Language Teaching, 30*, 73-87.

Spada, N., & Lightbown, P. M. (1993). Instruction and the development of questions in L2 classrooms. *Studies in Second Language Acquisition, 75*, 205-224.

Stadler, M., & Frensch, P. (Eds.). (1998). *Handbook of implicit learning.* Thousand

Oaks, CA: Sage.

White, L. (1987). Against comprehensible input: The input hypothesis and the development of second-language competence. *Applied Linguistics, 8*, 95-110.

White, L. (1991). Adverb placement in second language acquisition: Some effects of positive and negative evidence. *Second Language Research, 7*, 133-161.

White, L. (2003). On the nature of interlanguage representation: Universal Grammar in the second language. In C. Doughty & M. Long (Eds.), *The handbook of second language acquisition* (pp. 19-42). Oxford, England: Blackwell.

Zobl, H. (1982). A direction for contrastive analysis: The comparative study of developmental sequences. *TESOL Quarterly, 16*, 169-183.

第十章　形式-意义联结的隐性学习

John N. Williams

剑桥大学

认知心理学家普遍认为，人类，甚至所有动物，都拥有从环境中提取规律的强大学习机制。许多人认为，规律是通过学习过程（可广义地归类为"叠加（superpositional）"过程）在记忆中对单个事件进行编码的必然结果。事件表示为一组特征，并且随着连续事件的表征相互"叠加（superimposed）"，共同特征和底层的概括（generalizations）被提取出来。基于范例的记忆模式（Exemplar-based memory models）（Hintzman，1986）和联结主义网络（connectionist networks）（McClelland 和 Rumelhart，1985）是这一原理的计算实例。通常，此类模型不考虑意识状态，因为学习被认为是无意识地进行的，并且是记忆中事件编码方式不可避免的副产品。这种类型的学习机制不以任何方式依赖于意识状态，它们是隐性进行的。

Winter 和 Reber（1994）将隐性学习定义为"人类以无意识、非反思的方式从世界中获取信息的能力"（第 117 页）。隐性学习不需要学习意图。也就是说，它是在执行其他任务时偶然发生的。它也不需要有意识的假设检验，或对有意识回忆的事件进行比较，这样的过程属于显性学习的范畴。然而，虽然隐性学习**机制**（mechanism）可能不依赖于意识状态，但一般认为学习者至少需要意识到刺激才能促进学习过程。这是因为集中注意（focal attention）似乎是编码记忆新事件的必要条件（Cowan，1993；P. Robinson，1995）。集中注意之外的熟悉刺激可能会激活先前存在的记忆表征（memory representations），但为了学习新的刺激或熟悉刺激的新联结，集中注意被认为是必要的。这一假设构成了 Schmidt（1994）"注意"假说（"noticing" hypothesis）的基础，根据该假说，学习需要关注相关刺激，但不像他最近所澄清的那样（Schmidt，2001），认为学习需要关注潜在的规律："我的意图是尽可能清楚地将'注意'（'noticing'）与'元语言意识'（'Metalinguistic awareness'）区分开来，假设注意和注意的对象是输入中话语表层结构（surface structure）的元素，是语言的实例（这些实例可能是范例）

而不是任何抽象的规则或原则"(第 5 页)。

考虑一下这对于学习形式-意义映射意味着什么。在本语境中,**形式**(form)将用于指代语法语素(grammatical morphemes)(例如冠词、名词屈折变化),**意义**指代那些决定语素分布的概念特征(例如,限定性(definiteness)、复数)。假设语法中形式 A 和意义 B 之间存在系统的关系(例如,-s 名词结尾和复数概念之间的关系)。根据 Schmidt 的观点,只要一个人注意 A 和 B,就有可能隐性地学习到他们之间的关系。但是,在自然的语言话语中,人对所指场景的有意识理解会包含许多概念特征。即使假设表面形式只有一个"注意到的"元素(也许因为它是唯一一个根据学习者当前的语法不能解释的元素),仍然会有大量潜在相关的概念特征与之相关联。因此,一个话语可以表征为形式 A 和概念特征 C、R、B、X 的配对,而另一个事件可以表征为 A 和 D、W、B、Z 等的配对,等等。问题在于学习者能否在这些话语-意义对子(utterance-meaning pairs)中无意识地提取出与 A 和 B 之间的规律。根据隐性学习的叠加记忆系统(superpositional memory system),只要相关元素在记忆中得到关注和编码,就应该能够提取 A-B 的关联。然而,为了使学习真正成为隐性的学习,学习者必须在编码事件的时候不知道 A 和 B 之间存在系统的关系,因为这将构成对所要学习规律的意识。

有证据表明,至少当 A 和 B 都是视觉刺激时,才有可能在不知道它们相关的情况下学习它们之间的关系。Jiménez 和 Méndez(1999)报告了一个序列学习实验(sequence learning experiment),在这个实验中,字符出现在屏幕上四个不同位置中的任意一个,受试只需按下四个响应按钮中的一个按钮来指示每个字符的位置。位置序列实际上是由复杂的有限状态语法(finite state grammar)生成,类似于 Reber(1976)所使用的语法,但在序列中还构建了另一个更简单的规则。对每个字符的位置确认可以预测下一个刺激的位置,例如,如果字符是"?",下一个刺激出现在一个位置,但如果是"*",它出现在另一个位置。

实验比较了受试对两种序列的反应时间,第一种序列由语法生成或由前面字符的正确预测生成,第二种序列为不正确序列。对第一种序列反应更快表明受试已经学会了相关的规则。在第一个实验中,只要求受试根据刺激的位置做出反应。在这种单任务条件下,有证据表明他们学会了有限状态语法定义的复杂排序规则,但他们没有利用字符位置的可预测性,尽管这条规则要简单得多。在第二个实验中，要求受试计算一组试验中字符"x"和"*"出现的次数。他们计算次数的同时须通过按键回答字符的位置。这是一个双重任务条件。现在看来，他们对通过语法来预测位置和通过前面字符的确认来预测位置都很敏感。然而，最关键的是，受试似乎没有意识到字符和位置之间的关系。因此，似乎可以在不知道它们之间的关系的情况下学习刺激之间的关联（在本案例中是字符和位置的关联），但受试必须注意到刺激的相关方面。Logan 和 Etherton（1994）的研究也得出相似的结果，尽管在他们的案例中，尚不清楚受试在训练期间是否意识到这些关联。

Jiménez 和 Méndez（1999）的实验表明，关注视觉刺激但没有关注到他们之间的关系的情况下，对视觉刺激之间的关联的隐性学习是可能的。但是这对于形式和意义同样是可能的吗？

毫无疑问，和形式-意义联结的隐性学习最相关的前期研究是 DeKeyser（1995）关于学习微型人工语言（miniature artificial language）的实验。这种语言包含丰富的屈折形态，用于标记（有性别的）性、数和格。该语言中的一个典型句子是 hadeks-on walas-in-it meleks-is-on（queen-复数 build-阴性-复数 castle-宾格-复数）。受试只观察句子和图片的组合。定期进行试验，他们必须核实句子是否正确描述了图片中的事件。关键的是，否定试验中唯一的错误与词汇有关，而不是语法。在 20 个学习课程中进行了 2480 次训练测试后，受试接受了一项产出任务的测试，他们须输入正确的句子来描述图片。虽然这些句子都很新颖，但也有一些涉及训练中出现的词干和后缀的组合。他们对这些项目的正确率为 87%，这表明他们对经过训练的词干-后缀组合（stem-suffix combinations）记忆良好。然而，当要求受试对在训练期间从未出现过的词干-后缀组合做出回应时，正确率只有 33%（DeKeyser 认为这是偶然情况）。受试尚未学会意义的各个组成部分与特定后缀之间的关联。虽然受试在经过训练的词干-后缀组合上的良好表现表明他们已经以隐性方式学会了词干和后缀之间的形式-形式联结，但是没有学会单个语素和意义的具体方面之间的关联。

然而，应该注意的是，在 DeKeyser（1995）的实验中，训练任务并没有要求受试注意那些与后缀潜在相关的意义方面；这项任务可以通过简单地将词干与图片匹配完成。当然，这是有意的，因为如果句子中包含不适当的后缀，受试就会开始寻找规则。因此，这种训练条件更类似于 Jiménez 和 Méndez（1999）的单一任务条件，即相关信息可能已被加工，但未被关注。也许，没有学习到相关的形式-意义映射也就不足为奇了。尚不清楚的是，当形式和意义都受到关注但受试不知道它们之间的相关性时，是否可以隐性地学习形式-意义映射。本实验的目的是研究这种情况。

在报告实验之前，需要考虑一些方法的问题。首先，为了满足输入的相关要素被关注但它们之间的关系不被关注的要求，有必要设计与现实生活中的语言学习活动不相似的人工实验任务。这是否限制了研究的相关性，最终取决于语言学习是被视为获取知识的过程，还是被视为获得特定任务技能的过程。本研究方法基于这样的假设：无论个体执行什么样的特定任务，潜在的叠加学习机制都在背后运行。该机制的目的是学习环境事件之间的相关性。Cleeremans 和 Jiménez（2002）将其称为"模型学习"（model learning），并将其与"任务学习"（task learning）（指为了执行特定任务而学习输入和输出之间的关联的过程）区分开来："无论这两类学习机制如何组合，在本框架的背景下需要记住的重要一点是，无论何时发生信息加工，模型学习都会运行，而任务学习仅在特定目标定义的特定语境中运行"（Cleeremans 和 Jiménez，2002：18）。

目前的必要性实验要求将输入的关键要素视为与不同任务相关（如 Jiménez 和 Mendez，1999 的实验）。那么，问题在于，是否有某种机制可以仅仅凭借输入要素在环境中的共存来学习它们之间的相关性而不考虑它们正在执行的任务。本实验在学习形式-意义联结的背景下研究了这个问题。

其次，隐性学习研究的一个核心问题是研究者如何确定在训练期间发生的是隐性而非显性的学习过程。即使任务似乎没有要求，受试也总是有可能进入显性的、有意识的学习模式。目前的方法是从数据分析中排除那些在训练期间意识到所有或部分相关形式-意义联结的受试；也就是说，应用一个基于知识的显性而不是基于学习过程的标准。这也许是一个相当保守的标准，因为隐性学习很可能导致有意注意（conscious awareness）。毕竟，隐性知识塑造了有意识的感知（Perruchet 和 Vinter，1998）。另一方面，由于隐性学习过程和显性学习过程之间可能存在交互作用（Mathews 和 Roussel，1997），一个人在训练期间意识到目标规则不太可能纯粹是隐性学习的结果。因此，谨慎的做法是根据对规则的意识排除受试。

第三个方法上的问题是受试其他语言知识的潜在影响。大多数关于隐性学习的心理学研究都采用了与自然语言关系不大的目标系统。先验知识是否或者如何促进隐性学习的问题尚未得到解决。相比之下，在 SLA 研究中，迁移问题一直是研究者关注的焦点。实验 1 采用了基于自然发生的名词类系统的目标系统，因此这一研究与受试具有的结构相似系统的知识对学习结果的影响程度相关。

实验 1

方法

受试。共有 37 名受试。他们主要是剑桥大学的学生和具有不同语言背景的研究者。

材料。本实验采用表 10.1 所示的人工微语言（artificial microlanguage）。限定词 8 个，名词 8 个。指代有生命物体（living things）的名词使用限定词 *ig, i, ul* 和 *tei*，指代无生命物体（nonliving things）的名词使用限定词 *ga, ge, ula* 和 *tegge*[①]。实验受试只接触表 10.1 中的非斜体字的项目。斜体字的项目不用于泛化测试（generalization tests）。

表 10.1 实验 1 中使用的项目

	限定单数 （the）	限定复数 （the）	非限定单数 （a）	非限定复数 （some）
有生命的物体				
monkey（猴子）	*ig johombe*	i johombi	ul johombe	tei johombi
bee（蜜蜂）	ig zabide	*i zabidi*	ul zabide	tei zabidi
lion（狮子）	ig wakime	i wakimi	*ul wakime*	tei wakimi
bird（鸟）	ig migene	i migeni	ul migene	*tei migeni*
无生命的物体				
shoe（鞋）	*ga shosane*	ge shosani	ula shosane	tegge shosani

---

① 这个系统实际上是基于意大利语的。通过辅音替换，阳性限定词 *il, i, un, dei* 变成了 *ig, i, ul* 和 *tei*，阴性限定词 *la, le, una, delle* 变成了 *ga, ge, ula, tegge*。以 -*e*/-*i* 结尾的名词基于不规则的意大利名词，如 *tegame*（'Saucepan'，阳性）和 *stazione*（'station'，阴性）。词干名词本身是被设计出来的，以避免与英语或罗曼语单词相似。考虑到意大利语的相似性，没有对母语为意大利语的人进行测试。在主实验中，只有 2 名受试的意大利语知识达到中等或以上水平，而在对照实验中，没有一名受试的意大利语知识达到中等及以上水平。

（续表）

	限定单数 （the）	限定复数 （the）	非限定单数 （a）	非限定复数 （some）
clock（钟）	ga tisseke	*ge tisseki*	ula tisseke	tegge tisseki
chair（椅子）	ga chakume	ge chakumi	*ula chakume*	tegge chakumi
vase（花瓶）	ga nawase	ge nawasi	ula nawase	*tegge nawasi*

注：斜体字项目未在训练期间呈现。

有两种类型的知识可以作为正确响应泛化项目的能力基础。第一种，也是最简单的一种，是关于限定词和名词生命性关联的知识。这种形式-意义联结的习得正是本实验的主要关注点。但是，原则上受试也可以对输入进行分布分析（Maratsos，1982）。受试可以学习到每一类别中的限定词都是通过它们与普通名词的出现而相互关联的，并且他们可以根据记忆中的名词与哪些限定词在训练期间一起出现推断出泛化测试项目的正确限定词。在本实验中，对泛化测试项目的回答将完全不涉及名词的语义属性。如果在泛化测试中出现随机水平以上的行为（above-chance performance），则有必要进行控制实验，以确定语义信息是否实际用于学习过程。

程序。受试首先将名词和限定词作为独立词汇项目学习其英语含义（用不同颜色印刷的英文翻译区分意义相同的限定词）。在训练任务中，来自训练集的限定词-名词组合在听力上呈现，对于每个项目，受试必须（a）大声重复，（b）通过按键盘上的 z（非生命的）或 /（有生命的）键来指示它指的是有生命的物体还是无生命的物体，以及（c）将其翻译成英文。例如，受试会听到"i johombi"，说出"i johombi"，按下"有生命的"键，之后说出"the monkeys"。接下来提供反馈。错误回答会立即发出嘟嘟声，而翻译错误之后会有正确的书面回答。要求受试尽可能快速、准确地完成任务。每个训练任务周期由如表 10.1 所示的 24 个训练项目组成。每个受试完成 15 个周期的训练任务。

该程序旨在确保相关形式（限定词和名词）和意义的相关方面（生命性特征）得到关注，同时不提醒受试它们之间存在关联的可能性。这些短语必须在短时记忆中保持足够长的时间，以支持重复、决策和翻译任务，并鼓励有助于建立形式长期记忆表征的维持性排练（maintenance rehearsal）。决策任务要求明确计算生命性信息。为了不鼓励受试采用有意识的学习策略，他们被告知实验的目的是观察他们的决策和翻译表现如何随着实践而改进。

测试阶段由泛化项目和训练项目组成。给出一个短语的英文翻译，受试必须在目标语言的两种备选表达方式中进行选择。例如，对于短语"the monkey"（猴子），他们必须在 *ig johombe* 和 *ga johombe* 之间做出决定。错误的选择中总是包含一个正确的限定性和数的限定词，但生命性特征是错误的。受试首先对表 10.1 中的 8 个泛化项目执行此任务，然后是训练集中的 16 个项目。要求受试根据哪个选项听起来更熟悉或"更好"做出回应，并且没有提醒存在规则的可能。我们假设，在这种强迫选择的情况下，即使不自觉地知道相关规则，回应也有可能产生偏差，就像 Reber（1976）在人工语法研究中使用的语法判断任务一样。

结果与讨论

在 37 名受试中，只有 7 人在训练阶段意识到了生命性关联，他们的测试表现在泛化和训练项目上都是完美或接近完美的。然而，很难确定这些受试是通过隐性过程还是显性过程学习的。其中三位受试首先清楚地报告了"注意到（noticing）"与一对限定词（特别是 *tei/tegge* 或 *ul/ula*）有关的生命性关联，然后在训练任务的其余部分或测试阶段"建立"系统的其余部分。这也许暗示了隐性过程和显性过程之间的相互作用。其他人只是报告说，他们在训练任务期间"建立（worked out）"了系统，但不清楚他们这样做的意图源自隐性学习产生的直觉还是仅仅是为了理解为什么对于相同含义会有不同的形式（例如，为什么 *tei* 和 *tegge* 都翻译成"some"）。无论哪种情况，根据先前制定的标准，这 7 名受试的数据不包括在后续的分析中，因为研究的目的是考察训练期间没有意识到生命性关联的情况下是否有任何学习证据。

其余 30 名受试表示，他们在训练期间没有尝试建立该系统，并且在测试阶段结束时，他们仍然没有意识到生命性关联。其中的两名受试似乎试图在测试阶段建立一个系统，但即便如此，这也只是在后期出现（训练项目），且也没有提及生命性。对于所有 30 名受试，对泛化项目的反应似乎都是基于直觉。尽管如此，泛化项目的正确率为 61%，显著高于 50% 的随机水平（chance level），$t=3.25$，$p<0.01$。训练项目的正确率为 71%，也显著高于随机水平，$t=6.09$，$p<0.001$。

受试在泛化测试的表现水平上存在很大的个体差异。最有力的预测因素是受试的 L1 是否以语法的性（grammatical gender）区分名词类别。对于 L1 区分性别的 13 名受试，泛化测试的平均得分为 71%，显著高于随机水平，$t=4.08$，$p<0.01$。相比之下，对于 L1 不区分性别的 17 名受试，泛化测试的平均得分为

54%，与随机水平没有显著差异，$t=0.96$。组间差异有统计学意义，$t=2.78$，$p<0.01$。当然，研究者必须始终谨慎对待这种类型的泛化测试，因为组间差异实际上可能是一些其他因素造成的。然而，L1 的影响似乎并不归因于普遍的第二语言学习经验。L2 达到中级或更高水平的数量方面（分别为 3.54 和 3.12，$t=0.92$）或 L2 为性别语言（gender languages）的数量方面，两组间不存在显著差异（分别为 1.46 和 1.23，$t=0.47$）。记忆能力的差异似乎也不是一个影响因素。在实验开始前进行了语音短时记忆测试，要求受试按照呈现的顺序回忆三个无意义单词（目标语中名词的单数形式）。区分性别的 L1（gender L1）组与不区分性别的 L1（nongender L1）组的测试分数之间没有显著差异，分别为 77% 和 68%，$t=1.8$。

在进一步考虑这些结果之前，重要的是要确定在泛化测试中高于随机水平的受试是否对限定词和生命性之间的关系敏感。因此进行了一个对照实验来排除这种关系。名词的意思改变了，每个类别中有一半是指有生命的物体。该程序与以前使用的程序相同。共有 18 位受试。所有受试至少会讲两种达到中级或更高水平的区分性别语言，有 12 人的母语区分性别。在训练或测试期间，没有人注意到名词类别的区别。他们在泛化测试中的得分为 56%（与随机水平间不存在显著差异，$t=1.3$），在训练项目上得分为 68%（与随机水平间存在显著差别，$t=6.4$，$p<0.001$）。因此，尽管他们能够很好地记住训练期间学习过的限定词-名词组合，但没有证据表明他们已经学会了潜在的名词类区分。在泛化测试平均分数上，L1 区分性别的受试的与 L1 不区分性别的受试完全相同。

对照实验的结果表明，主实验的受试确实有利用生命性信息。然而，这并不一定意味着他们在学习限定词和生命性信息之间的直接关联，因为如前所述，随机水平以上的泛化测试表现也可能是学习限定词之间的关联的结果。但即便如此，仍然必须得出结论，生命性信息促进了限定词之间关联的习得。

在主实验中，学习与性别语言知识有关。Williams 和 Lovatt（2003）使用了与当前对照实验相同的系统（即没有生命性信息），发现学习与受试对其他区分性别语言的熟悉程度以及他们的语音短期记忆能力都呈正相关。然而，由于训练任务和受试的性质（没有一个人的母语是区分性别的语言），因此只能得出结论，L2 性别系统知识影响显性归纳学习。在本（主）实验中，隐性学习实际上与已知的性别语言数量有关，$r=0.572$，$p<0.001$，但受试是否讲 L1 性别语言也有很大影响。因此，有充分的证据表明，其他性别语言的知识对学习这些实验中

使用的系统类型有影响,尽管 L1 和 L2 知识对隐性和显性学习的影响是否不同仍不清楚。

一个相关的考虑因素可能是限定词具有内部相似的结构,这是其意大利起源的遗迹。在一类中,*ga* 和 *ula* 结尾相同,*ge* 和 *tegge* 也是;在另一类中,*i* 和 *tei* 结尾相同,而 *ig* 和 *ul* 是唯一以辅音结尾的限定词。其中一类中两个限定词的-*a* 结尾可能也是一个因素,因为这是许多语言(罗曼语和俄语)中阴性词的特点。当然,自然名词类系统并非完全没有语义关联。具有多种语言名词类系统经验的受试者可能对这些线索更敏感,因为这些线索是名词类底层组织的指标。

虽然先验知识对隐性学习的作用显然值得进一步研究,但目前考虑的是那些对其他性别语言知识较少的受试,他们未能在主实验中获得高于随机水平的泛化行为。这一结果可能暗示了隐性学习机制的潜在局限性。另一种说法是,实验 1 中使用的训练任务过于肤浅和机械,以至于不利于学习形式-意义联结所需的深度加工。目标系统也有可能过于复杂。因此,研究者进行了第二个实验,用一个更简单的系统和一个更深入、更吸引人的训练任务来测试形式-意义联结的隐性学习。为了尽量减少先验知识的影响,这个实验还使用了一个表面上与受试所知道的语言不太相似的目标系统。

实验 2

方法

受试。共有 17 名不同语言背景的大学生参与了实验。

表 10.2 实验 2 中使用的项目

有生命的		无生命的	
近	远	近	远
gi dog(s)	ul dog(s)	ro cushion(s)	ne cushion(s)
B gi mouse(s)	ul mouse(s)	ro phone(s)	ne phone(s)
gi lion(s)	*ul lion(s)*	ro table(s)	*ne table (s)*
gi bird(s)	*ul bird(s)*	ro vase(s)	*ne vase(s)*
gi monkey(s)	ul monkey(s)	*ro stool(s)*	ne stool(s)
gi bee(s)	ul bee(s)	*ro clock(s)*	ne clock(s)

注:斜体字项目未在训练期间呈现。

材料。本实验的目标语言如表 10.2 所示。只有四个限定词：*gi*、*ul*、*ro* 和 *ne*。共有 12 个不同的名词，其中 6 个指有生命的物体，6 个指无生命物体。有生命的使用 *gi* 和 *ul*，无生命的使用 *ro* 和 *ne*。表 10.2 中的斜体字的项目在训练期间没有呈现，而是保留用于测试泛化能力。每一类别中，两个项目与两个可能的冠词一起出现。没有冠词带有以 -*a* 结尾的特点——在许多区分性别语言中代表阴性词。此外，冠词之间缺乏表面上的相似性，否则可能会暗示这些冠词可以组成一类。冠词本身是英文单词 *near*（近）和 *far*（远）的翻译，而不是 *the* 和 *a*。尽管受试被指示将这些单词用作类似冠词的元素（见下文），但与近-远区分的合并明显降低了与自然语言中冠词系统的相似性。

程序。在初步的词汇学习阶段，受试首先学习到 *gi* 和 *ro* 与英语单词"near（近）"相关，*ul* 和 *ne* 与英语单词"far（远）"相关。这些英文单词被印刷成不同的颜色，以区别不同的译文。然后跟受试解释，这是关于一种语言的实验，在这种语言里说话者总是从物体与说话者距离的角度谈论该物体。他们使用的单词功能上类似于英语单词"the"，但同时编码了说话者和物体之间的距离。例如，*ul dog* 的意思是 the-far dog（远处的狗）。在训练任务期间，向受试展示了诸如 *ul dog* 之类的短语，并且构造在适当语境中使用该短语的句子（例如，*I threw a ball to ul dog at the bottom of the garden*（我把球扔给了花园尽头的那只狗），或者关于 *gi dog*，*I was happy when gi dog ate from my hand*（当这只狗从我手里吃东西的时候，我很高兴）），注意使用 *gi, ul, ro* 和 *ne* 代替英文冠词"the"。

为了促使受试注意到生命性特征，要求受试为有生命的物体和无生命的物体构建不同的语境——有生命的物体要在室外环境中描述，而无生命物体要在室内环境中描述。因此，这两组冠词与不同的语境信息以及不同的名词属性相关联，从而增加了它们的区别性。

为了明确句子产出的限制条件，对于训练期间呈现的每个短语，受试必须从屏幕上的一个数组中选择一些图标。每个物体都有单数形式（一个物体）的图片和复数形式（三个物体）的图片，近和远的概念的几何表示，以及代表室外和室内环境的树和房屋的图片。"远"的标志是一个带有"x"的椭圆形，x 位于椭圆外部以表示观察者的位置。"近"的标志是"x"在椭圆形里面。选择的对象位于椭圆形内，树或房子的标志位于椭圆的上方。

在训练任务的每次试验中，训练集里的一个短语被直观地呈现 1 秒。受试大声说出这个短语，然后通过点击从数组中选择合适的图标。这些图标之后出现在一个单独的窗口中，形成他们要表达的内容的图示。之后他们构造了一个包含目标短语的句子。完成这些操作后，他们点击"完成"按钮，正确的图示以及短语的书面形式就会一起出现，然后他们再重复一次。例如，视觉呈现"gi lion"，受试说出"gi lion"，然后选择狮子、近的标志和树，构成一个句子，如"I was scared when gi lion came up to me in the game park"（在游乐场，当这只狮子向我走来的时候，我很害怕），然后按下"完成"键。之后向受试展示正确的图形和短语，受试再次说出"gi lion"。受试通过含有 32 个训练项目的训练集（包括相同数量的单数和复数形式），进行 4 到 5 次循环的训练任务，即根据时间限制进行 128 到 160 次试验。

在测试阶段，呈现了泛化阶段和训练阶段的短语的图示。受试必须在两种不同图示表达之间进行选择，这两种都表达了适当的远-近关系。例如，对于"far lion, outside"的图示（"远"的标志、一只狮子和一棵树），受试要在 *ul lion* 和 *ne lion* 之间进行选择。受试被告知，对于这个特定的项目，他们在句子产出任务中使用其中一种形式的频率更高，他们应该选择一种看起来更熟悉或者他们认为"更好"的形式。测试阶段有以下组成部分：（a）两个训练项目，（b）八个泛化项目，（c）八个额外的训练项目，（d）八个额外的泛化项目（这些值与第一组泛化项目中的"±单数"相反）。当受试被问及他们使用什么标准来做出选择时，如果他们报告了涉及生命性的规则，他们需要报告在实验的什么时候意识到了这一规则的相关性。

结果与讨论

在训练阶段，没有一个受试意识到冠词和生命性之间的关系。第一组泛化项目的平均得分为 52%，与 50% 的随机水平没有显著差异，$t=0.45$。相比之下，训练项目的成绩为 84%，与随机水平存在显著差异，$t=9.79$，$p<0.001$。在第二组泛化项目上，行为表现略优于第一组，为 60%，与随机水平存在显著差异，$t=2.52$，$p<0.05$。分数的提高表明，在测试阶段本身已经发生了一些学习。事实上，在测试阶段结束时，两名受试能够正确描述该系统，第三名受试能够陈述生命性与"近"的关系，但不能陈述其与"远"的关系。三人都声称，这种意识是在测试阶段形成的。然而，有趣的是，只有两名受试在第一组泛化项目上得分100%（而第三位仅为 37.5%）。我们无法判断某些意识是否在训练期间发展起来

的，或者是在测试过程中隐性习得的知识变为显性知识。其余 14 名受试在第一组泛化测试、训练项目和第二组泛化项目中的得分分别为 46%、81%、57%。仅训练项目的得分与随机水平间存在显著差异，$t=8.05$，$p<0.001$。

17 名受试中，11 名讲性别语言 L1，6 人讲非性别语言 L1（所有情况下都是英语）。在所有测试中，各组之间没有显著差异。事实上，非性别语 L1 组在所有三个测试中的表现都略好于性别语言 L1 组（三个测试的平均值分别为 70% 和 62%），但差异不显著，$t=1.30$。因此，没有证据表明受试的 L1 性质对本实验有任何影响。

因此，实验 2 几乎不能提供隐性学习的证据。只有两名受试在第一次泛化测试中得分很高，但他们随后表现出至少部分意识到了这个系统，这一事实令人怀疑他们在训练阶段是否真的没有意识到生命性关联。他们可能只是在测试之前没有明确地阐述该系统。在整个实验过程中，大多数受试都没有注意到生命性关联，并且泛化测试是随机安排的。L1 效应的缺乏表明，在实验 1 中，限定词的相似性结构和以-a 结尾的特点很可能在允许受试利用类似系统的知识方面发挥了关键作用，并且学习是这些线索（cues）、先前的语言知识和生命性信息之间相互作用的结果。

与实验 1 相比，没有一个受试在训练阶段意识到生命性关联。这很可能是因为在实验 2 中对训练任务的加工要求更高。在实验 1 中，决策和翻译任务涉及对相同刺激在区块内重复相同的简单反应。在实验 2 中，受试被要求在每次试验中构造一个句子，即使有循环使用语境的倾向，这可能是一项比翻译要求更高的任务。因此，实验 2 的受试可能没有多余的能力来注意生命性关联，或者有意地试图找出为什么使用不同的表达形式。但这只会使实验 2 成为隐性学习的一个更为有效的测试，因为相对于实验 1，虽然注意到生命性关联的概率可能会降低，但似乎没有理由假设对生命性信息本身的关注会减少。

讨 论

未能获得形式-意义联结的隐性学习（至少在那些无法利用相关先验知识的受试中如此），这与 DeKeyser（1995）的研究结果一致。在两组研究中，受试学习了训练项目中的形式-形式联结，但他们没有表现出基于潜在形式-意义联结的泛化能力。在本案例中，虽然与形式和意义的相关方面已经得到明确关注，但具体语素和意义的具体方面之间的关联并没有被学习到。尽管某些形式和某些意义的重复配对，以及实验2中使用的系统明显很简单，但很少有受试在训练任务期间意识到相关关系，而那些没有在测试中显示出学习证据的受试，原则上可能对隐性知识敏感。

这些结果与 Ellis（1994）的观点一致，即尽管对单词形式的隐性学习是可能的，对形式-意义联结的隐性学习却是不可能的。他的论点的核心是这样一个事实，即通过重复启动（repetition priming）测量（Haist，Musen 和 Squire，1991），健忘症患者（amnesics）表现出对新词形式正常隐性学习水平，但他们几乎完全无法学习词汇，无论词汇是通过翻译对等词的方法教授或在自然语境中反复出现（例如看电视）(Gabrieli，Cohen 和 Corkin，1988）。

那么，为什么形式-意义联结对隐性学习如此抗拒呢？也许可以从学习形式-形式联系的研究证据中获得一些线索，例如，学习以前不相关的词对，如 *bell-cradle*（铃-摇篮）。Squire（1992）在对当时文献的回顾中得出结论，没有证据表明健忘症患者存在新联结的隐性学习。类似地，Dagenbach、Horst 和 Carr（1990）表明，在正常的受试中，即使在持续五周以上的学习练习之后，也没有启动新的联结。然而，最近，在对正常人（Goshen-Gottstein 和 Moscovitch，1995）和健忘症患者（Gabrieli，Keane，Zarella 和 Poldrack，1997）的研究中，出现了新联结的隐性学习的积极证据。这些研究的独特之处在于，在研究过程中，词对是同时呈现的，而不是按顺序呈现的。Gottstein 和 Moscovitch（1995）认为，要学习新的联结，刺激需要在编码时"统一化（unitized）"。统一化是否仅仅是时间连续的结果尚不清楚。他们认为，阐述刺激之间的基于感知的关系也很重要，例如比较元音的数量。

类似地，在人工语法研究的背景下，Perruchet 及其同事（Perruchet 和 Gallego，1997；Perruchet 和 Vinter，1998）认为，隐性学习反映了编码时发生的组块（chunking）、解析（parsing）或操作（operations），受试在语法判断测试中的表现可以根据他们在编码训练刺激时形成的组块来解释。因为组块是一个感知过程，这意味着人们实际上意识到了相关的信息结构，尽管他们不需要意识到这些结构是学习的目标（学习可以是偶然发生的），也不需要他们意识到在测试时正在访问这些结构（可以隐式地使用知识）。根据这一点和统一化假设（unitization hypothesis），为了使学习在本实验中发生，受试有必要在训练期间意识到生命性关联，或者他们至少已经形成了知觉块（perceptual chunks），其中生命性与冠词形式有关。如果以这种方式解析输入,那么实验 1 和 2 中使用的系统可能会变得简单易学。例如,在实验 2 中,gi 在训练期间与有生命的物体、树和外部的概念一起出现多达 40 次。这应该足以在记忆中建立有关的联系。但是如果没有对输入进行适当的解析,大多数受试都没有产生学习的迹象。

然而,在接受目前的结果作为反对隐性形式-意义联结的证据时,应谨慎观察,原因有二。第一个原因与两个实验中使用的训练集的大小有关,第二个原因与先验知识的影响有关。隐性学习可能会受到这两个因素的影响。关于训练集的大小,目前的实验使用包含 8 个或 10 个名词的非常小规模的语言系统,分别只有 4 个或 5 个用于有生命的物体和没有生命的物体的示例名词。从事第一语言习得的研究者声称,儿童的词汇量需要达到一定的规模,才能出现某种语言泛化(linguistic generalization)。这一临界质量假说(critical mass hypothesis)已在词序(Tomasello,2000)、过去时形态(Marchman 和 Bates,1994)和数字标记(B. F. Robinson 和 Mervis,1998)的背景下进行了研究。临界质量效应(Critical mass effects)也是联结主义模型(connectionist models)中学习的一个属性(Plunkett 和 Marchman,1993)。如果在训练早期只提供几个示例,那么这些示例可以作为单独的项目储存,但是随着更多示例的引入,发现潜在规律的压力会增加。因此,虽然目前的实验中使用的小型训练集明确地允许受试对单个示例进行精准的死记硬背,但这可能是以学习潜在规则为代价的。

关于先验知识,在实验 1 中发现,一个人知道的性别语言越多,他们就越有可能表现出隐性学习的迹象。因此,单元化或词汇量的问题不一定会对隐性学习设置严格的限制。就此而言,回顾 Hirst、Phelps、Johnson 和 Volpe(1988)对母语为英语、二语为法语的健忘症患者进行的教学研究。相当令人惊讶的是,该患者在词汇和语法方面的学习水平与同龄的对照者没有什么不同。但这两名受试均为西班牙语的前教授,在西班牙生活了一段时间,并且对语言学有浓厚的兴趣。Hirst 等人得出的结论是,正是这些相关知识结构的可用性促进了法语的学习:"健忘症患者获取新信息的难易程度……可能取决于新信息和先前存在的知识之间的关系"(第 116 页)。

因此,很明显,很难就隐性的形式-意义联结的可能性或不可能性做出明确的陈述。很大程度上可能取决于受试的特征(即,他们的先验知识)和系统的性质(即,通过隐性过程的内在可学习性)。这些因素如何影响隐性学习的,还有待进一步研究。

参考文献

Cleeremans, A., & Jiménez, L. (2002). Implicit learning and consciousness: A graded, dynamic perspective. In R. M. French & A. Cleeremans (Eds.), *Implicit learning and consciousness* (pp. 1-40). Hove, England: Psychology Press.

Cowan, N. (1993). Activation, attention, and short-term memory. *Memory and Cognition, 21*, 162-167.

Dagenbach, D., Horst, S., & Carr, T. H. (1990). Adding new information to semantic memory: How much learning is enough to produce automatic priming? *Journal of Experimental Psychology: Learning, Memory, and Cognition, 16*, 581-591.

DeKeyser, R. M. (1995). Learning second language grammar rules: An experiment with a miniature linguistic system. *Studies in Second Language Acquisition, 17*, 379-410.

Ellis, N. (1994). Vocabulary acquisition: The explicit ins and outs of explicit cognitive mediation. In N. C. Ellis (Ed.), *Implicit and explicit learning of languages* (pp. 211-282). London: Academic Press.

Gabrieli, J. D. E., Cohen, N. J., & Corkin, S. (1988). The impaired learning of semantic knowledge following medial temporal lobe resection. *Brain & Cognition, 7*, 157-177.

Gabrieli, J. D. E., Keane, M., Zarella, M. M., & Poldrack, R. A. (1997). Preservation of implicit memory for new associations in global amnesia. *Psychological Science, 8*, 326-329.

Goshen-Gottstein, Y., & Moscovitch, M. (1995). Repetition priming effects for newly formed associations are perceptually based: Evidence from shallow encoding and format specificity. *Journal of Experimental Psychology: Learning, Memory, and Cognition, 21*, 1249-1262.

Haist, F., Musen, G., & Squire, L. (1991). Intact priming of words and nonwords in amnesia. *Psychobiology, 19*, 275-285.

Hintzman, D. L. (1986). "Schema abstraction" in a multiple-trace memory model. *Psychological Review, 93*, 411-428.

Hirst, W., Phelps, E. A., Johnson, M. K., & Volpe, B. T. (1988). Amnesia and second language learning. *Brain and Cognition, 8*, 105-116.

Jiménez, L., & Méndez, C. (1999). Which attention is needed for implicit sequence learning? *Journal of Experimental Psychology: Learning, Memory, and Cognition, 25*, 236-259.

Logan, G. D., & Etherton, J. L. (1994). What is learned during automatization? The role of attention in constructing an instance. *Journal of Experimental Psychology: Learning, Memory and Cognition, 20*, 1022-1050.

Maratsos, M. (1982). The child's construction of grammatical categories. In E. Wanner & L. R, Gleitman (Eds.), *Language acquisition: the state of the art* (pp. 240-266). Cambridge, England: Cambridge University Press.

Marchman, V. A., & Bates, E. (1994). Continuity in lexical and morphological development: a test of the critical mass hypothesis. *Journal of Child Language, 21*, 339-366.

Mathews, R. C., & Roussel, L. G. (1997). Abstractness of implicit knowledge: A cognitive evolutionary perspective. In D. C. Berry (Ed.), *How implicit is implicit learning?* (pp. 13-47). Oxford, England: Oxford University Press.

McClelland, J., & Rumelhart, D. (1985). Distributed memory and the representation of general and specific information. *Journal of Experimented Psychology: General, 114*, 159-188.

Perruchet, P., & Gallego, J. (1997). A subjective unit formation account of implicit learning. In D. C. Berry (Ed.), *How implicit is implicit learning?* (pp. 124-161). Oxford, England: Oxford University Press.

Perruchet, P., & Vinter, A. (1998). PARSER: A model for word segmentation. *Journal of Memory and Language, 39*, 246-263.

Plunkett, K., & Marchman, V. A. (1993). From rote learning to system building: The acquisition of morphology in children and connectionist nets. *Cognition, 48*, 21-69.

Reber, A. S. (1976). Implicit learning of synthetic languages: The role of instructional set. *Journal of Experimental Psychology: Human Learning and Memory, 2*, 88-94.

Robinson, B. F., & Mervis, C. B. (1998). Disentangling early language development: Modeling lexical and grammatical acquisition using an extension of a case-study methodology. *Developmental Psychology, 34*, 363-375.

Robinson, P. (1995). Attention, memory, and the "noticing" hypothesis. *Language Learning, 45*, 283-331.

Schmidt, R. (1994). Implicit learning and the cognitive unconscious: Of artificial grammars and SLA. In N. C. Ellis (Ed.), *Implicit and explicit learning of languages* (pp. 165-209). London: Academic Press.

Schmidt, R. (2001). Attention. In P. Robinson (Ed.), *Cognition and second language instruction* (pp. 3-32). Cambridge, England: Cambridge University Press.

Squire, L. (1992). Memory and the hippocampus: A synthesis from findings with rats, monkeys, and humans. *Psychological Review, 99*, 195-231.

Tomasello, M. (2000). The item-based nature of children's early syntactic development. *Trends in Cognitive Sciences, 4*, 156-163.

Williams, J. N., & Lovatt, P. (2003). Phonological memory and rule learning. *Language Learning, 53*, 67-121.

Winter, B., & Reber, A. S. (1994). Implicit learning and the acquisition of natural languages. In N. C. Ellis (Ed.), *Implicit and explicit learning of languages* (pp. 115-146). London: Academic Press.

第十一章 词汇习得中语义和结构细化研究的理论和方法问题

Joe Barcroft

华盛顿大学

要学习 L2 的新单词，学习者必须至少做三件事：对新 L2 单词的（音位、字形、符号）形式进行编码，激活该词在学习者的语义系统（例如，指称意义、搭配、句法属性）中的恰当意义（语义表征），并将新词形式与恰当的意义相匹配。无论该单词是从语境中附带习得还是有意地以更直接的方式习得，这三个子过程的每一个都需要完成才能成功学习一个新单词。因此，学习者如何分配他们有限的加工资源来完成这三个子过程中的每一个，对于我们从认知角度理解 L2 词汇习得至关重要，并且与从附带到直接学习连续体（incidental-to-direct learning continuum）的不同类型词汇学习相关。（参见 Coady，1997，有关该连续体的研究综述）

本章回顾了学习者如何将加工资源分配给学习新单词的语义和形式成分的研究。本研究主要关注语义细化相较于结构细化对词汇学习任务的影响，以及语义加工增加与结构导向的加工增加对词汇学习任务的影响。本综述检验加工水平（LOP）理论（levels of processing theory）（Craik 和 Lockhart，1972）、适当迁移加工（TAP）理论（transfer appropriate processing theory）（Morris，Bransford 和 Franks，1977）和加工资源分配（TOPRA）模型（processing-resource allocation model）类型（Barcroft，2000，2002）的预测，研究语义和结构细化与词汇学习之间的关系。接着报告一项新的研究，包括两个关于语义和结构细化以及 L2 词汇学习的实验。从理论和研究方法两个方面对研究结果进行讨论。从理论上比较 LOP、TAP 理论和 TOPRA 模型的预测结果。在研究方法方面，重点关注该领域未来研究需要解决的问题。

语义和结构细化

就单个单词而言，**语义细化**（semantic elaboration）是指关注单词的语义属性或意义的情况。例如，如果学习者考虑单词 snail 在多大程度上表示一种动物、昆虫、食物或其他类别，这就是词汇层面的语义细化。另一方面，结构细化（structural elaboration）是指关注单词的结构或形式属性的情况。例如，如果学习者计算单词 snail 中有多少个字母或音节，或者想出其他与之押韵的单词，这就是单词层面的结构细化。因此，需要语义细化的活动与认知层面的语义加工增加相关，而需要结构细化的活动与认知层面的结构导向加工增加相关。

关于已知单词的记忆，例如先前在 L1 中习得的单词，有关记忆的研究发现，语义细化可以产生比结构细化更好的回忆和识别效果（Bower 和 Reitman，1972；Craik 和 Tulving，1975；Epstein，Phillips 和 Johnson，1975；Hyde 和 Jenkins，1969；Johnson-Laird，Gibbs 和 de Mowbray，1978；Tresselt 和 Mayzner，1960）。Craik 和 Lockhart（1972）从加工水平（LOP）的角度解释了这一研究发现，他们将目标词项的语义评估（semantic evaluation）等同于"较深层"加工（"deeper" processing），将目标词项的结构评估（structural evaluation）等同于"较浅层的"加工（"shallower" processing）。根据 LOP 理论，语义细化比结构细化具有更好的记忆效果，因为语义加工本质上更深层。例如，与要求学习者数单词中字母"E"的数量相比，要求学习者对单词进行愉悦度评分（pleasantness ratings）会产生更好的记忆效果（Hyde 和 Jenkins，1969），因为与单词愉悦度评分这一任务相关的语义加工是一种深层次的加工类型。

鉴于对先前习得的单词的记忆与对先前未习得的单词的记忆有着本质的区别，因此，在 LOP 研究中观察到的对先前习得的 L1 词汇进行语义细化的积极效应可能不适用于作为目标项的 L2 新词。Morris 等人（1977）提供了支持这一观点的证据，他们比较了 LOP 理论和 TAP 理论的预测结果。根据 TAP 理论，记忆效果取决于编码和检索时加工类型之间的相容程度，因此语义导向应该有助于语义任务的执行，结构导向则应该有助于结构任务的执行。研究者支持这一观点，发现在押韵导向测试（rhyme-oriented test）中，通过押韵任务（相对于语义任务）编码的 L1 单词识别率更高，而在语义导向测试中，通过语义任务（相对于押韵任务）编码的单词识别率更高。

TOPRA 模型（Barcroft，2000，2002）与 TAP 理论一致，强调不同类型的

目标刺激之间的区别。在这个模型中,在有限的认知能力视角下,不同数量的特定类型的加工可预测相似对应数量的相同类型的学习(参见 Broadbent,1958;Wickens,1984,1989,关于有限的加工能力)。在图 11.1 中,模型中两条加粗的外线不移动,因为它们代表了总体加工能力的限制,而分隔加工类型的内线则随着不同加工类型和相应的学习结果增加或减少而移动。因此,如果两种加工类型 a 和 b 增加,那么学习类型 a 和 b 也会增加,但另一种加工类型 c 和学习类型 c 将必须减少(见 Barcroft,2002:326)。图 11.1 还描述了 TOPRA 模型的一个版本,它突出显示了词汇习得的子过程。由于每个子过程都需要加工资源,因此随着一个子过程加工的增加,其他两个子过程的总体加工必须减少才能适应。由此产生的词汇导向学习的数量和类型将反映这种平衡。

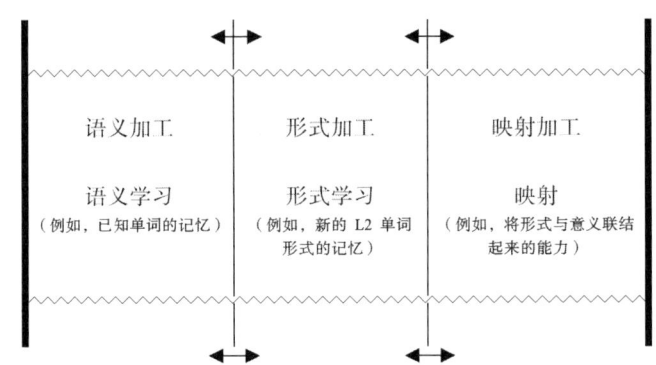

图 11.1 加工和学习的语义、形式和映射之间关系的 TOPRA 模型

TOPRA 模型也可用于仅关注两个子过程,例如语义加工和形式加工(参见 Barcroft,2002:325)。对于这种情况,TOPRA 模型预测如下(当加工需求足够高时):随着语义加工的增加,语义导向的学习也会增加,但形式加工和形式学习会减少,因为仍然可用的加工资源较少。单词层面的输入加工与此前 L2 句子层面的输入加工的预测一致,表明学习者对句子层面输入在加工语义成分和加工形式成分的能力之间可能出现矛盾(VanPatten,1990,1996)。语义和结构细化的词汇学习研究已经开始检验 TOPRA 模型预测的语义导向和形式导向的加工之间的潜在反比关系。

许多研究发现,当已知 L1 单词(前面引用的 LOP 研究)与新单词作为部分记忆手段(mnemonic device)(如**关键词**[Keyword])被重新编码为已知单词时,语义细化可以有助于这些单词的记忆(L1 单词:Levin,McCormick,

Miller、Berry 和 Pressley，1982；Pressley，Levin，Kuiper，Bryant 和 Michener，1982；L2 单词：Atkinson 和 Raugh，1975；Ellis 和 Beaton，1995）。然而，其他研究发现，语义细化（记忆手段除外）对词汇习得的速度没有影响（L1 研究：Levin 等，1982；Pressley，Levin 和 Miller，1982；Pressley，Levin，Kuiper 等，1982，大部分实验）或对词汇习得的速度有消极影响（L1 研究：McDaniel 和 Kearney，1984；Pressley，Levin，Kuiper 等，1982，实验 4；L2 研究：Barcroft，2000，2003）。Pressley、Levin 和 Kuiper 等（1982）发现，在他们的第四个实验中，与没有策略控制的条件相比，语义导向的近义词任务在 L1 单词定义映射测试中的得分明显较低。McDaniel 和 Kearney（1984）在使用不同类型的后测中得出了类似的发现。Barcroft（2003）发现，与控制任务执行程度后的自选策略条件相比，学习者必须回答与目标词有关的语义导向问题这一条件导致二语提示的产出性后测（查看图片，产出目标 L2 词）得分显著降低。

最后，Barcroft（2002）发现，与结构细化相比，语义细化抑制了 L2（西班牙语）中新词的自由回忆，但促进了已知语言（英语）中单词的自由回忆。研究结果显示，对于即时 L2 词汇学习任务后的自由回忆，学习期间的细化类型（语义、结构）和回忆语言（L1、L2）之间形成了双重分离（double dissociation）。在这项研究中，说英语的中低级水平 L2 西班牙语学习者尝试学习新的西班牙语单词，他们被要求对一些单词进行愉悦度评分（+语义），并计算其他单词中出现的字母数（+结构）。因变量为西班牙语和英语的自由回忆（free recall）和西班牙语的线索回忆（cued recall）（当呈现图片时产出西班牙语单词）。结果显示，比起+语义，西班牙语的自由回忆率在+结构上较高；比起+结构，英语的自由回忆率在+语义上较高；比起+语义和+结构，无细化的整体自由回忆率更高；比起+语义和+结构，控制的线索回忆率更高。

总而言之，该领域词汇研究的综合结果表明，语义细化及其所引起的语义加工的增加不会像影响已知单词记忆的方式一样影响新词的学习。一些研究结果还表明，语义加工增加会抑制对新词的形式属性进行编码的能力。因此，就理论在 L2 词汇学习的适用性而言，研究结果与 TAP 理论和 TOPRA 模型更一致，而非 LOP 理论。然而，鉴于该领域的研究普遍缺乏，需要进一步研究以继续考察 LOP、TAP 和 TOPRA 模型在 L2 词汇习得中的适用性。

本研究

动机

本研究的目的是扩展当前数据库和方法论库，这些方法论已用于语义细化、结构细化和 L2 词汇学习的研究。该研究的主要理论目标是考察 LOP、TAP 和 TOPRA 模型对 L2 词汇习得的相对适用性。为此，我们通过两个实验检验了语义细化与结构细化对词汇学习的影响。与 Barcroft（2002）的研究不同，本实验包括两种类型的线索回忆作为因变量：产出性（productive）（看图，产出 L2 单词）和接受性（receptive）（看 L2 单词，产出已知的对等词；即对 L2 单词形式的"接受性"）。通过这种方式，本研究能够检验线索回忆的类型是否会以任何方式调节语义与结构细化的影响。

最后，本研究还考察了当 L2 学习者同时被要求尽最大努力学习一组新单词时，他们完成分配给他们的不同类型的语义和结构任务的程度。在这两个实验中，受试自我评估他们完成所分配的结构和语义任务的情况。与第二个实验相比，第一个实验中分配的语义和结构任务在本质上受到的约束较少，这有助于探索指定的任务类型与学习者完成任务的程度之间的潜在关系。

本研究还旨在探讨两个具体的方法问题。首先，本研究考察了语义和结构任务的约束较少（less constrained）（实验 1）和约束较多（more constrained）（实验 2）版本，以提供当同时要求学习者尽最大努力学习一组新单词时，不同类型的指定任务的预期任务执行程度的信息。探索这一问题对于在该研究领域获得足够的任务执行程度具有重要意义。第二，考虑到先前关于语义与结构细化的词汇学习研究尚未探讨不同类型的设计是否会导致学习表现的明显差异，本研究同时采用了被试内（实验 1）和被试间（实验 2）的实验设计。

研究问题

本研究解决以下问题：

1. 与基于即时和延时的产出性线索回忆和接受性线索回忆的结构细化相比，语义细化对 L2 词汇学习的速度有影响吗？如果有影响，影响的本质是什么？

2. 如果问题 1 的答案为"是"，那么语义细化的影响是否取决于回忆的类型（产出性、接受性）？如果是这样的话，测量类型与语义细化影响之间的关系的本质是什么？

3. 当被要求完成语义和结构细化的任务并且同时在 L2 词汇学习任务中尽最大努力学习新单词时，学习者在多大程度上完成了这些任务？

关于第一个问题，如果语义细化提高词汇学习速度，那么这一发现与 LOP 理论对 L2 词汇学习的直接适用性是一致的，在预测语义和结构导向加工的效果时，不需要区分学习中不同类型的任务，也不需要区分已知词和新词。然而，如果发现语义细化（与结构细化相比）没有效果或有消极效果，这一发现与 TAP 理论和 TOPRA 模型对 L2 词汇学习的适用性更为一致，因为它指出，在预测增加的语义加工效果时，需要明确研究和测试任务的性质，以及待记忆刺激（已知单词和新单词）的性质。问题 2 和 3 的答案说明了问题 1 的答案在不同类型的线索回忆中的泛化，以及学习者如何看待词汇学习期间+语义和+结构任务的有效性。

实验 1

受试

受试是美国中西部一所私立大学第一学期讲英语的西班牙语学生。原始总人数为 72 人，但为了创建相同大小的单元格（equal cell sizes），减去 4 人。剩下的 68 名受试中，59 人的母语为英语，9 人精通英语。

研究设计

实验 1 考察了两项任务的相对效应：语义细化（+语义）和结构细化（+结构）。每位受试都完成了这两项任务，并接触两种呈现顺序中的一种。受试 1—34 尝试在+语义条件下学习单词 1—12，在+结构条件下学习单词 13—24。受试 35—68 试图在+结构条件下学习单词 1—12，在+语义条件下学习单词 13—24。这种条件和呈现顺序在相同单元格大小之间的平衡是为了避免单词组和呈现顺序的潜在混淆效应。

实验材料

实验材料包括：知情同意书和语言背景问卷、实验单词的前测、笔记本电脑和投影仪、带有实验单词和图片的计算机呈现程序，以及 4 次后测（2 次产出性，2 次接受性）。

实验单词

实验单词为 24 个西班牙语名词。包括不同长度的单词（双音节、三音节、四音节和五音节单词）是为了反映一系列真实的目标词汇，并代表不同的西班牙语方言。为了尽量减少两个词组的难度差异，每个词组的平均音节数相等。目标单词 1—12 分别是：*serrote* 'saw'（看见），*regadera* 'watering can'（浇水壶），*borla* 'tassel'（流苏），*rastrillo* 'rake'（耙），*embudo* 'funnel'（漏斗），*destornillador* 'screwdriver'（螺丝刀），*imán* 'magnet'（磁铁），and *clavo* 'nail'（钉子），*taladro* 'drill'（钻），*cabestrillo* 'sling'（吊索），*pinza* 'clothespin'（衣夹），*chiringa* 'kite'（风筝）。目标单词 13—24 为：*aletas* 'fippers'（脚蹼），*resbaladilla* 'slide'（滑梯），*pala* 'shovel'（铁铲），and *balde* 'bucket'（桶），*claviya* 'plug'（插头），*sacudidor* 'feather duster'（鸡毛掸子），*asa* 'handle'（把手），*candado* 'lock'（锁），*tenazas* 'pliers'（钳子），*estantería* 'bookcase'（书架），*lupa* 'magnifying glass'（放大镜），and *gancho* 'hook'（勾）。每个单词都在双语或单语词典中查过。

实验步骤

在常规课时内按以下方式收集数据：

1. 每个受试都完成知情同意书、语言背景问卷和前测。前测要求受试将他们知道或认为可能知道的目标单词翻译成英语。为了避免受试习惯于一个呈现顺序，同时在整个研究中保持适当的结构顺序以达到平衡，前测中的单词顺序与接触阶段相反。68 名受试都没有正确翻译前测中的任何一个单词。

2. 在阅读了实验的一般说明后（包括关于呈现的间隔长度、接触次数，以及他们在接触阶段后对目标单词的学习情况），接触阶段开始。

3. 在接触阶段，每个单词及其对应的图片以相同的顺序在屏幕上出现两次，每次 12 秒。+语义任务的说明如下："对于接下来的 12 个单词，请尽量关注每个单词的**意义**（MEANING）。例如，你可以关注（a）你是否拥有该物品；（b）购买该物品可能要花多少钱；（c）可能使用或不使用该物品的情境；（d）最后一次使用该物品的时间等。请尽力去学习这些单词，祝你好运！"+结构任务的说明如下:"对于接下来的 12 个单词,请尽量关注每个单词的**形式**(FORM)。例如,你可以关注(a)单词的样子;(b)单词有多长;(c)单词有多少个音节;(d)单词的第一个和最后一个字母;等等。请尽力去学习这些单词,祝你好运!"

4. 在接触阶段之后,进行第一次和第二次后测。第一次后测(即时、产出性)要求在仅查看每个目标词图片的情况下,尽可能多地写下每个目标单词。第二次后测(即时、接受性)要求在一张纸上写出所列的 24 个目标词相对应的英语单词。完成两次后测的总时间为 4 分 48 秒(第一次后测时间为 24 个单词×12 秒)。两次后测的呈现顺序均为随机选择。

5. 在第二次后测之后,受试完成一份问卷,要求他们根据以下问题对自己的表现进行自我评估:"(1)当被要求这样做时,你是否能够关注每个单词的意义?请解释。(2)当被要求这样做时,你是否能够关注每个单词的形式?请解释?"研究者随后感谢受试的参与,但没有告知他们任何后续的后测。

6. 两天后,研究者回来完成第三和第四次后测(延时、产出性和接受性)。过程与步骤 4 类似。要求受试报告他们在课堂外是否对实验中的单词有任何额外的接触或练习。在第三和第四次后测中,若受试报告曾与这些词有过大量的额外接触,此类数据均被剔除。

评估

采用词汇产出评分法(lexical production scoring protocol)(LPSP-书面)(Barcroft,2000,2002)对产出性的线索回忆进行评分。一个经过训练的独立评分员使用盲评分法对后测进行评分。LPSP-书面对部分产出的单词递增式赋分(0,.25,.50,.75,1),以反映不同水平单词知识的敏感度(参见 Barcroft,2002)。对于接受性线索回忆,每个正确翻译的单词赋 1 分。然后将单词 1—12 和单词 13—24 的得分相加,以确定+语义和+结构条件的得分。

数据分析

得分采用重复测量方差分析(repeated measures analysis of variance,ANOVA)。时间(即时,2 天后)、测量(产出性、接受性)和任务(+语义,+结构)作为受试内的自变量。得分为因变量。任务执行自我评估的回答分为"是"(包括"我认为我可以""大部分"等)和"否"(包括"不是真的""一点/不太多""大约一半的时间"等）。第二次重复测量 ANOVA，仅使用由受试在+语义和+结构任务的回答中都为"是"的词汇学习数据。在所有统计分析中，α 水平设置为 0.05。

研究结果

对于+语义任务，总体平均值（括号内为标准差）为 7.29（2.53），而对于+结构任务，总体平均值为 7.32（2.35）；产出性测量值为 6.42（2.18），接受性测量值为 8.20（2.62）；第 1 次（即时）为 7.83（2.22），第 2 次（延时）为 6.78（2.56）。基于时间×测量×完整样本条件的平均值见表 11.1。对完整样本的方差分析结果显示，时间的主效应显著 $F(1, 59) = 38.49$，$p < .001$，$\eta^2 = .395$，测量值 $F(1, 59) = 102.03$，$p<.001$，$\eta^2 =.634$。未发现其他显著的主效应或交互效应。即时测量的得分明显高于 2 天后的得分。接受性测量的得分明显高于产出性测量的得分。而+语义条件和+结构条件之间没有显著差异。

自我评估任务表现的结果如下（括号内为频率）。对于+语义任务，67.6%（46）的受试表示能够完成任务，25.5%（18）表示无法完成任务，5.9%（4）没有回答。对于+结构任务，54.4%（37）的受试表示能够完成任务，27.9%（19）表示无法完成任务，17.6%（12）没有回答。受试提供的任何"不"或没有回答的数据都被排除在第二次方差分析之外。为了在减少的样本中平衡相等的单元格大小，受试被随机排除，直到获得相等的单元格大小。

缩减样本（对于两个关于任务表现的问题回答均为"是"的受试）的总体平均值（括号内为标准差），在+语义任务中为 7.09（2.28），在+结构任务中为 7.08（2.52）；产出性测量值为 6.40（2.24），接受性测量值为 7.78（2.56）；第 1 次后测（即时）为 7.60（2.18），第 2 次后测（延时）为 6.58（2.66）。该缩减样本的基于时间×测量×条件的平均值如表 11.1 所示。缩减样本的方差分析结果显示时间的主效应显著，$F(1, 19) = 10.45$，$p = .004$，eta 平方$= .355$，测量值 $F(1, 19) = 22.43$，$p < .001$，eta 平方$= .541$。没有观察到其他显著的主效应或交互效应。尽管在产出性测量中，+结构（6.54）的实际均值高于+语义（6.26），在接受性测量中，+语义（7.93）的实际均值比+结构（7.63）高，但任务×测量的交互效应未达到统计上的显著水平。

同样，即时分数显著高于 2 天后的分数，并且接受性测量的分数显著高于产出性测量的分数。同样，没有观察到+语义与+结构条件之间的显著差异。

表 11.1　基于时间 × 度量 × 任务的平均值（实验 1）

时间	测量	任务	完整样本 M	SD	缩减样本 M	SD
即时	产出性	+语义	7.10	2.44	6.91	2.41
		+结构	7.22	2.52	7.18	2.30
	接受性	+语义	8.55	2.77	8.25	2.38
		+结构	8.45	2.71	8.05	2.68
2 天后	产出性	+语义	5.58	2.60	5.61	2.33
		+结构	5.77	2.49	5.91	2.83
	接受性	+语义	7.93	3.27	7.60	3.14
		+结构	7.85	3.00	7.20	3.33

实验 2

受试

受试为实验 1 所在的私立大学第三学期学习西班牙语四个课程的讲英语的学生。最初总数是 67 人，但有 8 人被剔除，因为他们在预测中正确翻译了一个或多个单词。其余 59 名受试中，有 57 名为母语人士，2 名受试精通英语。

实验设计

实验 2 使用受试间设计（between-subjects design）考察了三项任务的相对效应——语义细化（+语义）、结构细化（+结构）和自选策略（对照）。每个受试被分配到三项任务中的一项。每项任务在各个课程中随机分配。有两个课程分配了+语义任务，一个分配了+结构任务，还有一个分配了对照任务。

材料和实验的单词

所用的材料和实验所用的单词与实验 1 相同。

实验过程

数据收集过程与实验 1 相似，但有以下例外：

1. +语义和+结构任务受到更多约束。+语义组被要求考虑每个词在第一次试验中代表"经济"概念实例的程度，以及在第二次试验中代表"娱乐"概念实例的程度。在第一次试验中，+结构组被要求考虑每个单词的整个样子，在第二次试验中考虑每个单词中的每个字母的样子。对照组只要求尽力学习每个单词。

2. 除了回答关于任务表现的"是或否"问题外，受试还通过在 0% 到 100% 的范围内圈出一个区间来自我评估任务表现，以提供更精确的任务表现测量。+语义组被问到"你多久（大约）能考虑到每个词如何（或不能）与其他词（经济、娱乐）相关？"+结构组被问到"你多久能想到说明中要求你思考的内容（每个单词看起来像什么，每个单词中的每个字母看起来像什么）？"

评估

评分过程与实验 1 相同。

结果分析

得分进行方差分析（ANOVA）。时间（即时，2 天后）和测量类型（产出性，接受性）为受试内的自变量。任务（+语义，+结构，对照）为受试间的自变量。得分是因变量。对于所有统计分析，α 水平设置为 .05。通过计算受试选择的任务执行间隔频率，分析任务执行的自我评估。基于受试提供的数据（表明至少 40% 的任务执行率）进行第二次方差分析。

研究结果

总体平均值（括号内为标准误差值）为+语义 13.62（.813），+结构 13.53（1.07）和对照 14.37（1.15）。产出性为 12.21（.583），接受性为 15.47（.647）。基于测量类型，生产性为 12.21（.583）和接受性为 15.47（.647）。基于时间，第 1 次后测（即时）为 14.34（.623），第 2 次后测（2 天后）为 13.33（.572）。基于时间×测量×完整样本条件的平均值见表 11.2。完整样本方差分析结果显示，时间的主效应显著，$F(1, 51) = 25.47$, $p < .001$, $\eta^2 = .333$；测量值，$F(1, 51) = 85.00$, $p < .001$, $\eta^2 = .625$；对于时间×条件的交互作用，$F(1, 51) = 47.41$, $p < .001$, $\eta^2 = .482$。未观察到其他显著的主效应或交互作用。即时分数明显高于 2

天后的分数。接受性测量的得分明显高于产出性测量。时间×测量的交互作用显著是由于即时和延时后测之间的产出性得分显著下降，而接受性得分略有增加引起的。然而，+语义与+结构任务之间没有显著差异。

自我评估任务表现的结果如下：在 46 名受试中，3 名受试报告任务执行率为 0%；2 名报告 1%—10% 的任务执行率；6 名报告 10%—20% 的任务执行率；1 名报告 20%—30% 的任务执行率；5 名报告 30%—40% 的任务执行率；4 名报告 40%—50% 的任务执行率；3 名报告 50%—60% 的任务执行率；7 名报告 60%—70% 的任务执行率；8 名报告 70%—80% 的任务执行率；6 名报告 80%—90% 的任务执行率；没有人报告 90%—100% 任务执行率；1 名没有作答。

采用单因素方差分析比较+结构和+语义条件下的任务执行率。在此分析中，把受试将 0% 圈起来的情况赋值为.00，将 1%—10% 圈起来的情况赋值为.10，将 10%—20% 的情况赋值为.20，将 20%—30% 的情况赋值为.30，依此类推。分析结果显示，+语义组的平均任务执行率为.486 或 48.6%，+结构组的平均任务执行率为.624 或 62.4%。然而，这种差异并没有达到统计上的显著水平（$p = .12$）。只有那些低于 40% 任务执行率的受试提供的数据被纳入随后的缩减样本进行方差分析。

对于至少有 40% 任务执行率的缩减样本，总体平均值（括号中为标准差）为+语义 14.30（1.15），+结构 14.64（1.19），对照 14.37（1.15）。根据测量类型，产出性为 12.73（.65），接受性为 16.14（.75）。根据时间，第 1 次后测（即时）为 15.00（.72），第 2 次后测（2 天后）为 13.87（.64）。表 11.2 显示基于时间×测量×条件的缩减样本的平均值。缩减样本的方差分析结果显示，时间的主效应显著，$F (1, 35) = 18.89$，$p < .001$，$\eta^2 = .351$；测量值，$F (1, 35) = 68.29$，$p < .001$，$\eta^2 = .661$；对于时间×测量交互作用，$F (1, 35) = 39.40$，$p < .001$，$\eta^2 = .530$。没有观测到其他显著的主效应或交互效应。即时分数明显高于 2 天后的分数。接受性测量的得分明显高于产出性测量的得分。时间×测量交互作用显著是由于即时和延时后测之间的产出性分数的下降和接受性分数略有增加引起。在+语义和+结构条件之间没有观察到显著差异。

表 11.2　基于时间×度量×任务的平均值（实验 2）

时间	测量类型	任务	完整样本			缩减样本		
			N	M	SD	N	M	SD
即时	产出性	+语义	26	13.25	4.21	13	13.58	4.77
		+结构	15	13.27	5.06	12	14.73	4.34
		对照	13	13.69	3.88	13	13.69	3.88
	接受性	+语义	26	14.92	4.64	13	16.15	4.81
		+结构	15	14.93	4.93	12	15.83	5.04
		对照	13	16.00	5.07	13	16.00	5.07
2 天后	产出性	+语义	26	11.30	3.69	13	11.62	3.74
		+结构	15	10.65	5.02	12	11.67	4.74
		对照	13	11.08	3.15	13	11.08	3.15
	接受性	+语义	26	15.00	4.39	13	15.85	4.34
		+结构	15	15.27	5.01	12	16.33	5.05
		对照	13	16.69	4.19	13	16.69	4.19

讨　论

关于指导本研究的研究问题，结合两个实验的结果，得出以下几点。第一，与结构细化相比，语义细化对 L2 词汇学习速度没有影响。在两个实验中观察到对任务没有影响的结果支持了这一研究发现。第二，尽管接受性测量的总体得分高于产出性测量的得分，但在线索回忆的产出性和接受性形式之间仍然没有受任务的影响。第三，在直接词汇学习任务中，大部分学习者没有完成+语义和+结构任务。这一研究发现得到了两个实验中报告任务表现自我评估结果的支持。在实验 1 中，只有 67.7% 的受试报告他们完成了+语义任务，54.4% 的受试报告他们完成了+结构任务。在实验 2 中，+语义组和+结构组的平均任务执行率分别为 48.6% 和 62.4%。

两个实验没有首先区分学习新词的形式和语义成分，实验结果均不符合 LOP 理论在 L2 词汇习得中的适用性。如果直接、无条件地应用 LOP 理论，可以预测本研究中两个实验的+语义条件应该产生比+结构条件更好的结果，但在两个实验中都没有发生这种情况。本研究结果更符合 L2 词汇习得的 TAP 理论和 TOPRA 模型，因为学习阶段的语义导向任务和与之相关的语义加工没有对测试阶段形式导向任务的记忆产生积极影响。其他结果显示语义细化没有产生积极影响，与本研究发现一致（例如，Barcroft，2002，2003；Pressley，Levin，Kuiper 等，1982，实验 4）。

本研究的本质最直接地将研究发现与直接的 L2 词汇学习联系起来。然而，目前的研究结果与先前关于 L2 附带词汇学习（incidental L2 vocabulary learning）过程中推理策略的研究发现并不一致（参见 Lee 和 Wolf，1997；Paribakht 和 Wesche，1999）。将这两个研究领域联系起来需要界定输入加工层面的参数。阅读文本涉及话语、句子和单词层面的输入加工，而本研究仅关注单词层面的输入加工，并且基于已经获得对每个目标单词形式和适当语义信息的假设。对于附带词汇学习，这意味着已经从较大的输入集中识别出一个新词，并且已经通过推断获得了该词的适当语义信息。

然而，目前的研究结果也提出了一个问题，即为什么自由回忆比线索回忆更容易产生语义细化抑制效应（inhibitory effects）（Barcroft，2002）。一种可能的解释是，对最近学过的单词进行线索回忆不如自由回忆对形式学习的效果好。成功地对单词进行线索回忆需要激活意义到形式的映射（例如，图片到单词）。然而，自由回忆不一定需要这种类型的激活（例如，回忆最近学过的单词而不记得它指的是哪张图片）。这一解释与 TAP 理论以及 TOPRA 模型相一致，因为它区分了线索回忆与自由回忆这两种任务类型，并说明成功执行这两种任务所需的加工类型之间的差异。然而，产出性线索回忆仍应被视为一种合理敏感的形式学习测量方法，因为与接受性形式的线索回忆不同，产出性线索回忆明确需要产出目标单词的形式。另外的研究旨在区分接受性回忆与产出性回忆以及自由回忆与线索回忆作为不同类型知识的测量方法，可能有助于进一步澄清这些问题。任务类型（+语义，+结构）和测量类型（产出性，接受性）之间的关系也需要更多的研究。在未来的研究中，可能会出现按条件测量的交互作用，将会产生更高的+语义和+结构条件下的任务执行率。

关于受试间与受试内设计的使用，目前的结果也可能为未来的研究提供信息。受试内（实验 1）和受试间（实验 2）设计都用于检验语义与结构的细化，而研究结果却没有显著差异，人们可能希望将其归因于设计类型。尽管两个实验中的学习阶段任务并不完全相同的事实限制了对这个问题的结论，但未来的研究可以在受试内和受试间实验中使用完全相同的任务来解决这一限制。一般而言，考虑到即时词汇学习任务中典型的受试间差异较大，应谨慎使用受试间设计。对于本研究中实验 2 的结果，也应牢记这一点。

关于任务执行情况，目前的结果很能说明问题。结果揭示了词汇学习过程中的外部任务与学习者在尽最大努力学习一组目标词时喜欢使用的策略类型之间的不一致性。本研究中有相当比例的学习者报告说，尽管他们被特别指示去做这些任务，但他们在+语义和+结构任务中的任务表现水平较低。受试似乎发现完成这些任务与分配给他们的另一个目标不一致，即学习目标词。相当大比例的受试回到了他们的自选策略，这表明他们认为这些策略比分配给他们的+语义和+结构任务更适合学习目标词。

从理论和研究的角度来看，这一研究发现强调了需要确定在即时词汇学习任务中学习者自选策略的分类，并定量地检验策略类型和任务执行之间的关系。未来对即时词汇学习任务的研究可以探索学习者最常选择的策略，哪些策略导致更好或更差的任务表现，以及为什么在 L2 词汇习得的不同子过程中（形式编码，激活意义，形式-意义映射），不同的策略会产生更好或更差的加工资源分配。从方法论的角度来看，目前的结果表明，未来的研究需要继续寻找提高+语义和+结构任务执行率的方法。一种选择是使用更多控制任务。鉴于本研究中约束较少的任务和约束较多的任务都不会导致高度的任务执行率，因此可能有必要使用更直接的任务来确保任务完成情况（如 Barcroft，2002）。

最后，在二语教学方面，本研究的结果质疑了让学习者在直接二语词汇学习过程中参与语义细化活动的有效性。尽管以语义为导向的活动可以增加学习者对词义的了解，包括单词的第二语言特定语义信息（例如，西班牙语单词 *manzana* 将 "apple"（苹果）和 "street block"（街区）作为英语的对等词），但它们也可能耗尽加工资源，否则，这些加工资源可能被用来学习新的 L2 单词形式。因此，将以语义为导向的活动是一种良好的词汇教学方法的普遍观点改为以下观点更合适，即以语义为导向的活动对词汇学习的某些方面有好处，而非对所有方面都有好处。

参考文献

Atkinson, R. C., & Raugh, M. R. (1975). An application of the mnemonic keyword method to the acquisition of a Russian vocabulary. *Journal of Experimental Psychology: Human Learning and Memory, 104*, 126-133.

Barcroft, J. (2000). *The effects of sentence writing as semantic elaboration on the allocation of processing resources and L2 lexical acquisition.* Unpublished doctoral dissertation, University of Illinois, Urbana-Champaign.

Barcroft, J. (2002). Semantic and structural elaboration in L2 lexical acquisition. *Language Learning, 52* (2), 323-363.

Barcroft, J. (2003). Effects of questions about word meaning during L2 Spanish lexical learning. *Modern Language Journal, 87*, 546-561.

Bower, G. H., & Reitman, J. S. (1972). Mnemonic elaboration in multilist learning. *Journal of Verbal Learning and Verbal Behavior, 11*, 478-485.

Broadbent, D. E. (1958). *Perception and communication.* New York: Pergamon.

Coady, J. (1997). L2 vocabulary acquisition: A synthesis of research. In J. Coady & T. Huckin (Eds.), *Second language vocabulary acquisition* (pp. 273-290). Melbourne: Cambridge.

Craik, F. I. M., & Lockhart, R. S. (1972). Levels of processing: A framework for memory research. *Journal of Verbal Learning and Verbal Behavior, 11*, 671-684.

Craik, F. I. M., & Tulving, E. (1975). Depth of processing and the retention of words in episodic memory research. *Journal of Experimental Psychology: General, 104*, 268-294.

Ellis, N., & Beaton, A. (1995). Psycholinguistic determinants of foreign language vocabulary learning. In B. Harley (Ed.), *Lexical issues in language learning* (pp. 107-165). Ann Arbor, MI: Benjamins.

Epstein, M. L., Phillips, W. D., & Johnson, S. J. (1975). Recall of related and unrelated word pairs as a function of processing level. *Journal of Experimental Psychology: Human Learning and Memory, 104*, 149-152.

Hyde, T. S., & Jenkins, J. J. (1969). The differential effects of incidental tasks on the organization of recall of a list of highly associated words. *Journal of Experimental Psychology, 82*, 472-481.

Johnson-Laird, P. N., Gibbs, G., & de Mowbray, J. (1978). Meaning, amount of processing, and memory for words. *Memory and Cognition, 6*, 372-375.

Lee, J. F., & Wolf, D. F. (1997). A quantitative and qualitative analysis of word-meaning inferencing strategies of L1 and L2 readers. *Spanish Applied Linguistics, 1*, 24-64.

Levin, J. R., McCormick, C. B., Miller, G. E., Berry, J. K., & Pressley, M. (1982). Mnemonic versus nonmnemonic vocabulary-learning strategies for children. *American Educational Research Journal, 19*, 121-136.

McDaniel, M. A., & Kearney, E. M. (1984). Optimal learning strategies and their spontaneous use: The importance of task-appropriate processing. *Memory & Cognition, 12*, 361-373.

Morris, C. D., Bransford, J. D., & Franks, J. J. (1977). Levels of processing versus transfer appropriate processing. *Journal of Verbal Learning and Verbal Behavior, 16*, 519-533.

Paribakht, T. S., & Wesche, M. (1999). Reading and "incidental" L2 vocabulary acquisition: An introspective study of lexical inferencing. *Studies in Second Language Acquisition, 21* (2), 195-224.

Pressley, M., Levin, J. R., Kuiper, N. A., Bryant, S. L., & Michener, S. (1982). Mnemonic versus non-mnemonic vocabulary-learning strategies: Additional comparisons. *Journal of Educational Psychology, 74*, 693-707.

Pressley, M., Levin, J. R., & Miller, G. E. (1982). The keyword method compared to alternative vocabulary-learning strategies. *Contemporary Educational Psychology, 7*, 50-60.

Tresselt, M. E., & Mayzner, M. S. (1960). A study of incidental learning. *Journal of Psychology, 50*, 339-347.

VanPatten, B. (1990). Attending to content and form in the input: An experiment in consciousness. *Studies in Second Language Acquisition, 12*, 287-301.

VanPatten, B. (1996). *Input processing and grammar instruction: Theory and research.* Norwood, NJ: Ablex.

Wickens, C. D. (1984). Processing resources in attention. In R. Parasuraman & D. Davies (Eds.), *Varieties of attention* (pp. 63-102). New York: Academic Press.

Wickens, C. D. (1989). Attention and skilled performance. In D. Holding (Ed.), *Human skills* (pp. 71-105). New York: Wiley.

第四部分　评论

第十二章 关于二语习得研究中形式-意义联结的思考

Diane Larsen-Freeman

密歇根大学

我对本文集各章的讨论分为三个部分。在第一部分，我讨论了本文集各章所代表的形式-意义联结（FMC）研究的范围。在此之后，我对这类研究的贡献进行了广泛的评论。在第三部分，也是最后一部分，我提出了一些 FMC 研究者需要考虑的问题。

关于形式-意义联结的研究范围

当我读到这本文集的时候，我的第一个想法是 FMC 的研究范围有多广。事实上，在本文集的一个或多个章节中讨论了二语言习得（SLA）研究中的一些基本问题：

- 能力和行为在二语习得的普遍语法中扮演什么角色？（Klein）
- 有多少 SLA 是隐性发生的？需要注意多少目标语言？（Gass，Ellis，Williams）
- 二语教学总体上对二语言习得有何影响？具体的教学程序对二语言习得有何影响？（Doughty，Barcroft）
- 有多少 SLA 依赖于输入？（VanPatten，Ellis，Shirai）
- SLA 的基本机制是什么？中介语是如何随着时间的推移而发展的？（VanPatten，Williams 和 Rott，Ellis，Shirai，Bardovi-Harlig）
- 母语对二语习得有何影响？（Cadierno 和 Lund，Williams）
- 学习者因素和/或语境如何影响二语习得过程？（Shirai，Gass）

其他问题也得到了讨论，但这七个问题构成了二语习得中持久的核心问题。因此，可以说，该文集代表了 SLA 领域本身的一个缩影。

为了从另一个角度说明它的广泛范围，我注意到，在最初为 FMC 研究提供信息的语言学理论基础上,加入了生成语言学(Klein)、认知语言学(Cadierno 和 Lund)、构式语法(Ellis)以及传统语法(Bardovi-Harlig、Shirai)。因此,本文集中 FMC 研究的范围比我预期的要广。

尽管其广度令人印象深刻,但重要的是要充分了解 FMC 研究的局限性。一个简单的例子可以说明这一点。例如,VanPatten、Williams 和 Rott 在本书中早先提到的英语复数屈折变化。有人可能会问,英语学习者需要了解什么是复数屈折变化。如果知道被理解为习得语言知识,那么答案可能是,为了正确使用英语复数,学习者至少需要知道以下内容:

- 关于可数名词和不可数名词,以及英语中哪些名词是典型的可数名词和哪些是不可数名词(也许还有关于对不可数名词施加可数性的方法)
- 它作为限定语素的位置
- 它的异音变体
- 它的规则形式和不规则形式

它的不规则形式的变化性质,例如,data(数据)是单数还是复数?

- 它的拼写规则和例外
- 它在测量的形容词短语中被抑制(*a twelve-inches ruler "*一把十二英寸的尺子")
- 它的含义("不止一个")
- 它与不可数名词一起使用,以改变意思来表达"类型"的含义(比较 I prefer white wine(我更喜欢白葡萄酒)和 the white wines of Australia(澳大利亚的白葡萄酒))
- 在某些情况下,词汇数字和形态数字可以同时出现,赋予单词新的含义(例如,peoples(民族))
- 它的内涵(例如,许多说英语的人会自由地使用俚语"kids"的复数形式来表示"children",但不使用它的单数变体来表示一个孩子(即,他们发现 kid 是贬义词))
- 它在一般性陈述中的使用与不使用以及它们之间的区别(参见 Researchers work hard 对 A researcher works hard)
- 与许多其他语言不同,复数标记在名词上,但在限定词短语或形容词短语中没有标记

也许更多的被删除了,但仍然密切相关。

• 主语名词短语的数量如何与句子中的动词相交，通常在数量上一致，但并不总是如此（例如，*Ten miles is a long way to walk*（十英里是很长的路要走））；或动词与集体名词一起使用时，复数可以在没有复数标记的情况下显示（例如，*The family are all here*（全家人都在这））。

现在，尽管我还没有详细列举所有的因素，虽然我说的是英语中的一个简单的屈折变化，但很明显，语言是复杂的，对它的学习可能也是复杂的。我并不是说所有的因素都是以零碎的方式学习的，当然也不是说它们都必须被明确地教授；然而，很可能不同的学习过程导致了不同因素的学习（Larsen Freeman，1991）。例如，尽管存在争议，但一些研究人员认为，有两个学习过程负责解释这些因素中仅一个因素的学习，即规则屈折形式是通过不同于不规则屈折形式的过程习得的（例如，Pinker 和 Prince，1994；另见本文集第五章 Shirai）。

因此，我很欣赏 VanPatten、Williams 和 Rott 在指出将形式与意义联系起来并不能解释语言的所有方面（"语言的不同方面很可能是差异处理"），我非常同意这一观点并写了很多文章（例如，Larsen-Freeman，1995，2000，2003）。事实上，我已经指出，至少学习者必须学习关于一种形式的三件事：它是如何形成的（它的形态句法和语音学），它的含义（它的语义），以及何时或为什么使用它（它的语用学，我认为这是指当两种形式具有相同的意义潜力时影响形式选择的上下文因素），并且对于所有语言单位都是如此，无论它们是语素、单词、语法结构、公式、功能，等等。在我看来，FMC 研究专门研究这三种研究中的第二种——学习者如何将一种形式及其意义联系起来。

此外，构成学习挑战的因素取决于语言单位和发展时间。例如，我不相信将动词时态系统的形式和意义联系起来是最困难的学习挑战，至少对英语学习者来说是这样。相反，根据我的经验，这是在学习何时或为什么使用它们；也就是说，当动词形式在时间性或情态方面具有相同的意义潜力时，学习选择一种动词形式而不是另一种形式，但它们的贡献不同，例如语篇连贯性（这里明显的例子是 ESL/EFL 学生在一般过去时和现在完成时态组合方面众所周知的问题）。在我看来，如果挑战的来源被理解为 FMC 问题，学习困难并没有得到改善。仅讨论时间线和词汇方面并不能解决学习者遇到的概念问题的根源（参见 Larsen-Freeman，Kuehn 和 Haccius，2002）。因此，我的观点是，FMC 研究解决了 SLA 难题的一个重要部分，但只是其中的一部分。

FMC 研究的贡献

当然，FMC 研究的专业重点并不减损其贡献。了解如何建立 FMC 是一个重要且具有挑战性的研究领域。专门的重点允许对某些问题进行更深入的探讨。为了说明这一点，我注意到本文集的作者更准确地说明了 FMC 是如何建立的，以及它们如何为 SLA 做出贡献。各章作者确定的子过程包括：建立联结、写入、加强、重构（VanPatten、Williams 和 Rott）、输入加工（反过来又包括两个子过程，即初始 FMC 的形成和解析）、适应和重构（VanPatten）、参与、交互、提取（Gass）和关联映射、注意、计算和调整（Ellis）等。

这是一项极其重要的工作。了解哪些过程有助于 FMC 联系，将有助于将来理解学习者如何将意义与语言形式联系起来。这种理解，反过来，将有助于我们如何促进学习者建立联系，这使我想到 FMC 研究的另一个贡献。

FMC 研究为我们提供了另一套解决教学问题的工具。VanPatten 的输入加工概念为我们提供了一种不同的方法来集中语言学习者对学习挑战的注意力。输入加工任务旨在改变学习者感知和加工他们所接触的输入的方式。由于人类的加工能力有限，因此他们受益于将注意力从正常思维方式上转移。运用对比启发法是一个强有力的教学原则，它可以促进学习者将形式与意义联系起来。

FMC 研究者应该考虑的问题

在本文的最后一部分，我提出了一些问题，供 FMC 研究者在推进他们的研究议程时考虑。首先，VanPatten 指出 FMC 研究试图解释心理能力。他写道，正是通过锻造 FMC 的过程，心理能力才得以构建。因此，研究者的目标是确定哪些过程产生了这种联系。考虑到它试图解释的内容，在我看来，这似乎是对 FMC 研究的一种直接而明智的方法。

然而，如今 FMC 研究者必须面对的一个主要问题是，语言基础正在发生变化。并不是每个人都认为 SLA 研究的存在是为了解释心理能力的习得。当然，社会文化学家不这样认为。而且，如果研究领域的本质发生了根本性的转变，那么 FMC 研究的理论基础可能也需要转变，或者至少 FMC 研究者需要说明他们不应该转变的原因。现在不是说应该发生什么的时候，这也不是我的特权。然而，我将简要列举我所看到的语言挑战者，他们认为 SLA 是心理能力的习得。

语言能力及其学习的静态模型的替代方法之一是语言/学习的浮现理论（emergentist theories）（例如，Ellis，1998；Elman 等，1998；MacWhinney，1999）。研究人员使用联结主义模型模拟大脑中的神经网络。随着语言数据被纳入联结主义神经网络模型时，网络中的某些联结被加强，其他联结被削弱。没有什么是静态的。因此，语言的联结主义模型是不断变化的，最好通过网络联结之间的动态关系来描述。通过这种方式，语言被视为相互作用元素的"统计集合"（Cooper，1999：9）。浮现论者（emergentist）断言，规则或抽象是"语言的结构规律，产生于学习者对语言输入分布特征的终生分析"（Ellis，2003：63）。正如 Ellis 所说，支持基于使用的语言及其发展观的认知主义者认为，基于规则的语言描述是被解释项（explanandum），而不是解释项（explanans），这一观点与传统的规则作为行为之下的心理表征的概念有很大的不同。浮现论（emergentism）是如何挑战 FMC 研究的？也许不是，但它们之间至少有两个显著的区别。首先，出现论者并没有试图解释心理能力终点。出现论者不会满足于 FMC 是伪造的并且作为静态心理能力的一部分保持联系这一观点。

第二，似乎本文集各章中讨论的 FMC 的几乎所有形式都是来自传统语言描述的形式。谁能说这些是学习者心理上真实的形式呢？例如，许多作者显性或隐性地选择不处理语言块或公式，Ellis 是个例外。语块在语言学上很难定义它们的起始点和结束点，也很难定义它们的组成部分。更糟糕的是，任何语言定义都可能与学习者解析公式的方式对应，也可能不对应。然而，在 SLA 中，研究语块功能模块的建立可能是极其重要的，因为公式可能是学习者在心理上最真实的，并且是在与输入的互动中"自下而上"**浮现**（emerge）的，至少在早期的 SLA 中是如此。

第二个挑战可能是概率语言学（probabilistic linguistics），它也假定语言规则是终点，而不是手段。因此，对语言现象的处理不那么严格。概率语言学家，如 Bod、Hay 和 Jannedy（2001），致力于提供解释语言行为梯度的方法，例如，对正确形式的判断显示连续性的特性。在本文集各章的作者中，只有 Ellis 明确讨论了以下事实：FMC 是概率性的，语言学习是对表征的关联学习，反映了形式-功能映射发生的概率。

第三个挑战在于浮现语法（emergent grammar）。Hopper（1988）反对 Chomsky 将语法描述为一个静态对象，它在说话人的头脑中始终存在，相反，他提出语法是一种"其地位在话语中不断被重新协商，在原则上无法与构建话语的策略区分开来"的现象（第 118 页）。正如 Hopper 所说："它的形式不是固定的模板，而是从面对面的互动中产生的，这种互动反映了个体说话者对这些形式的过去经验，以及他们对当前语境的评估，特别是他们的对话者，他们的经验和评估可能会有很大的不同"（Hopper，1998：156）。

因此，从 Hopper 的**浮现语法**观点来看，"语言是一种实时活动，其规律性总是暂时的，并且不断地受到协商、更新和放弃的影响"（Hopper，1988：120）。从 Hopper 的话中我们可以看出，他发现语法的概念与其实时使用时偶然的、暂时的混乱并没有什么不相容的地方。

重申我的观点，在我看来，我所说的这些语言挑战者不应该劝阻任何人做 FMC 研究；然而，所依据的本体论基础可能需要重新考虑。例如，Klein 将学习者的错误归因于行为，而不是能力或二语知识的差距，这导致她认为二语语法可能比通常假设的变化或缺陷要小，而其他人则认为 SLA 作为心理能力的获得，在当今并不是一个无懈可击的观点，而这种"能力"，如果它存在的话，确实是可变的，或者至少是概率性的，并且是不断变化的。通过跨越行为／能力差异（Broeder 和 Plunkett，1994），挑战者反映了一种更动态的语言观，我建议他们也提供一种更动态的学习观。

因为语言和学习都可能被认为是复杂的动态系统（complex dynamic systems）（Larsen Freeman，1997，2003），其中"玩游戏的行为有一种改变规则的方式"，我欣赏 VanPatten、Williams 和 Rott 承认在语言发展的不同阶段可能需要实施不同的教学程序，Shirai 指出在形式-意义映射的不同阶段，输入因素的影响可能不同，Gass 指出，注意（attention）的焦点取决于熟练程度。我认为这些都是正确的。SLA 不仅在某个时间点是复杂的；复杂性也随时间而变化。

FMC 研究者必须面对的另一个问题是理解和产出之间的关系。据我所知，FMC 的研究立场是通过理解过程建立联结。然后，这些联结以后可以在理解和产出中被访问。虽然这又是一个简洁的解释，但我不认为它与已知的理解和产出相对应（参见，例如，Keenan 和 MacWhinney，1987），即尽管两个过程提取的"语法"有明显的重叠，但语法不是同构的。Shirai 提出这一观点，提醒我们体假设（Aspect Hypothesis）预测了时体形态的语义发展，这可能会直接反映在自发的产出中，也可能不会直接反映在自发产出中。尽管这种差异可以很好地解释为无法访问 FMC 或生产技能没有得到充分发展，但我不认为这是全部。

简而言之，VanPatten 的章节提醒我们输入的重要性。我从 20 世纪 70 年代初就充分认识到中介语的重要性，当时 Hatch 指出，如果不考虑学习者所接触到的输入，就无法解释中介语的形式。在当时，解释发生了转变，从人类行为的形成到心理语法的习得。从解释心理语法习得的角度来看，输出产出被视为可能对技能发展和流利度有帮助，但在心理能力发展中被认为是不必要的。对输入的分析推动了发展。然而，今天，如果一种新的、更动态的语言观盛行，那么输出产出影响的不仅仅是技能的发展和流利程度的提高。

除了其他人提出的（例如，Gass 在本文集第四章提出，输入是不够的，注意集中是互动的结果）问题之外，我最近还提出了一个问题，即输出产出是否在创建新的语言形式中发挥重要作用。它可能不限于模仿和预演以前学习的材料（Larsen Freeman，2003）。当然，绝不能拒绝输入作用。然而，我不认为输入/接收/习得/能力和输出/产出/技能发展/行为能对应得如此整齐。

我要向 FMC 研究者提出的最后一个问题与学习者的角色有关。本文集中的一些作者确实讨论了学习者因素，但这些因素似乎主要局限于学习者的 L1 背景和他们的 L2 熟练程度。然而，还有许多其他学习者因素在联结形式和意义方面发挥作用。其中一个最明显的问题是学习者能动性（learner agency），即学习者可以根据自己的目标和工作方式选择对手头的任务做出反应。例如，Barcroft 报告说，在他的研究中，相当大比例的受试没有按照指示完成任务，当他们完成任务时，他们采用了自己的策略来完成，而不是分配给他们使用的策略。显然，学习者认为他们的策略比分配给他们的+语义+结构任务更适合学习目标词。这并不是研究文献中的第一个这样的报告，这让我在过去（Larsen Freeman，1985）质疑将学习与学习者分开的习惯做法。Barcroft 的研究说明并重申了我关注的点。

结 论

总之，我对本文集报告的研究范围印象深刻。我进一步认为，从 FMC 研究中可以学到很多东西。我认为，如果我在本章提出的一些问题得到解决，它的贡献将更大。SLA 是一个复杂的过程，正如我之前所说（正如 Gass 在本文集第四章所说），重要的是不仅要单独研究过程，而且要研究它们是如何相互作用和融合的，以便更真实地了解所有过程的复杂程度。

参考文献

Bod, R., Hay, J., and Jannedy, S. (2001, January). *Probability theory in linguistics.* A symposium presented at the Linguistic Society of America Meeting, Washington, DC.

Broeder, P. and Plunkett, K. (1994). Connectionism and second language acquisition. In N. Ellis (Ed.), *Implicit and explicit learning of languages* (pp. 421-453). London: Academic Press.

Cooper, D. (1999). *Linguistic attractors: The cognitive dynamics of language acquisition and change.* Amsterdam: Benjamins.

Ellis, N. (1998). Emergentism, connectionism and language learning. *Language Learning, 48*, 631-664.

Ellis, N. (2003). Constructions, chunking, and connectionism. In C. Doughty & M. Long (Eds.), *The handbook of second language acquisition* (pp. 63-103). Malden, MA: Blackwell.

Elman, J., Bates, E., Johnson, M., Karmiloff-Smith, A., Parisi, D., & Plunkett, K. (1998). *Rethinking innateness: A connectionist perspective on development.* Cambridge, MA: MIT Press.

Hopper, P. (1988). Emergent grammar and the a priori grammar postulate. In D. Tannen (Ed.), *Linguistics in context: Connecting observation and understanding* (pp. 117-134). Norwood, NJ: Ablex.

Hopper, P. (1998). Emergent grammar. In M. Tomasello (Ed.), *The new psychology of language* (pp. 155-175). Mahwah, NJ: Lawrence Erlbaum Associates, Publishers.

Keenan, J., & MacWhinney, B. (1987). Understanding the relationship between comprehension and production. In H. Dechert & M. Raupach (Eds.), *Psycholinguistic models of production* (pp. 149-155). Norwood, NJ: Ablex.

Larsen-Freeman, D. (1985). State of the art on input in second language acquisition. In S. Gass & C. Madden (Eds.), *Input in second language acquisition* (pp. 433-444). Rowley, MA: Newbury House.

Larsen-Freeman, D. (1991). Second language acquisition research: Staking out the territory. *TESOL Quarterly, 25*, 315-350.

Larsen-Freeman, D. (1995). On the teaching and learning of grammar: Challenging the myths. In F. Eckman, D. Highland, P. Lee, J. Mileham, & R. Rutkowski Weber (Eds.), *Second language acquisition theory and pedagogy* (pp. 131-150). Hillsdale, NJ: Lawrence Erlbaum Associates.

Larsen-Freeman, D. (1997). Chaos/complexity science and second language acquisition. *Applied Linguistics, 18*, 141-165.

Larsen-Freeman, D. (2000). Teaching grammar. In M. Celce-Murcia (Ed.), *Teaching English as a second or foreign language* (3rd ed., pp. 365-266). Boston: Heinle & Heinle.

Larsen-Freeman, D. (2003). *Teaching language: From grammar to grammaring.* Boston: Heinle & Heinle.

Larsen-Freeman, D., Kuehn, T., & Haccius, M. (2002). Helping students in making appropriate English verb tense-aspect choices. *TESOL Journal, 11*, 3-9.

MacWhinney, B. (Ed.). (1999). *The emergence of language.* Mahwah, NJ: Lawrence Erlbaum Associates.

Pinker, S. and Prince, A. (1994). Regular and irregular morphology and the psychological status of rules of grammar. In S. Lima, R. Corrigan, & G. Iverson (Eds.), *The reality of linguistic rules* (pp. 321-351). Amsterdam: Benjamins.

作者索引

※ 索引所标页码为英文版页码，即本汉译版的边码。

A

Abrahamsson, N., 183, 200

Achard, M., 151, 153

Altman, G. T. M., 59, 70

Alvarez-Torres, M., 86, 88

Andersen, R. W., 4, 6, 8, 11, 13, 20, 25, 91, 92, 100, 101, 102, 103, 104, 105, 108, 109, 111, 132, 135

Anderson, A., 160, 175

Anderson, J. R., 64, 75

Anger, L., 128, 136

Anshen, F., 30, 43

Archibald, J., 30, 43

Ard, J., 12, 20

Aronoff, M., 30, 43

Arteagoitia, I., 16, 24

Aslin, R. N., 55, 75

Atkins, P., 56, 70

Atkinson, R. C., 221, 233

Aubry, S., 169n, 177

Azar, B. S., 129, 134, 135

B

Babyonysev, M., 156, 174

Baddeley, A. D., 7, 21, 31, 44

Bahns, J., 6, 8, 21

Bailey, T. M., 54, 70

Balota, D. A., 55, 70

Barcroft, J., 13, 21, 219, 220, 221, 222, 223, 226, 231, 232, 233, 233

Bardovi-Harlig, K., 2, 7, 8, 12, 14, 16, 17, 21, 52, 70, 91, 92, 96, 97, 98n, 102, 103n, 108, 109, 115, 116, 117, 118, 119, 123, 131, 132, 133, 135, 162, 174

Barnes, M. A., 57, 75

Barry, C., 55, 63, 70

Bates, E. A., 35, 37, 44, 51, 53, 53, 63, 70, 71, 76, 102, 109, 216, 217, 240, 244

Bayley, R J., 162, 175

Bazergui, N., 14, 26

Beaton, A., 11, 16, 22, 221, 234

Beck, M. L., 5, 21

Becker, A., 151, 152

Bell, L., 184, 200

Bellugi, U., 79, 88

Benati, A., 43, 43

Bensoussan, M., 16, 21

Bergström, A., 96, 102, 109

Berlin, B., 140n, 152

Berman, R. A., 139, 143, 151, 152

Berretta, M., 132n, 135

Berry, D. C., 60, 70, 182, 199

Berry, J. K., 221, 234

Biber, D., 53, 70, 122, 136

Bickerton, D., 104, 109

Bijeljac-Babic, R., 57, 76

Bloom, L., 102, 104, 109, 169n, 175

Bod, R., 241, 243

Bogaards, P., 6, 21

Boser, K., 167M, 175

Bower, G. H., 220, 233

Boyer, M., 60, 63, 70

Boyland, J. T., 66, 70

Boyson, B., 16, 23

Bradley, L., 55, 70

Bransford, J. D., 219, 220, 234

Bretherton, I., 102, 109

Broadbent, D. E., 220, 233

Broeder, P., 15, 27, 242, 244

Broen, P. A., 122n, 136

Brooks, P., 52, 76

Brown, R., 79, 88

Bruck, M., 57, 75

Bruner, J. S., 54, 74

Bryant, P. E., 55, 70, 72

Bryant, S. L., 221, 222, 231, 234

Bull, W., 8, 21

Bybee, J. L., 7, 21, 30, 43, 51, 52, 70, 105, 109, 115, 116, 117, 136

C

Cadierno, T., 162, 176

Call, M., 14, 21

Carpenter, P. A., 31, 45

Carr, T. H., 215, 217

Carroll, M., 151, 252

Carroll, S., 5, 6, 11, 17n, 21, 31, 33, 34, 35, 43

Casco, M., 159, 161, 776

Chambers, S., 55, 71

Chater, N., 64, 75

Chaudron, C., 185, 192, 199

Cheng, P. C-H., 64, 72

Chromiak, W., 60, 72

Chumbley, J. L., 55, 70

Clahsen, H., 13, 21, 167n, 175

Clark, R., 185, 799

Cleeremans, A., 60, 63, 69, 70, 206, 217

Clifton, C., 31, 44, 171, 775

Coady, J., 37, 44, 219, 233

Coates, J., 115, 136

Cobb, T., 15, 22

Cohen, A., 64, 70

Cohen, N. J., 215, 217

Collins, L., 7, 21, 97, 102, 108, 109

Coltheart, M., 56, 57, 70

Comrie, B., 136

Conrad, S., 53, 70, 122, 136

Conway, M., 63, 73

Cook, H., 6, 21

Cook, V., 170, 175

Cooper, D., 63, 70, 241, 244

Corder, S. P., 80, 88, 156, 175

Corkin, S., 215, 217

Corley, M. M. B., 31n, 44

Cornelius, E. T., Jr., 129, 136

Cowan, N., 203, 217

Craik, F. I. M., 219, 220, 234

Croft, W., 51, 70

Croker, S., 64, 72

Cuetos, F., 31n, 44, 173, 175

Cuenca, M. J., 140, 152

Cullicover, P., 13n, 26

Curran, T., 64, 71

Curtis, B., 56, 70

D

Dagenbach, D., 215, 217

Dahl, Ö., 115, 116, 133, 134, 136

Danis, C., 54, 76

Daugherty, K. G., 57, 71

Davy, K., 128, 136

De Bot, K., 10, 21

De Cara, B., 55, 71

De Graaff, R., 16, 23

De Groot, A., 12, 15, 2, 24

DeKeyser, R. M., 13, 16, 17, 22, 43, 44, 64, 67, 72, 184, 187, 188, 199, 205, 214, 217

Dekydtspotter, L., 160, 175

de Mowbray, J., 220, 234

Destrebecqz, A., 60, 63, 70

Diennes, Z., 60, 63, 70, 182, 199

Dietrich, R., 102, 110, 115, 116, 123, 131, 136

Dörnyei, Z., 190, 199

Doughty, C., 16, 23, 24, 41, 42n, 44, 61, 71, 182, 183, 184, 185, 186, 187, 188, 190, 193, 194, 198, 199, 200

Dowty, D., 164, 175

Dresner Barnes, H., 51, 73

Drury, J., 102, 110

Duncan, J., 69, 72

Dussias, P. E., 173, 175

E

Eckman, F., 184, 200

Edlaw, M., 6, 8, 21

Ehri, L. C., 56, 71

Eisenbeiss, S., 167n, 175

Eliasson, S., 11, 24

Ellis, N. C., 2, 4, 7, 11, 12, 15, 16, 17, 22, 30, 33, 35, 37, 44, 52, 55, 57, 59, 60, 61, 64, 67, 71, 80, 88, 131, 136, 215, 217, 221, 234, 240, 241, 244

Ellis, R., 6, 22, 118, 136

Elman, J. L., 35, 37, 44, 53, 63, 77, 240, 244

Enc., M., 175

Epstein, M. L., 220, 234

Erbaugh, M., 93, 109

Etherton, J. L., 205, 217

Eubank, L., 13, 22

Evans, J., 16, 26

F

Farley, A. P., 43, 44
Felix, S., 15, 22, 181, 200
Ferguson, C., 7, 80, 88
Fernández, E., 31n, 44, 170, 172, 175
Fiez, J. A., 63, 73
Fillmore, C. J., 51, 71
Finegan, E., 53, 70, 122, 136
Firth, A., 82, 88
Fleischman, S., 116, 136
Fletcher, P., 116, 136
Fodor, J. D., 33, 44, 171, 175
Forster, K., 55, 71, 170, 775
Fourcin, A., 42, 44
Franks, J. J., 219, 220, 234
Frazier, L., 31, 44, 171, 175
Freed, B., 78, 90
Frensch, P. A., 60, 63, 76, 182, 202
Friedman, B., 16, 24
Fries, C., 80, 89
Frisch, S. F., 54, 72

G

Gabrieli, J. D. E., 215, 217
Gallego, J., 215, 218
Garnsey, S. M., 59, 76
Gass, S. M., 11, 15, 22, 29, 33, 38, 39, 40, 44, 47, 77, 78, 79, 81, 82, 85, 86, 87, 88, 89, 107n, 109, 184, 200

Gathercole, S. E., 31, 44
Gavruseva, E., 100, 105, 109
Gawinski, B., 15, 152
Gee, J., 122, 135, 136
Geeraerts, D., 140, 752
Gernsbacher, M. A., 59, 72
Giacalone Ramat, A., 132, 136
Gibbs, G., 220, 234
Gibbs, R. W., 140, 152
Glass, W. R., 162, 276
Gleason, J., 15, 24
Glushko, R. J., 57, 72
Gobet, F., 64, 72
Goldberg, A. E., 51, 72, 148, 152
Goldinger, S. D., 55, 56, 72, 73
Goldschneider, J. M., 13, 16, 17, 22, 64, 72
Goldstone, 66
Gomez, R. L., 64, 72
Goshen-Gottstein, Y., 215, 217
Goswami, U., 55, 57, 71, 72
Gregg, K. D., 12, 22, 35, 36, 44, 84, 89
Griedanus, T., 15, 16, 23
Guilfoyle, E., 167n, 175

H

Haccius, M., 239, 244
Hafitz, J., 102, 109
Hahn, A., 15, 22
Hahn, U., 54, 70
Haist, F., 215, 217

Hakuta, K., 52, 72, 102, 109
Haller, M., 56.70
Hansen, J. W., 150, 152
Harley, B., 14, 152
Harley, T. A., 59, 72
Harner, H., 104, 109
Harrington, M. K., 5, 22, 31, 45
Hasher, L., 60, 72
Hatch, E., 80, 90, 102
Hawkins, D., 36, 46
Hawkins, R., 5, 9, 14, 22, 26, 29, 30, 32, 33, 34, 45
Hay, J., 241, 243
Hebb, D. O., 63, 72
Herschensohn, J., 14, 22
Hilferty, J., 140, 152
Hinkel, E., 162, 175
Hintzman, D. L., 203, 217
Hirst, W., 216, 217
Hockett, C., 78, 89
Hoeffner, J., 169n, 177
Holander, M., 15, 16, 23
Holmes, J., 12, 22
Homburg, T., 12, 20
Hooper, J., 2, 15, 24
Hopper, P., 51, 52, 70, 241, 242, 244
Horst, M., 15, 22
Horst, S., 215, 277
Horvath, E., 161, 163, 164, 165, 175
Housen, A., 98, 100, 101, 110
Hovav, M. R., 2, 24

Huang, C., 95, 110
Huang, J., 102, 110
Huckin, T., 37, 44
Huebner, T., 15, 22
Hulstijn, J., 12, 15, 16, 23, 37, 37, 45, 67, 72, 776, 184, 186, 190, 200
Humphreys, G. H., 69, 72
Hyams, N., 14, 23, 167, 176
Hyde, T. S., 220, 234
Hyltenstam, K., 183, 200

I

Inagaki, S., 151, 153
Iverson, P., 63, 73
Ivry, R. I., 64, 70
Izumi, S., 41, 45

J

James, W., 53, 72
Jannedy, S., 241, 243
Jared, D., 57, 72
Jarvis, S., 4, 11, 23, 24
Jenkins, J. J., 220, 234
Jensen, J. T., 30, 45
Jiang, N., 5, 11, 23
Jiménez, L., 204, 205, 206, 217
Johansson, S., 53, 70, 122, 136
Johnson, M. H., 35, 37, 44, 53, 63, 71, 141, 142, 153, 240, 244
Johnson, M. K., 216, 217
Johnson, S. J., 220, 234

Johnson-Laird, P. N., 220, 234
Jones, G., 64, 72
Jourdain, S., 159, 776
Jourdenais, R., 16, 23, 198, 200
Juffs, A., 38, 45
Juola, P., 57, 75
Just, M. A., 31, 45

K

Kanagy, R., 11, 25
Kandel, E. R., 68, 76
Karmiloff-Smith, A., 35, 37, 44, 53, 63, 71, 102, 110, 240, 244
Kasper, G., 14, 23, 82, 89
Katz, J. J., 156n, 176
Kay, P., 51, 77, 140n, 152
Keane, M., 215, 217
Kearney, E. M., 222, 234
Keele, S. W., 64, 70, 71
Keenan, J., 242, 244
Keijzer, R., 15, 21
Kellerman, E., 11, 23, 37, 45, 52
King, M. L., 148, 152
Kingsbury, R., 129, 136
Kirsner, K., 55, 72
Klein, E. C., 157, 159, 160, 161, 163, 164, 165, 167, 175, 176
Klein, W., 4, 13, 23, 102, 115, 116, 123, 131, 756, 162, 176
Krashen, S. D., 2, 4, 23, 38, 45, 65, 67, 72, 102, 105n, 110, 122, 136, 181, 182, 200
Kroll, J. F., 11, 23
Kuehn, T., 239, 244
Kuhl, P. K., 63, 73
Kuiper, N. A., 221, 222, 231, 234
Kumpf, L., 95, 110
Kurono, A., 95, 105n, 107, 111

L

Lakoff, G., 140, 141, 142, 153
Lane, P. C. R., 64, 72
Langacker, R. W., 2, 23, 51, 75, 140, 141, 153
Laporte, N., 52, 67, 71
Lardiere, D., 13, 14, 23, 30, 35, 36, 45
Large, B., 55, 71
Large, N. R., 54, 72
Larsen-Freeman, D., 38, 42, 45, 239, 242, 243, 244
Laufer, B., 11, 16, 21, 23, 24
Lebeaux, D., 161n, 776
Lee, E., 98, 102, 110
Lee, E.-J., 7, 24
Lee, J., 16, 24
Lee, J. F., 162, 276, 231, 234
Lee, M. W., 64, 71
Leech, G. N., 53, 70, 122, 132, 136
Leeman, J., 16, 24
Leinbach, J., 57, 73
Lemelin, S., 85, 89
Leow, R., 83, 85n, 89, 169n, 176

Levelt, W. J. M., 29, 45
Levin, B., 2, 24
Levin, J. R., 221, 222, 231, 234
Lieven, E. V. M., 51, 52, 73, 74
Lifter, K., 102, 109
Lightbown, P. M., 14, 15, 24, 26, 34, 36, 45, 67, 73, 184, 185, 192, 199, 200, 202
Lightfoot, D., 34n, 45
Li, P., 93, 107, 110
Lilly, J., 102, 110
Liu, D., 15, 24
Liu, G., 7, 81, 90
Lively, S. E., 56, 73
Lockhart, R. S., 219, 220, 234
Logan, G. D., 205, 217
Long, M. H., 3, 42, 45, 67, 73, 80, 82, 89, 183, 184, 185, 186, 187, 189, 191, 200, 201
Lotto, L., 12, 24
Lovatt, P., 210, 218
Luce, P. A., 55, 73
Lucy, J., 144n, 153
Lust, B., 167n, 175
Lyons, J., 115, 136

M

MacDonald, M. C., 59, 73, 75
Mackey, A., 14, 15, 22, 24, 34, 40, 40n, 45, 81, 89
MacWhinney, B., 12, 24, 30, 45, 52, 53, 57, 58, 70, 73, 102, 110, 240, 242, 244
Madden, C., 77, 89
Makino, T., 105n, 110
Maratsos, M., 208, 217
Marcbena, E., 12, 23
Marchman, V. A., 216, 217, 218
Markee, N., 40, 45
Marslen-Wilson, W. D., 56, 73
Martohardjono, G., 36, 45, 157, 167, 176
Mathews, R. C., 206, 217
Mayer, M., 143, 153
Mayzner, M. S., 220, 234
Mazurkewich, I., 38, 45
McCandliss, B. D., 63, 73
McClelland, J. L., 53, 57, 63, 69, 75, 74, 75, 76, 203, 218
McCormick, C. B., 221, 234
McDaniel, M. A., 222, 234
McDonough, K., 87, 89
McKoon, G., 59, 74
McLaughlin, B., 33, 45、52, 74, 107, 110, 152, 153
McLeod, P., 53, 74
McNaughton, B. L., 69, 74
McRae, K., 57, 59, 72, 76
Meara, P., 14, 15, 16, 22, 24, 25
Meisel, J., 116, 136
Méndez, C., 204, 205, 206, 217
Mervis, C. B., 216, 218
Metsala, J. L., 56, 74
Meyers, F., 40, 46

Michener, S., 221, 222, 231, 234
Miller, G. A., 54, 74
Miller, G. E., 221, 234
Mitchell, D. C., 31n, 44, 171, 173, 175, 176
Mitchell, R., 2, 15, 24, 40, 46
Montrul, S., 151, 153
Morgan-Short, K., 43, 46
Morris, C. D., 219, 220, 234
Morton, J. C., 56, 74
Moscovitch, M., 215, 217
Moses, J., 132n, 136
Mullennix, J., 57, 76
Musen, G., 215, 217
Myles, F., 2, 4, 15, 24

N

Naiman, N., 169, 176
Nation, I. S. P., 15, 24
Nelson, D., 184, 200
Newport, E. L., 55, 75
Niemeier, S., 151, 153
Noonan, M., 167n, 175
Norris, J., 67, 74, 185, 186, 188, 189, 190, 194, 201
Noyau, C., 102, 110, 115, 116, 123, 131, 136

O

Odlin, T., 4, 11, 23, 24, 52, 74, 152, 153, 184, 201

O'Grady, W., 12, 24, 65, 74
Oikkenon, S., 43, 47
Oliver, I., 64, 72
Olsen, M. B., 102, 110
O'Neill, M., 13, 25
O'Neill, R., 128, 129, 136
O'Reilly, R. C., 69, 74
Ortega, L., 67, 74, 185, 186, 188, 189, 190, 194, 201
Ota, M., 16, 23

P

Pacteau, C., 64, 74
Pagliuca, W., 105, 109, 116, 117, 136
Palmer, F. R., 115, 136
Paribakht, T. S., 231, 234
Parisi, D., 35, 37, 44, 53, 63, 77, 240, 244
Patterson, K. E., 56, 57, 74, 75
Pavesi, M., 185, 201
Pavlenko, A., 11, 24
Pawlowska, M., 116, 135, 136
Pearlmutter, N. J., 59, 73
Perdue, C., 4, 23, 25
Perkins, M. R., 115, 736
Perkins, R., 105, 109, 116, 117, 136
Perruchet, P., 64, 74, 206, 215, 218
Peters, A. M., 2, 25, 102, 110
Pevtzow, 66
Phelps, E. A., 216, 217
Phillips, W. D., 220, 234

Pica, T., 184, 201

Pienemann, M., 14, 14n, 17, 25, 29, 40n, 43, 46, 64, 74, 123, 131, 136, 137, 184, 201

Pine, J. M., 51, 52, 64, 72, 73, 74

Pinker, S. D., 29, 37, 46, 167n, 176, 239, 244

Pisoni, D. B., 54, 56, 72, 73

Plaut, D. C., 57, 75

Plunkett, K., 35, 37, 44, 53, 57, 63, 71, 74, 75, 216, 218, 240, 242, 244

Poeppel, D., 167n, 176

Poldrack, R. A., 215, 217

Polio, C., 79, 89

Posner, M. I., 60, 75

Postman, L., 54, 74

Poulisse, N., 82, 89

Prasada, S., 156, 170, 177

Pressley, M., 221, 222, 231, 234

Preston, D., 80, 89

Prince, A., 239, 244

Pritchett, B. L., 31, 46

Protopapas, A., 63, 73

Q

Quine, W. V. O., 65, 75

R

Radford, A., 5, 9, 25, 29, 46, 167n, 176

Ramos, R., 12, 22

Ramsay, V., 107, 110

Ratcliff, R., 59, 74

Raugh, M. R., 221, 233

Rayner, K., 31, 44

Reber, A. R., 64, 71

Reber, A. S., 60, 63, 75, 203, 204, 209, 218

Redington, M., 64, 75

Reichenbach, H., 115, 137

Reitman, J. S., 220, 233

Reppen, R., 53, 70

Reynolds, D. W., 16, 21, 97, 98n, 102, 109

Richards, J., 185, 201

Richmond-Welty, E. D., 57, 76

Ringbom, H., 11, 25

Robinson, B. F., 216, 218

Robinson, P., 84, 89, 181, 187, 190, 200, 201, 203, 218

Robison, R., 94, 95, 96, 102, 103, 110, 111

Rocca, S., 99, 108, 111

Rodgers, T., 185, 201

Rohde, A., 98, 101, 102, 104, 105, 111

Rolls, E. T., 53, 74

Romaine, S., 184, 201

Rosa, E., 13, 25

Rosch, E., 140n, 153

Rott, S., 15, 25

Rounds, P., 11, 25

Roussel, L. G., 206, 217

Rowland, C. F., 51, 52, 74

Rumelhart, D., 33, 46, 53, 75, 203, 218
Ryan, A., 16, 25

S

Saffran, J. R., 55, 75
Salaberry, R., 95, 103n, 107, 111
Salsbury, T., 119, 137
Santelman, L., 167n, 175
Santema, S. A., 122n, 136
Sanz, C., 43, 46
Sasaki, M., 105, 111
Sato, C., 42, 46
Savasir, I., 122n, 135, 136
Savin, H. B., 55, 75
Scarcella, R., 102, 110, 182, 200
Scarpa, J., 156, 170, 177
Schmid, H. J., 140, 154
Schmidt, R. W., 6, 14, 23, 25, 36, 40, 43, 46, 57, 60, 61, 65, 67, 71, 75, 82, 84, 85n, 89, 194, 201, 203, 218
Schmidt, T. L., 161, 163, 175
Schmitt, N., 6, 8, 25
Schooler, L. J., 58, 75
Schumann, J., 116, 137
Schwartz, B. D., 12, 16, 25, 29n, 30, 35, 36, 46, 84, 89, 182, 201
Segalowitz, N., 78, 90, 108, 109, 184, 201
Seger, C. A., 63, 75
Seidenberg, M. S., 57, 59, 71, 72, 73, 75
Selinker, L., 11, 22, 33, 44, 107n, 109

Servan-Schreiber, E., 64, 75
Seymour, P. H. K., 55, 70
Sharwood-Smith, M., 67, 75, 90
Shirai, Y., 6, 8, 25, 91, 92, 93, 95, 96n, 100, 101, 102, 103, 104, 105, 107, 108, 109, 110, 111
Simard, D., 84, 90
Sinclair, J., 53, 58, 75
Skehan, P., 2, 17, 25, 190, 199
Slabakova, R., 92, 111
Slobin, D. I., 13, 25, 104, 111, 139, 143, 144, 145, 147, 151, 152, 153
Smith, C. S., 92, 111
Smith, P., 185, 201
Snow, C., 77, 79, 90
Snyder, L., 102, 109
Sorace, A., 38, 46
Spada, N., 14, 15, 26, 34, 45, 67, 73, 75, 188n, 199, 200, 202
Spencer, A., 2, 26
Spivey-Knowlton, M. J., 59, 76
Sprouse, R. A., 30, 46, 160, 175, 182, 201
Squire, L. R., 66, 68, 76, 215, 217, 218
Stadler, M. A., 60, 63, 76, 182, 202
Stauble, A., 100, 112
Stauffer, S., 16, 23
Strong-Jensen, M., 30, 45
Svetics, I., 85, 89
Swain, M., 38, 39, 46
Syder, C. R., 60, 75

T

Tabossi, P., 59, 76

Talmy, L., 139, 142, 143, 145, 153

Thnenhaus, M. K., 57, 59, 75, 76

Taraban, R., 57, 76

Tarone, E., 78, 80, 81, 90

Terauchi, M., 105, 112

Terrell, T., 62, 67, 72, 76

Tokowicz, N., 11, 23

Tomasello, M., 51, 52, 76, 151, 154, 216, 218

Tomlin, R., 83, 84, 90

Toth, P., 16, 26

Towell, R., 14, 26, 36, 46

Trahey, M., 16, 26, 79

Treiman, R., 54, 57, 76

Treisman, A., 69, 72

Tresselt, M. E., 220, 234

Trueswell, J. C., 59, 76

Tulving, E., 220, 234

U

Ungerer, F., 140, 154

V

Vainikka, A., 13, 26, 167n, 175

Valian, V., 156, 167, 169, 170, 176, 177

van Geert, P., 63, 76

VanPatten, B., 4, 5, 12, 13, 16, 17, 21, 26, 30, 31, 32, 36, 43, 46, 47, 62, 76, 84, 86, 90, 162, 176, 177, 221, 234

Varela, E., 193, 200

Varonis, E. M., 38, 47

Vendler, Z., 92, 112

Vidal, K., 12, 14, 15, 16, 26

Villa, V., 83, 84, 90

Vinter, A., 206, 215, 218

Volpe, B. T., 216, 217

W

Wagner, J., 82, 88

Wagner-Gough, K., 80, 90

Walley, A. C., 56, 74

Waters, G. S., 57, 75

Weinberg, A., 102, 110

Weinert, R., 2, 26

Wenzell, V. E., 94, 112

Wesche, M., 231, 234

Wexler, K., 13n, 26, 167n, 176

White, J., 16, 26, 43n, 47

White, L., 5, 12, 13, 16, 26, 29n, 33, 35, 36, 36n, 38, 45, 47, 73, 79, 88, 90, 177, 182, 199, 200, 202

Whitman, J., 167n, 175

Wiberg, E., 130, 132n, 135, 137

Wickens, C. D., 220, 234

Williams, J. M., 10, 16, 26, 40, 41, 42n, 44, 47, 67, 71, 85n, 90, 182, 183, 185, 187, 188, 200, 210, 218

Winter, B., 203, 218

Wolf, D. F., 231, 234

Wolfram, W., 162, 177

Wong, W., 43n, 43, 47, 84, 90
Wong Fillmore, L., 2, 4, 26, 52, 76

Y

Yeadon, T., 129, 136
Young, R., 80, 90
Young-Scholten, M., 13, 26

Z

Zarella, M. M., 215, 277
Zawaydeh, B., 54, 72
Zobl, H., 184, 202
Zuengler, J., 81, 90
Zwicky, A. M., 2, 26

主题索引

* 索引所标页码为英文版页码，即本汉译版的边码。

A

Abstraction 抽象：55

Accommodation 适应：33—35

Acquisition 习得：5—7，10，29—30

frequency 频率：15—16

input factors 输入因素：15—17，35—38

L2 proficiency 二语熟练程度：14—15，157—158

learner factors 学习者因素：11—15

lexical acquisition 词汇习得：219—222

mapping failure 映射失败：63—64

motion events 运动事件：143

sequences 序列：64—65，116

TOPRA model TOPRA 模型：220—222，232

universals 共性：12—14

Aspect hypothesis 体假设：91—108

cross-sectional studies 横向研究：95—98

in L2 English 在英语为二语中：92—94，101—108

longitudinal studies 纵向研究：98—101

single level studies 单一水平研究：94—95

Attention 注意：82—97

B

Brain processing 大脑加工：68—69

C

Cognitive linguistics 认知语言学：139—152

motion events 运动事件：142—151

thinking for speaking hypothesis 因言而思假说：144

Comprehension 理解：58—59

Context 语境：77—87

attention 注意：82—87

historical synopsis 历史概要：78—79

theories 理论：79—82

D

Distributional bias hypothesis 分配偏向假说：103

E

Exams 考试: 129—131

Explicit learning 显性学习: 62, 65—67

Explicit memory 显性记忆: 68—69

F

Filling in 加入: 7—8

Form 形式: 1, 187—188, 203

L2 form L2 形式: 16—17

Form-meaning connections 形式-意义联结: 4—17, 29—35, 91—92, 115, 204

　access 权限: 10

　acquisition 习得: 5—7, 10—17, 29—30, 35—38

　and SLA 与二语习得: 5, 29, 53—54, 237—240

　definition 定义: 3

　filling in 加入: 7—8

　implicit learning 隐性学习: 203—207, 214—217

　processing 加工: 7, 49, 54—59, 62, 66—69

　research issues 研究问题: 240—243

　restructuring 重构: 8—9, 33—35

　stengthening 强化: 8

Formulaic language 程式语: 57—58

Future tense 将来时: 115—118

　cognitive linguistics 认知语言学: 140—142

　expressions of 表达: 120—122

　formal complexity 形式复杂度: 131

　instruction 教学: 128

　one-to-one principle 一对一原则: 132—134

　order of emergence 出现顺序: 123—127

　"will" "将": 131—132

I

Implicit learning 隐性学习: 60—64, 203—207

Implicit memory 隐性记忆: 68—69

Input processing 输入加工: 30—33, 61—62

　accommodation 适应: 33—35

　parsing 语法分析: 31—33, 171—172

　restructuring 重构: 33—35

Instruction 教学: 128

　exams 考试: 129—131

　informal input 非正式输入: 128

　L2 instruction 二语教学: 183—191

　logs 日志: 128—129

　research bias 研究偏见: 191—193

　SLA instruction 二语习得教学: 181—183

L

L2 instruction 二语教学: 183—191

　coding framework 编码框架: 196—197

L2 behavior 二语行为：155—157

null prep phenomenon 零介词现象：159—161

tense morphology 时态形态学：161—170

universal grammar model 普遍语法模型：157—159

Language construction 语言构式：50—53

Language learning 语言学习 53—58，140—142

comprehension 理解：58—59

formulaic language 惯用语：57—58

future tense 将来时：115—118

lexical recognition/production 词汇识别／产出：55

morphosyntax 形态句法学：57

orthographics 正字法：54

phonological awareness 语音意识：55—56

phonotactics 音位结构学：54—55

reading/spelling 阅读／拼写：56—57

spoken word 口语词汇：56

Learning acquisition 学习习得：181—183

Lexical acquisition 词汇习得：219—222

M

Mapping 映射：103，187

boundary-crossing 跨界：150

failure 失败：63—64

Meaning 意义：2—3，187—188，203

Morphosyntax 形态句法学：57

errors 错误：155—157

Motion events 运动事件：142—150

acquisition 习得：143

boundary-crossing mapping 跨界映射：150

in SLA 在二语习得中：144—145

manner of motion 运动的方式：145—151

N

Null prep phenomenon 零介词现象：159—161

O

One-to-one principle 一对一原则：132—134

Orthographics 正字法：54

Output processing 输出加工：38—42

P

Parsing 分析：31—33，171—172

phonological awareness 语音意识：55—56

Phonotactics 音位结构学：54—55

R

Restructuring 重构：33—35

S

Second language acquisition 二语习得：49—53，60，77，139

cognitive linguistics 认知语言学：139—152

context 语境：77—87

explicit learning 显性学习：62，65—67

explicit memory 显性记忆：68—69

form-meaning associations 形式-意义联系：53，237—240

future tense 将来时：115—118

implicit learning 隐性学习：60—64，203—207

implicit memory 隐性记忆：68—69

input 输入：61—62，128

instruction 教学：181—183

language construction 语言构式：50—53

motion events 运动事件：144—145

output 输出：38—42

processing 加工：49，54—59，62，66—69

sequences 序列：64—65，116

tense-aspect systems 时体系统：115

Semantic elaboration 语义细化：219—220，222—224，231—233

Sequences 序列：64—65，116

Structural elaboration 结构细化：219—220，222—224，231—233

T

Tense-aspect morphology 时体形态：161—170，*同时参见* Aspect hypothesis 体假设

Tense-aspect systems 时体系统：115

Thinking for speaking hypothesis 因言而思假说：144

TOPRA model TOPRA 模型：220—222，232

U

Universal Grammar (UG) Research 普遍语法（UG）研究：79—82，157—159